丛书总主编
洪开荣

引红济石小直径双护盾TBM施工关键技术

周毅 赵毅 徐正陶 等 编著

人民交通出版社股份有限公司
北京

内容提要

本书作者及其团队以"示范引领,典型案例,理论精辟,实践验证"的总体思路,主要以引红济石青峰峡隧洞为例,紧紧围绕水利项目建设特点展开撰写,重点突出了双护盾 TBM 选型设计、双护盾 TBM 施工技术、双护盾 TBM 掘进姿态控制技术、不良地质段双护盾 TBM 卡机脱困技术、双护盾 TBM 设备适应性改造技术等,深入阐述了小直径双护盾 TBM 隧道施工关键技术。

本书可作为小直径双护盾 TBM 法隧道工程和国内外隧道工程领域有关技术人员的参考用书,也可供高等院校相关专业师生自学和培训之用。

图书在版编目(CIP)数据

引红济石小直径双护盾 TBM 施工关键技术/周毅等编著.— 北京:人民交通出版社股份有限公司,2021.12

ISBN 978-7-114-17601-2

Ⅰ.①引⋯ Ⅱ.①周⋯ Ⅲ.①公路隧道—隧道工程—工程施工 Ⅳ.①U459.2

中国版本图书馆 CIP 数据核字(2021)第 189955 号

面向挑战的隧道及地下工程

Yinhongjishi Xiaozhijing Shuanghudun TBM Shigong Guanjian Jishu

书　　名:	引红济石小直径双护盾 TBM 施工关键技术
著　作　者:	周　毅　赵　毅　徐正陶　等
责任编辑:	李　娜
责任校对:	孙国靖　龙　雪
责任印制:	张　凯
出版发行:	人民交通出版社股份有限公司
地　　址:	(100011)北京市朝阳区安定门外外馆斜街 3 号
网　　址:	http://www.ccpcl.com.cn
销售电话:	(010)59757973
总 经 销:	人民交通出版社股份有限公司发行部
经　　销:	各地新华书店
印　　刷:	北京建宏印刷有限公司
开　　本:	787×1092　1/16
印　　张:	15.5
字　　数:	343 千
版　　次:	2021 年 12 月　第 1 版
印　　次:	2021 年 12 月　第 1 次印刷
书　　号:	ISBN 978-7-114-17601-2
定　　价:	108.00 元

(有印刷、装订质量问题的图书由本公司负责调换)

丛书编写委员会

主 任 委 员

洪开荣

副主任委员

王小平　郭卫社

编　　委（按姓氏笔画排序）

于明华　方俊波　卢建伟　叶康慨　冯欢欢　吕建乐　刘龙卫
刘瑞庆　阮清林　孙振川　杜闯东　李丰果　李凤远　李红军
李志军　李治国　张　迅　杨　卓　邹　翀　汪纲领　张　辉
陈文義　陈振林　陈　馈　国　佳　郑大榕　赵　胜　莫智彪
高　攀　郭陕云　康宝生　董子龙　韩忠存　曾冰海

专册编写委员会

主任委员

张彦伟

副主任委员

周 毅　赵 毅　徐正陶　白 亮　胡新朋　马 亮　贺东泽
唐 山　王全泽

主要撰稿人

周 毅　赵 毅　徐正陶　唐 山　王全泽

编　　委(按姓氏笔画排序)

马 亮　王全泽　白 亮　周 毅　赵 毅　胡新朋　贺东泽
徐正陶　唐 山

本册顾问

魏忠良

主 编 单 位

中铁隧道局集团有限公司

中铁隧道股份有限公司

协 编 单 位

北方工业大学

Key Technologies of Small Diameter Double Shield TBM Construction in
Water Diversion Project from Hongyan River to Shitou River

丛 书 序
Introductory

200万年前人类祖先已择洞而居,遮蔽风雨,抵御猛兽。中华文明文字记载的隧洞挖掘可追溯至公元前722年郑庄公与其母姜氏"阙地及泉,隧而相见"。人类经过不断探索研究和工程实践,如今随着技术的不断进步与可持续的文明发展,人们对采用隧道与地下工程解决人类生存与地面环境矛盾的认识越来越深刻,如解决地面交通拥堵的问题、解决水资源分布不均的问题、解决地表土地资源稀缺的问题、解决能源安全储存的问题、解决城市地表环境的问题,等等。特别是进入21世纪以来,人类已广泛形成了"来自地表挑战的地下工程解决方案"的共识。同时,正是这些应对挑战的隧道与地下工程解决方案,使得隧道与地下工程建设本身又面临着新的技术挑战,如超深埋的山岭隧道、超浅埋的城市隧道、超长隧道、跨江越海隧道以及复杂地面与地下建(构)筑物环境下的隧道与地下工程等。另外,隧道及地下工程建设还要面临极其复杂的地质条件与恶劣环境的挑战,如高地温、高地应力、高水压、极硬岩、极软岩、地下有害气体、岩溶等。

新中国成立以后,随着铁路、公路、水利水电等基础设施的大规模建设,隧道与地下工程进入快速发展期。至20世纪末,我国累计建成铁路隧道6211座,隧道总长度达3514km,为新中国成立前铁路隧道总长度的22倍。进入21世纪以来,我国的铁路、公路、水利水电、城市地铁、综合管廊、城市地下空间、能源洞库等得到爆发式的发展,我国一跃成为隧道与地下工程发展最快的国家,隧道总量居全球首位。至2017年年底,我国运营隧道(洞)总长达39882km,在建隧道总长约17000km,规划的隧道长度约25000km。隧道与地下工程呈现出向多领域应用延伸,并具有明显地向复杂山区、城市人口密集敏感区发展的趋势。可以说,21世纪,隧道与地下工程将大有作为,但面临的挑战与压力也将是史无前例的。

中铁隧道局集团有限公司(简称"中铁隧道局")为原铁道部隧道工程局,是国内隧道与地下工程建设的主力军,年隧道建设能力达500km以上,累计建成隧道(洞)约7000km。中铁隧道局自1978年建局以来,承担了我国大量的重、难、险隧道与地下工程建设任务,承建了众多具有标志性、里程碑意义的隧道与地下工程,如首次采用新奥法原理修建的衡广复线大瑶山隧道(14.295km)——开创了我国修建长度超过10km以上隧道的先河,创立浅埋暗挖法修建的北京地铁复兴门折返线——标志着我国地铁建设由"开膛破肚"进入暗挖法时代,首次采用沉管法修建的宁波甬江隧道——标志着我国水下隧道建设的跨越,创建复合盾构施工工法建设的广州地铁2号线越秀公园—广州火车站—三元里区间隧道——标志着我国地铁建设迈入盾构时代。从北京地铁,到广州地铁,再到全国其他43座城市的地铁建设,标志着我国地铁建设技术迈入了引领行列;从穿越秦岭的西康铁路秦岭隧道(19.8km),到兰武铁路乌鞘岭隧道(20.05km)、南库二线中天山隧道(22.48km)、兰渝线西秦岭隧道(28.24km)、成兰线平安隧道(28.43km)等众多20km以上的隧道,再到兰新铁路关角隧道(32.6km)、大瑞铁路高黎贡山隧道(34.5km),以及引水工程的引松隧洞(69.8km)、引汉济渭隧洞(98.3km)、引鄂喀双隧洞(283km),展示着我国采用钻爆法、TBM法技术能力的综合跨越;从"万里长江第一隧"武汉长江隧道,到首座钻爆法海底隧道厦门翔安隧道、海域第一长隧广深港高铁的狮子洋隧道(10.8km)、首座内河水下立交隧道长沙营盘路湘江隧道、内河沉管隧道南昌红谷隧道,镌刻下我国水下隧道建设技术的成熟与超越;从平原、到高山、到水下,隧道无处不在,给人们带来了便利生活与环境的改善。同时伴随着这些代表性隧道工程的建设,我国隧道施工机械装备与技术方法,也实现了一个又一个台阶的跨越,每一个台阶无不留有隧道人为人类美好生活而挑战自然、驾驭自然的智慧与创造。

"隧贯山河,道通天下"是隧道人的追求与梦想,更是我们的情怀,也是我们对美好生活向往的真实写照!中铁隧道局的广大技术人员,本着促进隧道技术进步、共享隧道建设成果为目的,以承建的重、难、险隧道工程为依托,计划将隧道建设中遇到的难题、形成的技术、积累的经验以及对隧道工程的思考,以专题技术的方式记录和编写一部部出版物,形成"面向挑战的隧道及地下工程"系列丛书。希望本丛书对隧道及地下工程领域的发展与进步具有一定的参考与借鉴价值,同时期待耕耘于该领域的专家、学者和同行进行批评指正,也寄望能给未来的隧道人带来启迪,从而不断地推动隧道及地下工程技术的进步,更加自信地应对社会发展对隧道的需要与建设隧道中的挑战,更好地服务于人类!

在我们策划"面向挑战的隧道及地下工程"丛书的过程中,人民交通出版社股份有限公司给予了我们极大的帮助,共同讨论丛书的架构、篇目布局等,在此致以崇高的敬意!

本系列丛书在编写过程中得到了许多基层技术人员的支持与帮助,相关单位和专家也为丛书的出版做了大量的组织和支持工作,在此一并致以诚挚的感谢!

2018年12月

前　言
Preface

21世纪是人类开发利用地下空间的世纪,隧道及地下空间的大发展,促进了TBM法隧道修建技术的进步。近20年来,TBM法隧道施工关键技术取得了多项突破,为修建特长隧道及克服复杂地质条件下施工难题提供了技术支持。

目前,TBM法施工因具有安全、高效、环保等技术优势,成为水利水电、铁路等地下建设领域特别是长大、特长隧道施工的首选方法。由于TBM隧道施工距离长,直接穿越的地质条件更差,施工难度更大,为安全建成特长TBM隧道,提升我国隧道工程建设的核心竞争力及地下工程行业创新能力,依托引红济石调水工程进行小直径双护盾TBM隧道施工关键技术研究和总结十分必要。

引红济石青峰峡隧洞Ⅳ合同段采用双护盾TBM掘进施工,工程区域断层分支和次生断层多,大小断层300多条,地下水丰富、围岩收敛变形大。施工中遭遇坍塌、突泥涌水灾害26次,最大涌水量1200m³/h。刀盘被卡70余次。面对各类复杂问题,广大科研技术人员迎难而上、信心坚定、敢于担当,"十年磨一剑",在太白山间铸下了一座不朽的历史丰碑。

本书系"面向挑战的隧道及地下工程"丛书之一。该系列丛书由中铁隧道局集团有限公司组织编写,总工程师洪开荣总主编,依托中铁隧道局集团有限公司承担的重、大、艰、险工程项目以及重大科技攻关项目,系统梳理总结隧道及地下工程领域的建设关键理论、创新技术与发展成果。

本分册共分8章。第1章绪论,介绍了研究背景、国内外研究现状及本书主要内容;第2章工程概况,介绍了设计概况、工程地质与水文地质、工程特点及难点;第3章小直径双护盾TBM选型设计,介绍了选型分析、适应性设计、组装技术、步进及始发技术;第4章双护盾TBM施工技术,阐述了超前地质预报方法,分析确定了掘进模式,研究了双护盾TBM施工支护工艺和配套施工技术,总结出了针对性的快速掘进施工措施;第5章双护盾TBM掘进姿态控制技术,分析了掘进姿态控制的必要性,确定了掘进姿态控制标准,提出了掘进姿态监控与测量技术,重点介绍了掘进姿态控制技术,制定出掘进姿态控制辅助措施,完成PPS导向系统在小直径TBM的空间建模分析;第6章不良地质段双护盾TBM卡机脱困技术,通过典型案例分析,重点对卡盾体小导洞脱困技术、卡刀盘超前化学灌浆脱困技术、盾顶超前大管棚脱困技术、软岩大变形段全断面环形开挖脱困技术、辅助导坑脱困技术进行了分析和总结,并提出了针对性的预防卡机措施;第7章双护盾TBM设备适应性改造技术,重点介绍了施工中的多次重要设备适应性改造,分析了改造原因和总体构思,总结了改造后设备技术参数和设备性能,针对改造后遗留问题创新性地提出了处理措施;第8章结语。

  本书依托引红济石青峰峡隧洞工程编写,是工作在建设一线的管理、设计和科研技术人员的经验总结。限于作者水平和能力,本书有些问题研究还不够深入、全面,阐述也不一定适当,书中难免有欠妥之处,恳请专家和读者不吝批评指正。

编 者

2021 年 4 月

目　录
Contents

第 1 章　绪论 ········· 001

1.1　研究背景 ········· 003
1.2　国内外研究现状 ········· 003
1.3　本书主要内容 ········· 009

第 2 章　工程概况 ········· 011

2.1　工程简介 ········· 013
2.2　工程地质与水文地质 ········· 015
2.3　工程特点及难点 ········· 019

第 3 章　小直径双护盾 TBM 选型设计 ········· 021

3.1　TBM 选型分析 ········· 023
3.2　双护盾 TBM 设备及适应性设计 ········· 029
3.3　双护盾 TBM 组装技术 ········· 040
3.4　双护盾 TBM 步进及始发技术 ········· 050
3.5　本章小结 ········· 053

第 4 章　双护盾 TBM 施工技术 · · · · · · 055

  4.1 超前地质预报技术 · · · · · · 057
  4.2 双护盾 TBM 掘进施工 · · · · · · 061
  4.3 双护盾 TBM 施工支护工艺 · · · · · · 068
  4.4 配套施工技术 · · · · · · 082
  4.5 快速掘进施工措施 · · · · · · 104
  4.6 本章小结 · · · · · · 111

第 5 章　双护盾 TBM 掘进姿态控制技术 · · · · · · 113

  5.1 依托工程掘进姿态控制的必要性 · · · · · · 115
  5.2 掘进姿态控制标准 · · · · · · 115
  5.3 掘进姿态监控与测量技术 · · · · · · 115
  5.4 掘进姿态控制 · · · · · · 118
  5.5 掘进姿态控制辅助措施 · · · · · · 120
  5.6 PPS 导向系统在小直径 TBM 的空间建模分析 · · · · · · 122
  5.7 本章小结 · · · · · · 125

第 6 章　不良地质段双护盾 TBM 卡机脱困技术 · · · · · · 127

  6.1 卡盾体小导洞脱困技术 · · · · · · 129
  6.2 卡刀盘超前化学灌浆脱困技术 · · · · · · 131
  6.3 盾顶超前大管棚脱困技术 · · · · · · 138
  6.4 软岩大变形段全断面环形开挖脱困技术 · · · · · · 157
  6.5 辅助导坑脱困技术 · · · · · · 172
  6.6 预防卡机措施 · · · · · · 188
  6.7 本章小结 · · · · · · 193

第 7 章　双护盾 TBM 设备适应性改造技术 · · · · · · 195

  7.1 一次设备改造 · · · · · · 197
  7.2 二次设备改造 · · · · · · 215
  7.3 改造后遗留问题及处理措施 · · · · · · 224
  7.4 本章小结 · · · · · · 226

第 **8** 章　结语 ………………………………………………………………… 229

参考文献 ………………………………………………………………………… 232

第 1 章

绪论

Key Technologies of Small Diameter Double Shield TBM Construction in
Water Diversion Project from Hongyan River to Shitou River

绪 论 | 第 1 章

1.1 研究背景

引红济石调水工程位于陕西省宝鸡市太白县境内,引长江水系褒河支流红岩河河水,通过横穿秦岭的隧洞自流调入黄河水系渭河南岸支流石头河,经石头河水库调节后,为西安、咸阳、杨凌等城市提供生活饮用水,是陕西省的"南水北调"工程,也是陕西省重点水利工程。

随着 TBM(Tunnel Boring Machine,全称全断面硬岩隧道掘进机)在各大山岭隧道以及水利隧洞中的应用越来越广泛,目前被普遍认知的是,隧道独头掘进施工长度大于 6km 时,TBM 能发挥其快速掘进的优势,同时能减少工程的管理跨度(主要为减少斜竖井的数量),大大降低了常规山岭隧道钻爆带来的通风、运输等组织难度。

引红济石调水工程由堤坝引水枢纽和引水隧洞组成,其中引水隧洞全长 19795m,采用钻爆法+TBM 法施工的联合施工方案。TBM 施工段设计长度 11095m,断面为圆形,成洞直径为 3.0m。全隧设计纵坡 1/890($i=0.00112$),明渠无压自流方式调水,最大引水流量为 13.5m^3/s,年调入石头河水量 9210 万 m^3。

引红济石调水工程不仅是一项惠及三秦父老的重要民生工程,并且打破常规,第一次在陕西省水利工程中采用 TBM 施工,是引汉济渭的先导试验性工程,同时该工程所采用的双护盾 TBM 的开挖直径及成洞直径均为同类工程中最小。在打好陕西省水利工程 TBM 施工领域攻坚战的同时,也为后续国内使用小直径 TBM 施工的隧道提供了借鉴,具有较大的现实意义。

1.2 国内外研究现状

1.2.1 国外研究现状

在 19 世纪 50 年代前,钻爆法是最常用的隧道开挖方法。但随着社会不断进步,这种高强度、低效率、作业条件差、围岩扰动大的施工方式渐渐不能满足隧道开挖的需求。

1851 年,美国工程师查尔斯·威尔逊(Charles Wilson)设计了第一台(TBM),该机械可连续进行隧道掘进作业,但是由于滚刀制造工艺不能满足岩石掘进,TBM 的施工速度无法与钻爆法相比,致使 TBM 无用武之地。

到 1952 年,美国的詹姆斯·罗宾斯(James S. Robbins)开始研究滚刀设计,希望解决第一台机械遗留下来的刀具问题,但最终没有取得成功。1956年,James S. Robbins 模仿 Charles Wilson 的 TBM 设计,研制成了首台大功率且坚固的硬岩掘进机。该台机械应用滚刀实现破岩掘进,滚刀的采用将切削刀具寿命从原来的数分钟提高到几小时甚至几天。第一台 TBM 遗留下来的刀具问题从此得到了合理解决,这对 TBM 推广、应用起到了很大的推动作用。之后,罗宾斯公司在此基础上对刀具进行了深入研究与改进,他认为影响刀具寿命和挖掘速度的因素是安装刀具的轴承寿命和刀刃材料或与岩石接触的切割结构。经过探索与实践,罗宾斯首创了盘形滚刀,自此 TBM 得到了飞速发展。

近60年来,TBM 已经广泛地应用于工程项目中。TBM 施工隧道种类繁多,既有水工隧洞、公路隧道,也有铁路隧道、地铁隧道等。目前,全世界每年开挖隧道 8000km,其中大约 2400～3200km 的隧洞开挖采用 TBM 来完成。

如今,随着科学技术的发展,掘进机设计日趋完美,应用范围越来越广,使用数量越来越多。在瑞士的费尔艾那(Vereina)工程中,取得了 30～40m/d 的掘进速度;南非的莱索托(Lesotho)工程中数次取得了月进度超过 1000m 的优异成绩。

当前,国内外 TBM 的发展将趋于大型化和微型化,也就是既要设计大尺寸刀盘,也要设计小直径刀盘。所设计刀盘既要能适应复杂地质条件,也要能保证掘进效率。随着科学技术不断发展,TBM 的开挖直径从固定直径到可变直径,在不久的将来,也许无线操控全自动 TBM 将会问世。未来 TBM 的发展方向之一是计算机优化设计和施工系统开发。

1.2.2 国内 TBM 施工经典案例

1964 年我国隧道工程开始采用 TBM 施工,1966 年上海水工机械厂制造了直径为 3.4m 的 TBM,并且后续不断生产,大约共生产 60 多台,但由于国内生产的 TBM 关键部件不能满足工程要求,且与国外生产的同类机械相差甚远,工程界就停止使用国内机械,而转投国外市场。以下主要介绍国内应用 TBM 施工的经典案例

(1)广西天生桥水电站引水工程

1985 年,由 Amberg 工程咨询公司设计承包的广西天生桥水电站引水隧道,采用了由美国罗宾斯公司生产的直径为 10.8m 的开敞式 TBM,开挖长度为 10km,该地区岩石岩性主要以石灰石为主,岩石单轴抗压强度的范围在 80～150MPa。TBM 月平均掘进 150m,最高掘进 242m,此隧道工程的成功实施揭开了我国应用大直径 TBM 开挖隧道的序幕。

(2)甘肃引大入秦工程

1991 年,由意大利 CMC 公司承包的甘肃引大入秦的 30A 隧道工程采用美国罗宾斯生产的直径为 5.53m 的双护盾 TBM,开挖了全长 11.749km 的隧道。该地区岩石岩性主要以砂岩、砾岩为主,岩石抗压强度为 26～133.7MPa,TBM 最高日进尺达 65.5m,最高月进尺达 1400m。

(3)山西引黄工程

1993 年,山西引黄工程隧道总长度为 161.1km,采用了 6 台双护盾 TBM,其具体分布:工程总干线是由意大利 CMC 公司承包,采用 1 台美国罗宾斯公司生产的直径为 5.96m 的双护

盾 TBM 施工;南干线由意大利 CMC 公司和波基洛公司以及中国水利水电第四工程局有限公司(以下简称"中国水电四局")组成的万龙联营体承包,采用 4 台双护盾 TBM,其中 3 台为美国罗宾斯生产,1 台由法国法马通公司制造,其直径分别为 4.88m、4.89m、4.9m、4.92m;南干联络段由意大利 CMC 公司承包采用 1 台美国罗宾斯生产的双护盾 TBM,其直径为 4.89m。TBM 施工总进尺为 121.8km,岩性为灰岩,单轴抗压强度 30~100MPa,此工程创造 1821.5m 的最高月掘进记录。

(4) 西康铁路秦岭隧道工程

1997 年 9 月,由中铁十八局和中铁隧道局承包的西康铁路秦岭隧道,首次引进 2 台由德国的维尔特公司生产的开敞式 TBM 进行自主施工,其直径为 8.8m,隧道全长 18.46km,岩石抗压强度为 105~325MPa,TBM 月掘进最高纪录为 531m。

(5) 磨沟岭隧道和桃花铺隧道

2000~2002 年,磨沟岭隧道和桃花铺隧道采用秦岭隧道施工完后的 2 台 TBM。磨沟岭隧道全长 6.112km,岩石抗压强度为 12~100MPa,其月掘进最高纪录为 573m。桃花铺隧道全长 7.2km,岩石强度低于 100MPa,月掘进最高纪录 551.8m,成功实现了两个中长软弱围岩的隧道施工。

(6) 山西大同塔山矿主平峒开拓工程

2003 年~2004 年 5 月,山西大同塔山矿主平峒开拓工程由山西水工局承建,全长 3500m,埋深大,地下水丰富,围岩类型多数为花岗岩,采用美国罗宾斯生产的双护盾 TBM,其刀盘直径为 4.88m,该台 TBM 是之前应用于山西引黄工程的机械,在施工过程中最高日进尺达 50m,最高月进尺 900m,在施工过程中遇到溶洞、膨胀岩及丰富地下水等不良地质,该工程是山西水工局承建的第一个 TBM 项目,同时也是第一台应用于矿业开采的 TBM 机械,为 TBM 更大的发展应用开拓了广阔的空间。

(7) 辽宁大伙房水库输水工程

2005 年 7 月,辽宁大伙房水库输水工程 1 标段由北京振冲工程股份有限公司承包,采用一台美国罗宾斯生产的 8m 直径开敞式 TBM;2 标段由中铁隧道集团承包,采用一台德国维尔特生产的 8m 直径开敞式 TBM;3 标段由辽宁省水利水电工程局承包,采用一台直径为 8 挖岩性为安山岩、混合岩、混合花岗岩、正长斑岩、凝灰岩、石英砂岩等,岩石单轴抗压强度为 25~119MPa。2009 年隧道竣工完成,最高月进尺 1111m,最高日进尺 63.5mm 的开敞式 TBM,共开挖隧道长度为 85.3km,在当时是世界上最长的隧道。

(8) 新疆八十一大阪引水工程

2006 年 12 月,新疆八十一大坂引水隧洞工程由新疆伊犁河流域开发建设管理局开发建设,采用了 1 台德国海瑞克生产的直径为 6.79m 的双护盾 TBM,开挖隧道全长 30.7km,大坂隧洞地质条件复杂,隧洞围岩以炭质泥岩、砂岩夹砾岩为主,隧道Ⅳ、Ⅴ类软弱围岩占 90%,岩石的单轴抗压强度为 20~140MPa,TBM 最大月掘进进尺 1003m,这也是我国首次采用双护盾 TBM 施工。

(9) 青海引大济湟工程

2007 年,由中铁隧道集团承建青海引大济湟工程采用德国维尔特公司生产的直径为

5.7m的双护盾式 TBM,开挖隧道 19.9km。隧道岩石岩性以砂岩和泥岩为主,岩石强度变化大,岩石单轴抗压强度范围为 5~160MPa,由于工程地质以软岩为主,工程卡机事故严重,卡机时间达到 5 年以上。

(10)中天山隧道

2007 年 11 月 2 日,南疆铁路吐库二线中天山隧道由中铁十八局和中铁隧道集团承建,采用 2 台德国维尔特直径为 8.8m 的开敞式 TBM 施工。这 2 台 TBM 是开挖秦岭隧道、磨沟岭隧道的机械,闲置时间累计已超过 5 年。隧道埋深在 1600m 以下,工程岩性以花岗岩和泥岩为主,是典型的特硬岩与特软岩叠合的工程。围岩等级为Ⅳ、Ⅴ,岩石单轴抗压强度为 30~200MPa,TBM 月掘进 554.6m,并攻克了 TBM 施工同步衬砌这一世界难题。

(11)甘肃引洮工程

2008 年,甘肃引洮工程 9 号隧洞工程由中国水电四局和意大利 CMC 公司组成中意联合体承建,采用了北方重工与维尔特生产的直径为 5.75m 的双护盾 TBM,开挖了全长 18.275km 的隧道。而 7 号隧洞是由中铁隧道股份有限公司承建,采用了一台北方重工与维尔特自主研制的直径为 5.75m 的单护盾,开挖隧道全长 17km。隧道主要岩性以砂岩和泥质砾岩为主,岩石单轴抗压强度为 5~68MPa,围岩类别为极不稳定的 V 类围岩。双护盾 TBM 施工的 9 号隧道最高日进尺 86.7m,最高月进尺 1464m。7 号洞单护盾 TBM 最高月掘进 1868m,刷新了 TBM 月掘进 1800m 的世界纪录。

(12)陕西引红济石调水工程

2008 年 10 月 8 日,陕西引红济石调水工程由中铁隧道股份公司承建,采用由美国罗宾斯公司和中国第二重型机械集团公司联合生产的直径为 3.65m 的双护盾 TBM,地层岩性主要以大理岩和花岗岩为主,围岩等级为Ⅲ、Ⅳ。单轴抗压强度为 30~75MPa,TBM 日平均掘进 18m,在短短三个多月中,前后出现卡机 8 次,处理卡机脱困达到 73 天,总共累计卡机停机超过 3 年,占施工总时间的 61%。

(13)锦屏二级水电站引水隧道工程

2008 年 11 月,锦屏二级水电站引水隧道工程由北京振冲公司、中铁十八局、中铁十三局等单位承建,采用两台开敞式 TBM 和钻爆法联合施工,一台产于罗宾斯,一台产于海瑞克,TBM 刀盘直径为 12.4m,引水洞线全长约 16.7km,工程地质岩性以大理岩和砂岩为主,围岩等级为Ⅱ~Ⅲ,单轴抗压强度为 55~114MPa,该工程创造了 12.4m 大直径 TBM 月进尺 683m 的世界纪录。

(14)云南那邦水电站输水工程

2009 年 8 月,云南那邦水电站输水工程由中铁十九局承建,采用了由德国的海瑞克公司生产的直径为 4.5m 的开敞式 TBM,开挖隧道长度 10km,隧道岩性以花岗岩为主,其单轴抗压强度高达 220MPa,TBM 日平均掘进尺 15~20m,最大日掘进为 42m,最大月掘进为 581m。

(15)重庆地铁 6 号双线隧道工程

2009 年 12 月,重庆地铁 6 号线开挖的双线隧道由中铁隧道集团公司承建,采用了由中铁装备制造有限公司与美国罗宾斯公司联合设计制造的 2 台直径为 6.36m 的开敞式 TBM。开挖同为 11.122km 的双线隧道,隧道岩性以泥岩和砂岩为主,岩体单轴抗压强度值为

7.5~30.9MPa,开创了采用硬岩 TBM 修建地铁工程的先河。

(16)兰渝铁路西秦岭隧道

2010 年 7 月,兰渝铁路西秦岭隧道由中铁隧道集团承建,采用了由美国罗宾斯生产直径为 10.2m 的开敞式 TBM,开挖隧道全长 28.236km,隧道岩性以千枚岩、砂岩和灰岩为主,围岩类别为Ⅲ、Ⅳ级,岩石单轴抗压强度为 30~100MPa,解决了 TBM 掘进同步衬砌和国内超长连续皮带机出渣问题,此隧道工程也是迄今为止 TBM 开挖的最长的铁路隧道。

(17)重庆轨道交通六号线二期工程铜锣山隧道

2010 年 10 月,由中铁十八局承建的铜锣山隧道采用两台美国罗宾斯公司生产的复合式 TBM,刀盘直径 6.28m,共掘进隧道 5432m。隧道穿过灰岩岩溶槽谷段及砂泥岩等多种地质,单轴抗压强度 5~37.5MPa,TBM 月掘进 375m,日掘进 13 环。

(18)辽西北供水工程

2010~2017 年,辽西北供水工程由中国水利水电三局、中铁十八局以及山西水工局等施工单位承建,工程采用美国罗宾斯生产的 8 台直径为 8.5m 的开敞式 TBM,围岩类别以Ⅱ、Ⅲ类围岩为主,岩石单轴抗压强度在 65~160MPa,隧道长度为(100+130+40)km,工程中第一次尝试采用 20in(1in=2.54cm)的刀具,该隧道竣工后为当时世界上最长的隧道,已有 6 台 TBM 相继贯通,其中 TBM3 创造了平均月进尺 660m,最高月进尺 1078m 的掘进纪录。

(19)西藏旁多水利枢纽工程

2012 年西藏旁多水利枢纽工程由武警水电第十支队承建,采用德国海瑞克生产的直径 4.0m 单支撑主梁开敞式 TBM,掘进隧道全长 16.8m,隧道岩性主要以花岗岩和闪长玢岩为主,围岩等级为Ⅱ、Ⅲ类。工程海拔高度高达 4200m,是我国应用于西藏及高海拔地区第一台 TBM。

(20)广西桂中乐滩引水工程

2012 年,由广东水电二局承建的乐滩水利工程采用一台直径为 5.97m 的开敞式 TBM,开挖隧道全长 24.6m,工程地质岩性软硬不均,岩石单轴抗压强度达 120MPa,围岩等级为Ⅲ、Ⅳ类。

(21)神华新街矿区斜井工程

2014 年 4 月 4 日,神华新街一标段由中铁十三局承建,二标段由中铁十一局承建,工程采用 2 台单护盾 TBM,直径为 7.62m。岩石单轴抗压强度在 20~60MPa 之间,地质状态主要以泥岩和砂岩为主。

(22)山西大水网工程

2014 年 7 月,山西大水网工程东山供水工程 9 号隧道采用直径为 4.16m 的双护盾 TBM 滑行进洞,标志着山西大水网工程正式开工。大水网工程共分为 4 个标段:TBM2 标和 TBM4 标都是由山西水工局承建的,采用直径分别为 5.06m 和 4.16m 的双护盾 TBM;TBM1 标是由中铁十八局承建,采用直径 5.06m 双护盾 TBM,TBM3 标是由中意联合体承建,采用 3.91m 双护盾 TBM。工程地质以白云岩、泥灰岩等为主,单轴抗压强度为 30~127MPa,施工期间还有可能经历煤层、涌水、溶洞等不良地质。

(23)青岛地铁项目

2015 年 1 月 3 日,由中铁十八局、中国中铁隧道集团和中铁建二十五局承建的青岛地铁项目,采用了国内首台 DSUC 型双护盾硬岩隧道掘进机。该工程共采用 4 台直径为 6.3m 的双护盾 TBM,2015 年 4 月 16 日,第三台 TBM 也投入使用,并且每月最少掘进 300m。TBM 掘进穿越了花岗岩、破裂带、断层等地层,该处地质主要以花岗岩等中硬岩为主,单轴抗压强度在 80~170MPa。本工程是国内首次在硬岩地区采用双护盾 TBM 施工地铁。2015 年 7 月 15 日,第 4 台 TBM 始发,至此,2 号线 4 台 TBM 全部投入使用。

(24)陕西引汉济渭工程

2015 年 2 月 15 日,由中铁隧道集团和中国水电十五局组成的联合体项目部承建的引汉济渭岭南输水工程共采用 2 台直径为 8m 的开敞式 TBM,1 台由美国罗宾斯生产制造,1 台由德国海瑞克生产制造。其中海瑞克生产 TBM 在短短 1 个月里完成了 TBM 主要结构件的全部组装,创造了 TBM 组装用时最短纪录。该工程地质岩性以花岗岩为主,围岩等级为Ⅱ、Ⅲ类为主,岩石单轴抗压强度为 73.9~212MPa,工程正处于施工过程中。

(25)吉林引松工程

2015 年 2 月 17 日,吉林引松工程由中铁十八局、中铁隧道集团和北京振冲公司承建,采用了由中铁重工、中铁工程装备、罗宾斯各设计制造一台敞开式 TBM。该工程被分成 3 个标段进行施工,分别为 TBM1 段、TBM2 段和 TBM3 段。TBM 直径为 7.97m,TBM1 段Ⅱ、Ⅲ围岩占 89.2%,TBM2 段Ⅱ、Ⅲ围岩占 84.8%,TBM3 段Ⅱ、Ⅲ围岩占 73.6%,单轴抗压强度在 53~138MPa,工程岩性以花岗岩为主,Ⅳ、Ⅴ类围岩为连续 860m,比重较大,且有断层。工程所在地以低丘陵为主,地层岩性主要以花岗岩为主,每月可掘进 600m 以上。

(26)重庆地铁二期工程

2015 年 3 月 6 日,重庆地铁 5 号线由中铁隧道集团承建,工程共动用了 8 台复合式 TBM 和 2 台单护盾 TBM,其中复合式 TBM 是由中国中铁自主制造,直径为 6.85m,机长 9.4m 重 580t,其中 7 台复合式应用于 5 号线路,1 台应用于 10 号线路。而单护盾 TBM 开始施工于同年的 4 月 28 日,该 TBM 是由中国铁建重工集团、三公司和中铁工程装备联合制造、组装、调试的,该工程由中交一公局集团有限公司和中交隧道工程局有限公司共同施工。此工程是单护盾 TBM 首次应用于城市地铁项目,也是国内首次自主研发直径为 6.88m 单护盾 TBM。施工地质以人工填土、砂质泥岩为主,其单轴抗压强度为 5~43MPa。

(27)大瑞铁路高黎贡山隧道

2015 年,高黎贡山隧道由中铁隧道局承建,主洞采用 1 台直径为 9m 的开敞式 TBM,平导洞体采用 1 台直径为 5.6m 的开敞式 TBM。施工隧道全长为 34.538km,最大埋深 1155m,工程地质主要以砂岩和灰岩为主,围岩以Ⅱ、Ⅲ级为主,含蚀变岩洞段,存在软弱大变形、岩爆、涌水、高地温等工程地质问题。岩石的天然抗压强度为 42~86MPa。

1.2.3 国内 TBM 发展历程

自从 20 世纪 60 年代,我国才开始全断面岩石隧道掘进机的研制,迄今已有近 60 年的历程。

我国 1966 年生产出第 1 台直径 3.4m 的掘进机,在杭州人防工程中进行过试验。20 世纪70年代进入工业性试验阶段,研制出SJ5、SJ58、SJ64、EJ30型掘进机。虽然国产掘进机的性能还与国外有很大差距,但却积累了宝贵经验和资料,培养了一批科研工作者。20世纪80年代进入实用性阶段,研制出了SJ58A、SJ58B、SJ40/45、EJ30/32、EJ50型掘进机,在河北引滦、福建龙门滩、青岛引黄济青、云南羊场煤矿、贵阳煤矿、山西古交和怀仁煤矿等工程中使用。当时,我国掘进机在可靠性和技术性能等方面待提高。

自我国改革开放以来,从国外采购大型TBM在国内进行隧道施工,事实证明TBM施工比传统钻爆法有着无法比拟的优势。2003年,由中国第二重型机械集团公司和美国Robbins公司合作的新一代直径3.65m双护盾掘进机在四川德阳二重集团公司内制造完工,用于云南省昆明市掌坞河引水隧洞施工。该机为适应地质复杂性和岩体破碎等特点,采取了针对性的设计。

2004年,大连重工起重集团有限公司与美国罗宾斯合作生产两台开敞式掘进机,开挖直径8.03m,用于辽宁大伙房输水工程。

2014年,中国中铁装备公司收购德国维尔特公司硬岩掘进机及竖井钻机知识产权。中铁装备成为世界上独立生产硬岩掘进机并具有知识产权的三大企业之一。

2016年2月4日,我国自主研制的双护盾TBM在甘肃省临夏州刘家峡兰州水源地工程正式始发。

2017年2月15日,深圳轨道交通首台双护盾TBM在10号线成功始发掘进。

2019年6月26日,杭州市第二水源输水通道(江南线)山岭段工程"钱南号"双护盾TBM顺利始发。

1.3 本书主要内容

本书以引红济石调水工程引水隧洞为依托,对小直径双护盾TBM施工关键技术进行研究,具体研究内容如下:

(1)通过分析依托工程建设的特点和难点,对TBM设备选型、双护盾TBM设备及组装技术、步进及始发技术进行研究。

(2)系统研究双护盾TBM施工技术,主要包括超前地质预报、双护盾TBM掘进施工及支护工艺、配套施工技术、快速掘进施工组织。

(3)对双护盾TBM掘进姿态控制进行研究,主要包括姿态控制标准、姿态控制监控与测量技术以及姿态控制辅助措施。

(4)通过分析双护盾TBM施工过程中卡机脱困案例,介绍了小导洞脱困技术、超前化学灌浆脱困技术、盾顶超前大管棚脱困技术、全断面环形开挖脱困技术以及辅助导坑脱困技术。

(5)介绍了依托工程建设过程中双护盾TBM设备的改造技术、改造遗留问题及处理措施。

第 2 章

工程概况

Key Technologies of Small Diameter Double Shield TBM Construction in
Water Diversion Project from Hongyan River to Shitou River

2.1 工程简介

引红济石调水工程引水隧洞出口段（即TBM施工段）位于秦岭分水岭以北、太白县五里坡东石头河桃川桥左岸，距离太白县城18km。隧洞采用双护盾TBM独头施工11095m，中间未设置竖井及斜井等。

引水隧洞全长19795m，进口设计高程1468.49m，出口设计高程1446.27m，隧洞设计流量13.5m³/s，无压自流输水，坡度1/890（$i = 0.00112$），糙率$n = 0.014$。出口段隧洞全长11095km（K19+795～K8+700），其中出口段466.5m为钻爆施工段（K19+795～K19+328.5），K19+795～K19+759（36m）段采用模筑混凝土衬砌，K19+759～K19+328.5（430.5m）采用预制管片衬砌，在TBM步进时安装。钻爆施工段开挖断面均为城门洞形。各施工段落断面图如图2-1所示。

设计采用一台双护盾TBM独头掘进，洞内贯通、洞内拆卸并由出口方向外运。隧洞设计开挖直径3.655m。管片设计情况为：每环由5块组成（2+2+1），由螺栓连接（机械性能等级为5.8级，螺母性能等级为5.0级，垫圈为C级平垫圈），管片为四边形，管片外径3.5m，内径3.0m，厚度0.25m，环宽1.1m；底管片设计有400mm×138mm中心水沟，水沟两侧为承轨台，并预留运输轨道道钉孔，其底部50°范围内设计有4个430mm×430mm×40mm支撑座（管片直接作用在隧洞开挖的基岩上）；管片设计全为标准形，无转弯环管片；预制管片混凝土强度等级为C40，按不同的配筋率分为轻、中、重、特殊型4类管片，分别对应于Ⅱ、Ⅲ类、Ⅳ类、Ⅴ类围岩和大变形抢险加固段安装。预制C40混凝土管片如图2-2所示。

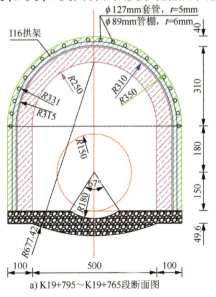
a) K19+795～K19+765段断面图

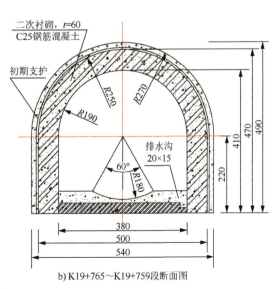
b) K19+765～K19+759段断面图

图 2-1

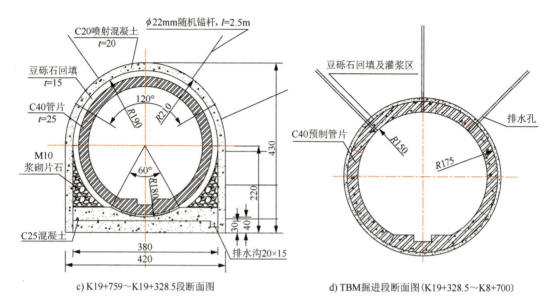

c) K19+759～K19+328.5段断面图　　　　d) TBM掘进段断面图(K19+328.5～K8+700)

图 2-1　各施工段落断面图(尺寸单位:cm)

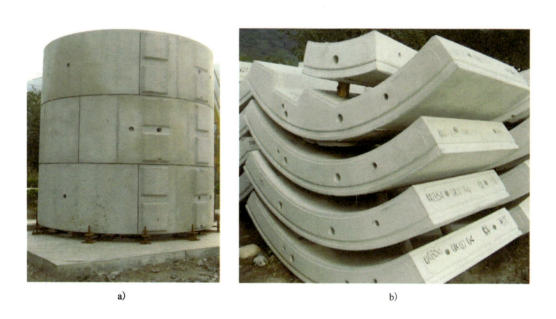

a)　　　　　　　　　　　　　　　　b)

图 2-2　预制 C40 混凝土管片

2.2 工程地质与水文地质

2.2.1 工程地质

1）地质概况

引水隧洞自关山进口至五里坡东出口,由西向东穿越侵蚀中山和太白山间盆地两大地貌单元。隧洞中段黑湾—五里坡地貌单元为太白盆地,洞轴线地面高程1690～1760m,洞线在盆地东西长约5km,隧洞埋深220～300m。堆积物厚30～165m,基岩最低高程约1250m。盆地中部河流侵蚀下切,边缘接受第四系冰积、冲积、洪积、冲洪积堆积,形成了多种类型的微地貌单元。

2）地层岩性

洞室均位于基岩中,基岩有秦岭群上亚群(pt_2qL^3)片麻岩,中亚群(pt_2qL^2)大理岩,下亚群(pt_2qL^1)片麻岩及燕山期花岗岩(γ_5^2),均属硬质岩。其洞室围岩分类、力学指标建议值见表2-1。

3）隧洞工程地质

（1）隧洞工程地质分段

隧洞工程地质分段桩号及围岩分类见表2-2。

（2）引水隧洞工程地质条件

引水隧洞位于太白—桃川向斜南翼,NEE和NE组压扭性断层较发育。太白盆地第四系松散地层广泛覆盖,基底构造形迹不很清楚,初步查明的主要构造有太白—桃川向斜、小罐子—西沟—鹦鸽嘴断层（F1）、拐里—雪门沟断层（F6）。

TBM施工隧洞洞线全长11095m,洞室一般埋深150～300m,最大420m,洞室均位于基岩中,大理岩段长约3.45km,片岩、片麻岩长约6.63km,花岗岩段长约1km,基岩面高程1623～1750m,高出洞顶160～300m,围岩弱～微风化,岩体较完整,以Ⅲ类围岩为主,次为Ⅳ类和Ⅴ类围岩,总体上围岩稳定性较好。

（3）存在的主要水文、工程地质问题

①洞室分布的大理岩及断层破碎带（15条）地段地下水较丰富,对围岩稳定和施工有一定影响。

②隧洞深埋段可能产生轻微岩爆。

③隧洞受F1和F21分支断裂的影响,岩体破碎,成洞条件差,尤其与F1小角度穿越段岩体将更为破碎。

表 2-1 洞室围岩分类及力学指标建议值

地层时代	岩性	工程地质特征	纵波速度 v_p (m/s)	饱和抗压强度 R_w (MPa)	围岩类型	稳定性评价	坚固系数 f_k	单位抗力系数 K_0 (MPa/cm)（按无压洞取值）	变形模量 E_0 (GPa)	弹性模量 E_s (GPa)	泊松比	摩擦系数 f	黏聚力 c (MPa)
γ_5^2	花岗岩	岩体微风化,块状结构,较完整,地下水活动性差	5000	140	Ⅱ	基本稳定	5	15~18	15	22	0.20	0.90	3.00
		岩体弱~微风化,块状结构,裂隙发育,完整性差,地下水活动中等	4000	95	Ⅲ	稳定性差	4	8~10	8	12	0.23	0.70	1.50
		岩体强~弱风化,块状结构,裂隙发育,完整性差,地下水活动丰富	3500	80	Ⅳ	不稳定	2	3~5	3	5	0.30	0.60	0.40
Pt_2qL^1	片麻岩	岩体微风化,厚层状结构,岩性单一,较完整,岩体完整性好,地下水活动中等	4500	100	Ⅱ	基本稳定	6	15~18	14	18	0.20	0.80	3.00
		岩体弱~微风化,薄层状,含大理岩等,岩体完整性差,地下水活性差	3500	70	Ⅲ	稳定性差	4	8~10	8	12	0.24	0.70	1.00
	云母片岩	岩体弱~微风化,薄层状,完整性差,地下水活动差	3000	30	Ⅳ	不稳定	2	3~5	3	5	0.30	0.60	0.40
	大理岩	岩体微风化,层状结构,较完整,地下水活动性中等	4000	50	Ⅲ	稳定性差	4	5~10	7	10	0.25	0.70	1.00
Pt_2qL^2	及片麻岩	岩体弱~微风化,薄层及互层状,完整性差,地下水活动较强	3000	40	Ⅳ	不稳定	2	3~5	3	5	0.30	0.60	0.40
	绿泥石片岩	岩体微风化,层状结构,完整性差,地下水活动较强	3500	60	Ⅲ~Ⅳ	稳定性差	2~4	5~8	5	8	0.30	0.60	0.40

续上表

地层时代	岩性	工程地质特征	纵波速度 v_p (m/s)	饱和抗压强度 R_w (MPa)	围岩类型	稳定性评价	坚固系数 f_k (按无压洞取值)	单位抗力系数 K_0 (MPa/cm)	力学指标建议值					抗剪强度	
									变形模量 E_0 (GPa)	弹性模量 E_s (GPa)	泊松比			摩擦系数 f	黏聚力 c (MPa)
P_2qL^2	云母片岩	岩体微风化,薄层及互层状,完整性差,地下水活动性较强	3000	30	Ⅳ	不稳定	2	5~8	3	4	0.30			0.60	0.40
	炭质片岩	岩体微风化,薄层及互层状,遇水易软化,完整性差,地下水活动性较强	2500	20	Ⅴ	极不稳定	0.8	1						0.30	0.01
	硬质片岩	岩体微风化,层状,薄层状,岩性均一,较完整,地下水活动性差	3500	80	Ⅲ	稳定性差	4	8~10	6	9	0.27			0.75	0.90
		岩体弱~微风化,薄层状为主,完整性差,地下水活动较强	3000	60	Ⅳ	不稳定	2	3~5	3	4	0.30			0.60	0.30
P_2qL^3	绿泥石片岩	岩体微风化,层状,薄层状,岩性均一,完整性较差,地下水活动性差	3500	60	Ⅲ~Ⅳ	稳定性差	2~4	5~8	5	8	0.30			0.60	0.40
	云母片岩	岩体弱~微风化,完整性差,地下水活动性差	3000	30	Ⅳ	不稳定	2	3~5	3	4	0.30			0.60	0.40
断层破碎带		碎裂或散体结构,裂隙发育,地下水活动性强,水量丰富	<2000		Ⅴ	极不稳定	0.8	1.0						0.30	0.00

隧洞工程地质分段桩号及围岩分类　　　　　表2-2

工程地质分段	桩　号	分段长度（m）	围岩类别	工程地质评价
第一段	K8+700～K8+830	130	Ⅴ	K8+700～K12+252 段,其中 K10+070 之前地貌属侵蚀中山,之后属冰碛台地。冰碛漂(块)石厚 100～150m。围岩以条带大理石为主(含墨大理岩),夹有角闪岩、片岩、碳质片岩等。岩石呈块状～层状结构,局部可能为片状结构。大理岩中存在溶蚀裂隙,地下水活动复杂
第二段	K8+830～K9+702.96	872.96	Ⅲ～Ⅳ	
第三段	K9+702.96～K9+882.96	180	Ⅴ	
第四段	K9+882.96～K10+525.06	642.1	Ⅲ～Ⅳ	
第五段	K10+525.06～K10+700.06	175	Ⅴ	
第六段	K10+700.06～K11+089.70	389.64	Ⅲ～Ⅳ	
第七段	K11+089.70～K11+139.70	50	Ⅴ	
第八段	K11+139.70～K12+252.00	1112.3	Ⅲ～Ⅳ	
第九段	K12+252.00～K13+199.72	947.72	Ⅲ	K12+252～K15+277 段地貌为冰碛台地,冰碛漂石厚 80～150m,围岩为云母石英片岩、绿泥石片岩、阳起石片岩、角闪片岩、片麻岩等,岩体呈中厚层状—片状结构,硬质岩中偶夹软质岩,地下水丰富。隧洞埋深一般 60～160m,岩石强风化层大于25m,岩石破碎。岩性复杂,有承压水存在
第十段	K13+199.72～K13+249.72	50	Ⅴ	
第十一段	K13+249.72～K13+743.12	493.4	Ⅲ	
第十二段	K13+743.12～K13+793.12	50	Ⅴ	
第十三段	K13+793.12～K13+928.33	135.21	Ⅲ	
第十四段	K13+928.33～K13+978.33	50	Ⅴ	
第十五段	K13+978.33～K15+182.81	1204.48	Ⅲ	
第十六段	K15+182.81～K15+232.81	50	Ⅴ	
第十七段	K15+232.81～K15+277.00	44.19	Ⅲ	
第十八段	K15+277.00～K16+687.03	1410.03	Ⅲ～Ⅳ	K15+277～K19+167 段地貌为侵蚀中低山,洞室穿过围岩为角闪岩、斜长片岩、云母石英片岩、阳起石片岩、绿泥石片岩、片麻岩等,岩体呈中厚层～片状结构,硬质岩中夹软质岩,岩性复杂,地下水丰富。隧洞基岩埋深 240～360m,局部埋深 60m
第十九段	K16+687.03～K16+737.03	50	Ⅴ	
第二十段	K16+737.03～K17+152.21	415.18	Ⅲ～Ⅳ	
第二十一段	K17+152.21～K17+202.21	50	Ⅴ	
第二十二段	K17+202.21～K18+068.00	865.79	Ⅲ～Ⅳ	
第二十三段	K18+068.00～K18+118.00	50	Ⅴ	
第二十四段	K18+118.00～K18+228.96	110.96	Ⅲ～Ⅳ	
第二十五段	K18+228.96～K18+278.96	50	Ⅴ	
第二十六段	K18+278.96～K18+606.07	327.11	Ⅲ～Ⅳ	
第二十七段	K18+606.07～K18+656.07	50	Ⅴ	
第二十八段	K18+656.07～K19+167.00	510.93	Ⅲ～Ⅳ	
第二十九段	K19+167.00～K19+726.80	559.8	Ⅳ	K19+167～K19+731 段地貌为侵蚀低山,围岩为角闪片岩和花岗岩侵入体,岩体较破碎,完整性差
第三十段	K19+726.80～K19+795.00	68.2	Ⅴ	洞口段坡积土

说明:本段Ⅴ类围岩1053.2m,占总长的9.49%,Ⅳ类围岩559.8m,占总长的5.05%,Ⅲ～Ⅳ类围岩6657m,占总长的60%,Ⅲ类围岩2825m,占总长的25.46%;工程施工段花岗岩段长约1km,占总长的9.03%,片岩段长6.63km,占总长的59.84%,大理岩段长约3.45km,占总长的31.13%

2.2.2 水文地质

引水隧洞全线除进口段外共布有 12 个钻孔,该合同段范围内共布有 7 个钻孔,除出口段石头河 ZK8 钻孔外,其中 6 个孔(1 个孔为第四系潜水承压水)均有承压水分布。承压水分为基岩裂隙承压水和大理岩溶隙承压水两类,主要含水层为破碎岩体。基岩深部承压水含水层分布不均匀,连续性差,属远源高山弱补给型承压水,一般与上部潜水的水力联系较差。含水层分布空间主要受岩层层面和断裂产状控制,但区域较大规模断裂带可能与上部潜水含水层连通,水量较丰。

隧洞压水试验表明,秦岭群上、下亚群变质岩中片麻岩、各类片岩和燕山期花岗岩弱~微风化岩体透水率 $q=1\sim7Lu$,弱透水,富水性差。Ⅱ~Ⅲ类围岩洞段,岩体较完整,地下水以渗水和滴水为主,不会产生较大涌水。

中亚群大理岩溶隙承压水钻孔涌水量为 25~33L/min,一般具有较高压力水头,高出地面 3~20m,水头高程 1638.5~1665.6m。Ⅲ类以上围岩,岩体较完整,渗水系数小,涌水量不大;Ⅳ类围岩可能在高水头作用下,影响围岩稳定。根据收集的有关水文地质资料,大理岩段、断层破碎带附近为溶隙承压水富水区。因此,F21、F12 和 F1 断层破碎带及影响带附近的小罐子沟一线,施工初期可能出现高压水。

引水隧洞沿太白盆地南缘,地下水丰富,受季节影响明显,开挖过程形成一集水廊道,开挖初期涌水和渗滴水现象较为突出,水量较大。随着时间的推移,涌水量衰减较快,最终达到一个稳定流量。开挖中涌水主要发生在大理岩段和规模较大的断层破碎部位。最大涌水量约为 3800m³/h,位于 K19+795~K15+372 段,主要发生在断层破碎带。

2.3 工程特点及难点

2.3.1 工程特点

该工程所用小直径双护盾 TBM 在开挖直径(3.655m)、成洞断面(3m)方面均属国内施工领域中最小,独头掘进距离长达 11095m,因此在施工组织上提出了非常高的要求,如小直径长距离独头掘进的通风、小直径长距离出渣单线有轨运输等。稍有一个环节管控不到位,将直接制约整体施工进度,进而导致 TBM 施工受阻。

2.3.2 工程难点

1)穿越长距离巨厚富水冰碛层

小直径双护盾 TBM 需要穿越太白盆地巨厚富水冰碛层,冰碛层厚度最大达 150m,宽度达 3km,围岩属大理岩,片麻岩等,极易发生突泥涌水地质灾害,施工过程中最大涌水量达 1400m³/h。该工程在穿越冰碛层地段时,多次发生坍塌和突泥涌水,对 TBM 施工造成极大威胁。

2)穿越断层破碎带

洞室分布的大理岩及断层破碎带(15 条)地段地下水较丰富,其中 F12、F21、F1 较大断层破碎带,施工初期存在高压水。断层破碎带组成物质有碎裂岩、糜棱岩、断层(泥)砾,松散、破碎,一般含水。另外,在岩性接触带,节理裂隙发育,岩体破碎,富水性强,易出现坍塌掉块,施工难度极大。

3)穿越软岩大变形段

TBM 穿越石墨大理岩软岩大变形段,围岩中含有蒙脱石等膨胀性岩石,地应力极大,且具有上浮性,易对管片结构及 TBM 造成挤压破坏,进而使设备卡机。同时,由于施工空间小,施工难度大。

4)围岩地质条件复杂,变化快

TBM 掘进过程中平均 86.2m 进行一次管片支护类型变换,最短分段长 8.8m,最长分段长 345.4m,围岩变化频繁。

5)围岩收敛变形快

在 TBM 施工中,围岩收敛变形速度往往大于 TBM 设备护盾的通过速度,收敛变形快,导致 TBM 卡盾现象极为突出。

6)控制测量施工困难

在如此狭小的隧洞成洞空间内,洞内控制测量施工方面施工难度很大,现场施工期间极易出现前后无法通视等情况,对现场测量施工技术人员形成很大考验,控制测量及人工手动测量实施比较困难,确保隧洞测量控制精度也是该工程的重点和难点。

7)小直径双护盾 TBM 设备保养难度大

该工程所用 TBM 成洞直径只有 3m,导致在该 TBM 内部空间中进行设备保养难度大。

8)长距离小断面绕洞人工钻爆施工组织难

近 10km 的长距离小断面绕洞人工钻爆施工,无论是独头掘进通风、出渣运输,还是施工组织、机械配套等,在国内均无可借鉴的工程实例,需要在施工实践中不断摸索总结。

第 3 章

小直径双护盾TBM选型设计

Key Technologies of Small Diameter Double Shield TBM Construction in Water Diversion Project from Hongyan River to Shitou River

Key Technologies of Small Diameter Double Shield TBM Construction in
Water Diversion Project from Hongyan River to Shitou River

3.1 TBM 选型分析

3.1.1 选型原则与依据

该工程的 TBM 选型按照性能可靠、技术先进、经济适用相统一的原则,依据合同文件提供的地质资料,并参考国内外已有 TBM 工程实例及相关的技术规范进行。

3.1.2 工程技术要求

针对该工程具有的长距离、快速掘进、洞内拆卸、多段不良地质段等施工特点,所选的 TBM 应具有以下主要的功能。

1) TBM 主机

(1) 刀盘针对该工程不同的地质情况有良好的开挖、出渣能力。
(2) 根据不同地层条件变化,刀盘的转速能实现低速 5.7r/min、高速 11.4r/min。
(3) 刀盘设计应能便于检查刀盘、刀具,且能满足刀具安全、快速更换。
(4) 刀盘设计应能满足人员进入掌子面,排除刀盘前方障碍物。
(5) 采用 17in 盘形滚刀,配置的刀具强度满足破岩能力和耐磨损能力。
(6) 推力、扭矩、功率储备能避免在设计参数内不良地质情况下 TBM 刀盘被卡。
(7) 主轴承及驱动组件工作时间不小于 15000h,掘进长度满足连续掘进 20km 的要求,并有可靠的主轴承密封系统,能满足工程需要。
(8) 配置的管片拼装机实现高速、低速、左、右 220°旋转,并有适量的行程空间,满足拆卸盾尾内第二环管片、管片存放空间满足一整环管片存放的要求。
(9) 管片吊机起吊能力大于 1.5 倍管片质量,移动范围能覆盖到管片运输、存放所有位置。
(10) 超前钻探能实现 360°工作,以满足超前地质预报和不良地层处理要求。
(11) 良好的 TBM 方向控制系统及动力,满足 TBM 掘进姿态控制要求。
(12) 自动测量导向系统有足够的精度,能快速显示 TBM 的姿态。
(13) TBM 配置的电气设备应具有好的防爆、防水、防漏电、过载保护性能,以满足 TBM 在富水地段能够顺利工作。
(14) 良好的液压、润滑系统,满足 TBM 掘进、润滑要求。
(15) PLC 自动控制功能,各种掘进参数显示功能。
(16) 数据采集处理和故障自动显示功能。

2）TBM 后配套

（1）TBM 应急照明、通风、排水设备,应具有防爆能力,通风能力与排水能力满足工程设计需要。

（2）具有良好的除尘系统、二次通风设备及隧洞主风管延伸机构。

（3）良好的出渣系统,做到渣土连续输送。

（4）完善的材料供应系统及起吊装置,满足材料储备的空间要求。

（5）TBM 设计应考虑轨道的储备、延伸。

（6）风、水、电供应管路应有一定范围内的自动延伸功能。

（7）良好的豆砾石喷射系统及水泥浆灌注系统。

（8）现场具备水泥储备、搅拌的能力。

（9）配置有瓦斯监测、消防、通信、闭路电视监视系统。

（10）设有修理间、休息室、医务室、卫生间。

3）整机

（1）安全性能好,保证人员及设备的安全。

（2）TBM 设计便于洞内拆卸。

（3）主要部件质量和尺寸满足公路及隧洞(包括引水隧洞进口钻爆段)运输要求。

3.1.3 TBM 形式比选

1）原设计设备选型

在投标阶段,原设备设计为敞开式 TBM,计划采用 1 台全新的 φ3.93m TBM 用于该工程施工,TBM 及后配套制造商拟首选美国罗宾斯公司,次选德国维尔特公司,航运到上海港后再用汽车转运到施工场地。

TBM 隧洞设计概况:TBM 施工段开挖断面为圆形,直径为 3.93m,初期支护后断面直径为 3.7m,衬砌厚度为 30cm,成洞直径为 3.1m。

位于 K15+504 的通风竖井深度 250m,进口高程 1699.16m,竖井中心与引水隧洞洞轴线水平连接段高程 1449.6m,其水平距离为 30m,井口上部覆盖采用倒挂井壁法施工工艺,开挖半径为 4.6m,C20 钢筋混凝土衬砌,厚度为 0.6m。下部基岩采用钻爆法开挖,开挖半径为 3.1m,C20 钢筋混凝土衬砌,厚度 0.5m。

2）投标阶段设备选型

该工程在实施阶段,经过参建各方和国内 TBM 及水利施工领域的专家详细论证,从施工组织、工期、实际地质情况和施工技术等方面对原施工方案进行全面的分析和评估,认为原敞开式 TBM 施工方案与双护盾 TBM 施工方案相比,有以下突出问题:

（1）工期问题

①工程原工期计划

2007 年 2 月 15 日进场进行施工准备,并着手进行 TBM 采购,隧洞开挖于 2009 年 6 月 30 日完成。全部工程于 2011 年 3 月 31 日完成,总工期 49.5 个月,共 1506 日历天。

主要工程工期安排见表3-1。

主要工程工期安排　　　　　　　　　　表3-1

工程名称	开始日期	完成日期	工期(d)
项目开工	2007年2月15日	2007年2月15日	1
临建工程	2007年2月16日	2007年3月17日	30
出口明渠	2007年2月16日	2009年11月7日	996
出口钻爆段	2007年3月18日	2007年7月15日	120
TBM采购、运输	2007年2月16日	2008年1月11日	330
竖井施工	2007年2月16日	2008年6月25日	496
TBM组装	2008年1月12日	2008年2月25日	45
TBM步进	2008年2月26日	2008年3月3日	7
TBM第一段掘进	2008年3月4日	2008年9月2日	183
通风竖井风机步进	2008年9月3日	2008年9月7日	5
TBM第二段掘进	2008年9月8日	2009年6月30日	296
TBM拆机、外运	2009年7月1日	2009年8月14日	45
K19+726~K15+504(台车组装)	2009年7月1日	2009年7月21日	21
K19+726~K15+504(衬砌)	2009年7月22日	2011年3月10日	597
K19+726~K15+504(回填灌浆)	2009年8月1日	2011年3月23日	600
K15+504~K8+720(台车组装)	2009年7月1日	2009年8月29日	60
K15+504~K8+720(衬砌)	2009年8月30日	2011年3月12日	560
K15+504~K8+720(回填灌浆)	2009年9月9日	2011年3月31日	569

②原施工组织设计

根据原投标时的施工组织，采用敞开式TBM施工，开工日期为2007年2月15日，完工日期为2011年3月31日，总工期为49.5个月，TBM掘进的最高进度指标按850m/月，结合围岩的分类情况，TBM掘进第一阶段的平均指标取704.3m/月，第二阶段的平均指标取696.5m/月，而根据当时国内已经施工过的工程和正在使用TBM施工的工程来看，平均进度指标为550m/月左右(非连续皮带输送机出渣、洞径过小，施工效率更低)，远远达不到原施工组织计划的平均指标，若按当时国内采用敞开式TBM施工的平均进度指标计算，工期将比原施工组织工期滞后将近4个月时间。

③计划的拆机时间较短，很难按时完成拆机任务

原施工组织计划拆机时间只有45d，但由于在洞内拆机空间狭小，拆机难度较大，另外，拆机完成后需先通过1.56km的主洞平板轨道运输，然后再通过1号支洞采用绞车运到洞外，1号支洞坡度为31.5%，TBM部件外运的难度非常大，受运输条件的限制，洞内拆机将受一定的影响。预计的拆机时间将达75d，滞后原施工组织计划1个月左右。

综上所述，若采用原敞开式TBM施工，工期将滞后原施工组织计划工期5个月左右，无

法满足招标文件要求。

(2)风险问题

该合同工程地质情况:根据招标文件提供的地质资料,该工程多为Ⅲ~Ⅳ类围岩。另外该工程隧洞穿越大小断层15条,一般断层宽度28~51m,最大断层宽度180m,特别是大理岩破碎带及F1、F21断层带岩体破碎。根据收集的有关水文地质资料,大理岩段、断层破碎带附近为溶隙承压水富水区。因此,F21、F12和F1断层破碎带及影响带附近的小罐子沟一线,施工初期可能出现高压水。

①施工风险

根据敞开式TBM的结构形式,在掘进过程中需将撑靴撑紧岩壁为掘进机提供足够的推进力和扭矩的反力才能向前掘进,但在断层破碎带施工时,由于周围岩壁岩体破碎,撑靴压力达不到设计压力,不能提供足够的推进力和扭矩,刀盘推进压力较小,掘进速度较慢,很容易造成刀盘前面和拱部坍塌,严重时可能造成刀盘被卡的被动局面。若刀盘被卡处理的难度非常大,工期延误时间将会更长。

②设备管理风险

根据招标文件提供的地质资料,该工程地下水丰富,大部分地段都存在渗水的情况。TBM设备是机、电、液、气于一体的大型施工设备,设备的自动化程度较高,设备元件对周围环境的要求非常高。若一直在渗水、滴水的状态下作业,特别是出现高压水和涌水的情况,对设备元件的损坏比较大,将导致设备的故障率比较高,设备的维修和保养难度增加,消耗时间较长,对设备的利用率将会造成很大的影响。

③人员设备安全风险

采用敞开式TBM施工,人员和设备完全暴露在围岩下,在软弱围岩破碎段施工存在发生局部坍塌和掉块现象,对人员和设备的安全威胁比较大。另外,由于洞径过小,无法实现同步衬砌,采用敞开式TBM施工,必须在贯通以后才可进行二次衬砌施工,时间最长的地段,需在开挖结束两年以后才开始衬砌施工。在软弱围岩段易发生围岩变形现象,存在变形后侵入净空及坍塌的隐患。

(3)施工组织问题

①材料运输难度大

在TBM掘进期间,初期支护用的锚杆、网片、喷射混凝土以及掘进施工用的轨线材料,全部要通过主洞运输轨道。由于运距较长,需要采用编组列车的形式运输,需在中间设置错车道,材料运输较为困难。

另外,在第二阶段掘进施工期间,初期支护材料要通过竖井运输,而第一阶段衬砌的基础底部的虚渣和淤泥也要通过竖井运出洞外,二者的干扰比较大,对第二阶段的初期支护材料供应将会产生很大的影响。

②衬砌清淤和混凝土运输干扰大,影响工期

根据原施工组织方案,第一阶段衬砌从隧洞出口向竖井方向施工,第二阶段衬砌施工从竖井和拆卸间同时向中间施工,由于两个方向同时施工,底部淤泥清理工作要通过模板台车后才能向外运输,而淤泥和底部虚渣从针梁式模板台车上通过的难度非常大,对工期会有进一步的影响。

③二次衬砌施工组织难度大

采用敞开式TBM施工,衬砌后断面直径仅为3.1m,由于采用敞开式TBM施工,开挖和衬砌施工不能同时进行,必须在开挖完成后方可开始衬砌施工。根据原施工方案,为保证工期目标,在施工高峰期共需投入3台针梁式全圆模板台车衬砌同时施工,施工组织管理难度较大。

(4) 双护盾TBM的优越性

综上所述,参建各方以及专家们一致认为,就目前已知的地质条件以及施工环境而言,采用双护盾TBM具有可行性和优越性。

①设备破岩掘进能力

敞开式TBM和双护盾TBM在硬岩掘进能力方面基本相当,均适用于硬岩掘进,双护盾TBM施工也能满足该工程的施工需要。对于软岩掘进,双护盾TBM更适用于该工程。

②施工安全可靠性较高

敞开式TBM在开挖后需采用初期支护措施,围岩暴露时间较长。另外,二次衬砌必须在掘进贯通后方可进行施工,在软弱围岩段存在一定的安全隐患。而采用双护盾TBM施工不需要初期支护,在开挖一个循环完成后,立即进行预制管片衬砌,围岩基本不暴露出来,安全性较高,特别是软弱围岩段安全性更高。

③工期得以保证

采用敞开式TBM施工二次衬砌,必须在掘进贯通后方可进行,施工工期较长,根据原施工组织计划,总工期为49.5个月。而采用双护盾TBM施工,开挖和预制管片衬砌可同时进行。开挖结束时,衬砌、回填灌浆施工也随即结束。根据采用双护盾TBM施工计划编排,开工日期为2007年5月15日,竣工日期为2011年3月15日,该合同段总工期为46个月,可提前0.5个月完成整个工程的施工。

④施工组织难度较小

采用敞开式TBM施工二次衬砌,高峰期采用3台模板台车同时施工,混凝土从投料竖井供应,断面较小,施工干扰大,施工组织难度较大。而采用双护盾TBM施工,衬砌管片可提前预制,管片衬砌相对于敞开式TBM二次衬砌施工干扰较小,施工较好组织。

另外,采用双护盾TBM施工可取消竖井施工,施工现场管理跨度较小,施工管理难度降低。

(5) 双护盾TBM和敞开式TBM施工方案对比

双护盾TBM与敞开式TBM施工方案对比,见表3-2。

施工方案对比分析表　　　　　　　表3-2

对比项目	敞开式TBM	双护盾TBM	备注
制造及进场周期	约16个月	约12个月	双护盾TBM施工方案节约
施工通风竖井	必须有	取消	双护盾TBM施工方案管理跨度小
投入劳动力	约500人	约350人	双护盾TBM施工方案节约

续上表

对比项目	敞开式TBM	双护盾TBM	备注
投入机械设备	增加模筑衬砌设备	增加管片厂设备	二者相当
硬岩掘进能力	满足，需要初期支护	满足，不需要初期支护	二者进度相当
软弱围岩掘进能力	较慢，需要超前支护和开挖后进行钢支撑、喷锚网支护	较快，适当注浆预支护，不需要钢支撑、锚喷网支护	双护盾TBM施工方案进度较快，节约支护材料
混凝土衬砌	模筑混凝土投入模板台车约4套，混凝土运输拌和系统需要增加到2套以上	管片预制厂1座，管片预制、运输设备、模具、混凝土养护设备	二者混凝土设备投入相当。但敞开式TBM施工方案增加模具、管片安装；增加豆砾石回填及回填灌浆，注浆成本要高
总工期风险	49.5个月，工期风险高	总工期约44个月，工期风险低	双护盾TBM施工方案节约5.5个月
施工安全	软弱地质条件施工风险较高，工序间施工干扰大	软弱地质风险较低，工序间施工干扰小	双护盾TBM施工方案更安全
施工总材料消耗	水泥、钢材、地材消耗大	钢材消耗相当，水泥及地材消耗小	双护盾TBM施工方案能源消耗少
临时工程投入	建立多座拌和站及砂石料厂，增加竖井施工便道及办公生活区	可只建立管片厂1套拌和系统，可取消竖井临时工程，但需增加管片预制厂	二者基本相当
TBM设备维保投入	开挖、支护、运输系统	开挖、管片预制、注浆、运输系统	敞开式TBM施工方案投入要高
施工通风	有竖井通风	无竖井,独头通风	敞开式TBM施工方案通风成本增加
设计变更风险	软弱地质风险高，设计变更多，需要增加投资	软弱地质风险降低，设计变更较少	双护盾TBM施工方案风险低
施工组织	二次衬砌施工高峰期采用4台模板台车同时施工，混凝土从投料竖井供应，断面较小，施工干扰多，难度较大	二次衬砌采用预制管片衬砌，管片提前生产，在开挖时安装	双护盾TBM施工方案施工难度小
工程总投资	两种施工方案工程费用相当		

3）设备选型

根据该工程TBM施工段工程条件和地质情况，经过认真分析、对比和研究，结合自身TBM、盾构施工经验及国内外类似工程的施工情况，就敞开式TBM与双护盾TBM对该工程的适应性做了以上分析、比较。

经分析、比较并结合该工程施工地质条件，考虑到TBM掘进期间要穿较长的断层破碎带、富水带、高水压地段、高地应力段及煤系瓦斯地层等复杂地质条件。因此，所选择的TBM应具备开挖、出渣、盾体防卡能力强、推进力大等特点，以确保TBM在该工程不良地质段的顺利、快速掘进。故选择能适应硬岩、软岩掘进且人员在管片内施工,对该工程不良地质条件有更好适应性及安全性的双护盾TBM用于该工程施工。

3.2 双护盾TBM设备及适应性设计

该工程采用的是一台罗宾斯双护盾TBM(图3-1),TBM设计采用最新、最先进的技术。TBM主要包括主机及后配套,其中主机部分有刀盘、主轴承及驱动组件、前盾、伸缩盾、支撑盾、盾尾、拼装机、设备桥、门架车等。后配套部分有拖车、动力部分、电器部分及其辅助设备等。

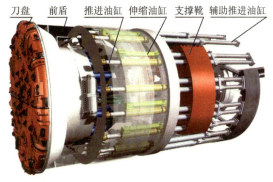

图3-1 双护盾TBM主机结构

3.2.1 主机部分

1)刀盘驱动系统

刀盘驱动方式为变频驱动,共配置5台130/260kW的双速电机(防水防尘等级IP55),最大转速为11.4r/min,额定扭矩2117kN·m(5.7r/min),脱困扭矩4118kN·m。刀盘可以双向旋转,顺时针旋转为掘进出渣方向,在换刀和脱困时反向旋转。刀盘转速可以根据不同的地质条件通过PLC人工控制。

其基本原理是:限制最大扭矩,控制掘进速度,具体如下:

(1)如果扭矩到最大值,控制掘进速度扭矩会自动减小。

(2)如果扭矩下降到一定数值,PLC程序会发出提醒,可采用高掘进速度的信号。

(3)当操作手经过核查认为掌子面地质条件均匀、允许增速、确认后便可按下按钮提高掘进速度。

在检查刀盘或更换刀具的时候,刀盘驱动可由一个位于刀盘后的控制板来直接操作。

此时,TBM 操作手无法控制刀盘旋转。

2）主轴承

主轴承采用大直径、高承载力、长寿命的三轴式设计,轴承内圈带有内齿圈。双轴承支座驱动小齿轮与内齿圈啮合,支承稳固的驱动齿轮可最大限度地减小齿轮的磨损,主轴承与大齿圈设计寿命均超过 15000h。驱动小齿轮和减速器、变频电机连于一体,结构紧凑。TBM 刀盘驱动情况,如图 3-2 所示。

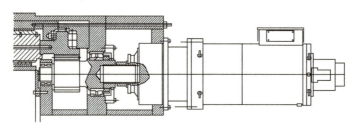

图 3-2　TBM 刀盘驱动示意图

主轴承密封包括外密封和内密封两套密封系统。内外密封系统均由带有迷宫环的三道唇形密封组成,前两道密封用于防止杂物进入主轴承和齿轮腔内(第一道密封为水冲洗密封,第二道密封保压用来控制泄漏),第三道唇形密封可以防止主轴承润滑油的流失。密封润滑通道布置,如图 3-3 所示。

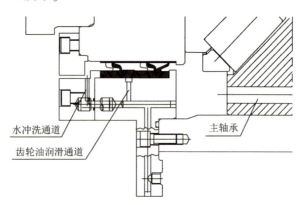

图 3-3　密封润滑通道布置图

主轴承和驱动装置采用强制式循环系统进行润滑,润滑系统与主驱动联锁,并先于主驱动启动,当润滑系统出现故障不能启动或停止运行时,刀盘将无法转动。主轴承润滑油与齿轮箱润滑油的循环管路相互隔离,以防止齿轮磨损的颗粒进入主轴承。所有润滑油液均流入驱动部件的油槽底部,过滤后回到循环系统中。循环系统中设置有传感器以监测润滑油的压力、流量和温度。

3）前盾

前盾支撑刀盘和刀盘驱动装置,通过主推进油缸与支撑盾相连,主要部件有用于安装主驱动的法兰盘、出渣区域的防尘装置、稳定器支撑装置、推进油缸接头、除尘管的接头装置等。

4）伸缩护盾

伸缩护盾连接前盾和支撑盾,其功能是使 TBM 的掘进与管片的拼装能同时进行。

伸缩护盾内布置两个反扭矩油缸,当前盾与支撑盾之间发生滚动时,通过反扭矩油缸给予调整,即盾体滚动调整。

伸缩区域内外盾之间的间隙要时常检查和清洁,底部预留一孔,部分杂物可通过底部孔排出。同时 TBM 设计时特意在伸缩护盾处预留 3 个天窗,通过天窗可观察外部情况,也可通过天窗释放部分坍塌体,缓解盾体外阻力,降低盾体被卡死的概率。

5）支撑盾

支撑盾内设有辅助推进油缸和 TBM 支撑装置。撑靴布置的形状使得支撑力可以作用到两侧围岩,将支撑盾体稳固地固定在围岩上,为 TBM 掘进提供反力。在换刀时通过收回主推油缸的方式将前盾向后收回,为更换刀具提供刀盘面板有足够的空间。撑靴尺寸宽大,以减小对围岩的压力。支撑系统的压力可以根据地质条件变化随时调整,即能根据刀盘对推进力的需要来提供相应的接触反力。

6）主推进系统

主推进油缸连接前盾和支撑盾,采用铰接式,既可传递推力又可当拉力使用。主推进系统共配置 10 根推进油缸,最大总推力为 8936kN,能保证 TBM 在双护盾模式掘进时给刀盘提供足够的推力。油缸分成上、下、左、右 4 组,通过选择对各组油缸进行增加供油量来使 TBM 实现调向。每组作用油缸的行程及压力同步在 TBM 主控室的显示器上显示,为主司机按照要求掘进提供查考。

7）辅助推进系统

辅助推进系统共配置 10 根推进油缸,最大总推力为 10570kN,能克服全部护盾的摩擦阻力,保证 TBM 在单护盾模式掘进时给刀盘提供足够的推力。辅助推进油缸分成上下左右 4 组,作用在 4 个压力区,以利于 TBM 在软弱围岩中掘进但不能用支撑时 TBM 进行调向。

在采用双护盾模式掘进时,4 组推进油缸可以同步操作。每一组油缸装有行程传感器,使 TBM 主司机能监控其行程。

双护盾模式下支撑盾体换步时,通过辅助推进行油缸实现换步,在一定阻力下可通过超高压油泵给辅助推进油缸提供动力,现实超高压模式下换步。

8）盾尾

盾尾与支撑盾刚性相连,为管片安装区域,也是将外部围岩与内部隔离,为内部操作人员提供保障。

9）管片拼装机

管片拼装机为单体回转式,其移动可以精确地进行控制,以保证管片拼装位置的准确性。管片拼装机控制分有线控制和无线控制两种,施工中主要采用无线遥控器拼装管片,有线控制器作为其出现故障时的备件使用。

拼装机在两个方向都可旋转 220°,其支撑和驱动装置由一个单座球轴承、内齿圈、两个小齿圈、行星齿轮减速器与液压马达组成。驱动为无级变速,能产生足够的扭矩,用以拼装沉重的管片。管片通过一个机械式锁定系统连接到拼装机机头,拼装机机头共有6个自由度,管片拼装机机头用两个能分别伸出的液压缸控制它沿径向伸出。拼装机机头上装有球面轴承,能向3个平面转动,以保证管片正确定位。

管片拼装机具有紧急状况的自锁能力,确保施工中的安全。

10) 主机皮带机

主机皮带机能够在油缸的作用下前后伸缩。主机皮带输送机先将石渣运送到后配套皮带输送机上,然后再运送到后配套的卸渣点装车,将石渣卸到停在后配套门架台车内的渣车上。

11) 液压系统

除刀盘驱动以外,所有主机的辅助功能部件均为液压控制、操作。所有功能部件运行所需的液压动力装置都置于后配套的平台车上。

动力装置包括泵、马达、滤清器、冷却器和油箱,并带有所有检测设备,动力装置与相应机械设备之间通过钢管或软管连接,考虑到围岩的高温以及对隧洞中温度的影响,冷却器的尺寸设计留有较大的富余量。液压系统设有便于测量压力的快速接头,所有软管都要安装牢固,以承受恶劣的地下工作条件。

液压泵站设机械式压力表,同时设置压力传感器、温度传感器将液压油压力和温度等信号传递给PLC,并在主控室显示。主油箱设循环过滤回路。为便于添加液压油,配置1台气动加油泵。

12) 油脂及润滑系统

油脂及润滑系统包括主轴承密封系统、主轴承润滑系统和其他部分。润滑及密封系统以压缩空气为动力源,靠油脂泵将油脂输送到各个部位。

主轴承润滑采用强制润滑,润滑油通过循环过滤后,对主轴承和齿轮进行强制润滑,PLC系统对润滑情况进行监控。

3.2.2 后配套系统

1) 连接桥

连接桥位于TBM主机后面,连接桥下留有足够的空间用于管片吊机运输管片和储存、铺设铁轨,连接桥上安有皮带输送机、新鲜空气的通风管道、管片吊机运行的轨道,在其上部的工作平台上放有主机液压系统动力管路。

2) 后配套台车

后配套台车共45节,每节的长度在5~10m范围内。台车采用开式门形结构,在铺设的专用轨道上行走。在中间布置轨距为762mm的运输轨道,轨道两旁以及台车上方平台两侧合理布置皮带输送机、通风管、集中油脂润滑系统、豆砾石回填系统、水泥浆搅拌注入系统、电气控制柜、液压动力装置、变压器、空压机、水系统以及电缆卷筒、水管卷筒等TBM配套设备。

3）除尘系统

TBM除尘系统安装在1号拖车上，为干式除尘系统。其吸入风管位于前盾，将主机皮带机进料口区域的空气抽走形成负压，使部分新鲜空气流向TBM前端，同时防止含粉尘的空气逸入隧洞内。

4）空气压缩系统

豆砾石泵与除尘器的灰尘收集器、TBM控系统、风动工具风源以及油脂及润滑系统的动力由空气压缩系统提供。压缩空气系统设备配置包括：2个1.5m^3储风罐；2台10m^3/min、7bar(1bar = 10^5Pa)的空压机。

5）豆砾石填充系统

后配套台车上布置豆砾石回填系统，通过压缩空气将豆砾石吹入预先在管片上预置的开口，进行豆砾石充填。

6）水泥浆搅拌及注入系统

水泥浆现场搅拌及注入系统设置在后配套台车上，利用水泥袋处理装置将水泥倒入搅拌机中，砂浆泵将搅拌好的水泥浆液通过注入口注入管片背后的空隙中。

7）高压电缆卷筒

在TBM后配套系统设置电缆卷筒，电缆卷筒由电机驱动，置于后配套系统的尾部，可以存放300m长的高压电缆。

8）应急发电机

TBM配置应急发电机，在电力供应发生中断时，柴油发电机组自动启动。为避免瓦斯影响，应急发电机按防爆设计。应急发电机主要用于以下项目的供电：

(1) 主机和后配套的照明。
(2) 操作站内的仪表盘和配电盘。
(3) 后配套通风系统和除尘器。
(4) PLC及其他控制回路。

9）供排水系统

(1) 供水系统

隧洞内用水通过洞口增压泵向TBM供水，TBM后配套台车设置储存能力为50m的水管卷筒，新鲜水经过水管卷筒补充到一个带有限制水位的控制器(3m^3水箱)，再由TBM配备的水泵输送到各用水点。

(2) 冷却系统

冷却系统按洞口水温为25℃的条件设计，新鲜水流经各冷却装置后，变热的冷却水由设置在TBM后配套台车上2.5m^3的热水箱收集，刀盘喷水以及钻机、冲洗等用水都从热水箱抽取。

10）二次通风系统

TBM配置风管从1号台车延伸，直至整个后配套系统，用来排除撑靴区域及液压泵使用过的热空气。隧洞外的新鲜空气经过轴流风机输送到TBM后配套区域，通过二次通风机和风管可以保证清洁空气不断供应给整个掘进系统。二次通风系统主要由以下部件组成：

(1)1个风管存储箱，能存储100m长的风管。

(2)1台二次通风机(能力:480m^3/min；功率:45kW)及风管。

(3)2个消音器。

(4)1个用于操作存储箱的起吊设备。

11）通信系统

通过TBM配置的通信系统使TBM主机室可以与TBM区域的若干固定位置进行通信。TBM共配置5部电话，主要分布于前盾、盾尾、连接桥、后配套皮带机和主机室。为保持TBM与外界的联系，TBM主控室预留一个外线借口，供安装外线电话使用。

3.2.3 辅助施工设备

1）电视监视系统

电视监视系统由摄像机和显示器组成。摄像机设计为防尘、防水和防振动，显示器为黑白电视显示器，具有多视窗显示功能，安设在主控室内。为满足监控整个TBM施工区域的需要，在TBM的下列位置安设了监视装置。

(1)TBM主机内。

(2)管片吊装区域。

(3)主机皮带机尾部卸渣处。

(4)材料卸料区。

(5)后配套台车尾部的轨道系统。

2）TBM主控室

主控室位于前进方向设备桥的右侧(第一节拖车)。操作手通过显示屏、围岩参数选择合理的掘进参数，主控室内可进行大部分TBM设备的启动、停止操作，并根据TBM的姿态、显示的参数，做出合理调整，满足TBM按事先选定的要求来进行掘进。

3.2.4 TBM主要技术参数

该工程采用的是一台罗宾斯DS1217-303双护盾掘进机，主要参数见表3-3。

TBM主要技术参数　　　表3-3

开挖直径		φ3.655m
主轴承类型		非对称双排锥形滚柱
刀具	设计系列号	17in，前/后安装
	滚刀数量	25把
	单个刀具承受荷载	250kN

续上表

刀盘推力	刀盘推力	6250kN
	刀盘最大推力	8936kN
	辅助推力	10570kN
	紧急辅助推力	15680kN
刀盘功率	刀盘驱动	双速电机(5×260/130kW)
	刀盘功率	1300/650kW
	刀盘转速	11.4/5.7r/min
	刀盘扭矩 高速	1089kN·m
	刀盘扭矩 低速	2117kN·m
	脱困扭矩	4118kN·m
掘进行程	管片长度	1.1m×5　数量:4+1
	辅助推进油缸行程	1.9m×10　数量:10个
	主推进油缸行程	1.27m×10　数量:10个
液压系统	系统操作压力	215bar
	最大系统压力	345bar
	紧急辅助推进系统压力	517bar
	功率	180kW
电气系统	驱动电机	660V,三相,50Hz
	控制系统和照明	24V/120V,50Hz
	变压器	2×1000kV·A+1×600kV·A
	备用变压器	600kV·A
	一级电压	10000V
	二次电压	660V
皮带输送机	输送带宽度	600mm
	输送能力	180t/h
设备设计转弯半径		1000m
设备总量(大约)		800t

3.2.5 适应性设计

为满足该工程隧洞施工要求,施工过程中 TBM 要穿越断层、富水强、高地应力及煤系瓦斯地层等不良地质,故 TBM 必须对此进行设计。

1)针对不良地质刀盘的设计

该工程隧洞地质条件复杂、围岩强度差距大,TBM 刀盘的设计和刀具选型需要既能适应岩石最大饱抗压强度 160MPa 的硬岩,又能适应岩石饱和抗压强度为 5MPa 的软岩,且刀盘和刀具应具有较高的强度和韧性,以减少刀盘、刀具损坏,从而实现 TBM 连续、快速掘进。TBM 刀盘结构示意,如图 3-4 所示。

图 3-4　双护盾 TBM 刀盘结构示意图

TBM 在刀盘设计、刀具分布、配置时应充分体现出针对性,主要体现在以下方面:

(1)封闭的刀盘能有效地支撑掌子面,有利于防止在围岩稳定性较差的地层出现围岩大面积坍塌问题,为人员在刀盘内检查、更换刀具提供安全保障。

(2)刀盘设人孔一个,人员可以通过人孔进入掌子面,排除障碍物。

(3)铲斗的尺寸和形状都进行了优化设计,以保证其在软岩中作业的高效性和较低的磨损率。

(4)刀盘上设计有用于喷水降尘的喷嘴。高压水通过刀盘中心的旋转接头和预设管路进入喷嘴,通过喷嘴喷出水雾对刀具降温并对刀盘在切削过程中进行降尘。

(5)刀盘轴线偏离 TBM 轴线 13.5mm 布置,增大了上部开挖尺寸,在前盾壳底增加一层 12mm 耐磨板,最终满足盾体顶部与围岩空间 51mm、底部开挖空间 12mm 要求。扩挖刀采用液压控制伸缩,伸缩距离 50mm,可在更换边刀前实现扩挖,满足边刀更换要求。同时,在软岩塑性变形地段,使用超挖刀可以增大开挖直径,保证盾体有适量的预留空间通过,在一定范围内避免 TBM 盾体被卡。

(6)扁平形状的刀盘伸出盾体外 690mm,减少上部松动岩石暴露坍塌,避免刀盘被坍塌岩石卡死。

(7)沿刀盘外围均布 4 个铲斗,并与刀盘面贯通,用于把岩渣从隧洞底部与面部开挖时散落的碎渣移至一号皮带接料斗内。铲斗允许进入皮带内的颗粒物最大直径为 15cm,以免损坏皮带。

(8)刮板分布在铲斗、刀盘与前盾体内侧。铲斗刮板用于清理刀盘底部虚渣,保护刀体、刀盘环免受磨损。前盾体内侧刮板用于清理刀盘与前盾体内部虚渣,保护刀盘背部免受磨损。

(9)刀座为刀盘结构整体的一部分并向刀盘内凹陷,滚刀仅有 124mm 伸出刀盘面,避免破碎围岩坍塌时损坏刀具,同时减轻刀体与碎渣产生的磨损。

(10)在刀盘外围后部、刀盘面板、侧面焊接耐磨格条、耐磨焊块,能增强刀盘在硬岩掘进时的耐磨性能。

（11）配置的盘形滚刀可保证推力250kN，且具有良好的耐磨及韧性性能，能最大限度地降低刀具损耗。

（12）刀盘设置预留孔。多功能钻机可以通过预留孔在掌子面钻孔并进行地层注浆加固。

2）电机驱动设计

刀盘驱动方式对TBM施工非常重要，电机驱动具有可靠性高、传动效率高、能耗经济、针对不同的围岩具有良好的调速性能破岩能力等优点，已在TBM上得到广泛的应用，因此该工程刀盘驱动选用电机驱动方式。

刀盘可以双向旋转，顺时针旋转掘进出渣，在换刀和脱困时可以逆时针旋转。在硬岩区、地质稳定、均匀的地层采用高转速，以获得较高的掘进速度；在软岩区，地质不均、不稳定地层采用低转速，以获得较高的扭矩，同时可以更好地保护刀具，保持掘进的连续性。

3）良好的操作性

TBM的操作设计要考虑到减轻操作者的劳动强度，提高操作者的劳动效率。主司机在主控室内可以完成TBM掘进的主要操作，如启动泵站、推进、调向、换步、刀盘转动、油脂系统的注入控制等。TBM的主要状态参数，如各种油压、油温、气压力、TBM姿态等也直接反馈到主控室内。

管片拼装机的操作采用无线遥控的方式（有线控制方式备用），不但使操作者能轻松、高效地操作，使注意力更多地集中在控制管片拼装的质量控制上，同时也避免了操作者使用线控时在TBM上来回移动可能带来的危险。

所有的刀具都可以在刀盘后部更换，避免了人员进入刀盘前面更换刀具可能发生的危险。

主轴承密封油脂系统、润滑系统等采用全自动化控制，可大量减轻操作者的劳动强度。

4）长距离掘进适应性设计

该工程TBM连续掘进距离长，约为11km，保证TBM具有良好的可靠性、适用性能，配套系统是该工程成功的关键，所选的TBM要具有以下优点：

（1）TBM关键部件设计寿命、动力、强度高于工程需要

主轴承设计寿命和主驱动组件设计寿命都大于15000h，可连续掘进20km以上，能满足工程的需要。

（2）技术先进性

TBM上大量采用传感器、液压、连锁保护、导向等领域的新技术，其控制系统的底端全部由PLC可编程控制器直接控制，上端由上位机进行总体控制。TBM的数据采集系统可以记录TBM操作全过程的所有参数。

整机液压系统要采用了比例控制、恒压控制、功率限止等先进的液压控制技术。

TBM电气、液压系统部件全部采用国际知名品牌，保证良好的质量和使用性能，增加了可靠性。

(3)TBM 便于维护

TBM 设计时考虑操作、维护简单,具有故障自动诊断和显示功能,能保证在最短的时间内解决故障,为连续快速掘进创造了条件。

(4)精确的方向控制能力

长距离施工要求 TBM 具有良好的方向控制能力,以保证线路方向误差控制在规定的范围内。TBM 方向的控制包括两个方面:一是 TBM 本身能够自动纠偏;二是采用先进的激光导向技术降低方向控制误差。TBM 主推进油缸和辅助推进油缸均分为 4 组,能分区域单独控制,使 TBM 具有良好的转向和纠偏性能。装备的 PPS 导向系统能精确反映 TBM 主机的方位和姿态,使主司机能精确地控制 TBM 掘进方向。

5)不良地质地段掘进适应性设计

(1)富水地段掘进

该工程隧洞穿过多个水文地质单元和含水层,预测隧洞涌水量较大,涌水灾害较严重。TBM 必须具备顺利通过涌水及高水压地段的能力。所选 TBM 应具有能保证涌水及高水压地段施工顺利进行的特点。

由于隧洞部分洞段涌水量大,仅靠水泵排水无法保障施工顺利进行,需采用堵、排结合的方式防水。TBM 主机区域配置 2 台流量为 100m³/h 的水泵,将水抽至位于 TBM 后配套隧洞,后配套布置 2 台流量为 200m³/h 的水泵(其中 1 台备用),分别与回水管和污水箱连接,紧急情况下可用作排水使用。

(2)断层破碎带掘进

断层破碎带是隧洞围岩失稳和出现地质灾害的突出地段,容易引起塌方、大量涌水,甚至突发性涌水,因此 TBM 对断层破碎带的掘进适应性尤为重要。该工程隧洞穿过多条大断裂带,断裂带及其影响带宽的达数百米,窄的也有数十米宽。为保障施工顺畅,TBM 做了针对性的设计。

①单护盾掘进模式

TBM 具有双护盾和单护盾模式掘进的功能,在断层破碎带掘进时,TBM 能采用单护盾模式掘进,保障施工安全。

②超前地层加固

利用超前地质预报系统对断层破碎带进行超前地质预报,利用 TBM 配置的超前钻机和注浆设备对地层进行超前加固,同时刀盘面板预留注浆孔的设计能满足对掌子面加固的需要。

③TBM 结构设计可满足人工导洞向前开挖

若断层破碎带及其影响带宽度大,单靠超前地层加固等措施已不能满足施工要求时,可以将盾尾内第二环管片拆除,从盾尾处采用钻爆法开挖导洞,绕过 TBM 主机向前开挖,TBM 步进通过。管片拼装机设计时,其行程满足拆除盾尾内第二环管片的要求。

伸缩内盾有手动控制关闭、开启功能,在不良地质条件下,可人工开启伸缩内盾,从伸缩内盾出入处理坍塌体。绕洞开挖至伸缩内盾处,也可通过伸缩转动物资。

(3)岩爆地段掘进

该工程隧洞埋深较大,局部存在岩爆。TBM 设备本身具有的以下特点能最大限度地减小岩爆的发生概率和减轻产生的危害：

①刀盘设有喷水装置，喷水对掌子面岩石能起到软化的作用。

②TBM 护盾具有防护作用，能防止岩爆对人和设备的损害。

同时 TBM 具备的以下特点可保障施工正常进行：

①快速支护能力。TBM 支护分为管片拼装、豆砾石回填和水泥浆灌注，TBM 配置的支护系统能高效、协调地工作，使 TBM 能快速支护并通过岩爆地段。

②提前应力释放。在预测的地应力高、易发生岩爆地段，利用 TBM 配置的超前钻机钻孔，在钻孔中注水湿化岩石，提前将应力释放。

6）软岩塑性变形地段掘进

在隧洞埋深较大、质地软弱、地应力较大的岩层中，易发生围岩塑性变形，所选 TBM 具有的以下特点能满足施工条件：

（1）刀盘设计与布置

TBM 刀盘轴线偏心布置，同时刀盘设置超挖刀，能增大 TBM 开挖直径，为 TBM 在围岩变形量小的情况下快速通过围岩变形地段预留了变形量。

（2）地层加固

若超前地质预报显示围岩变形量大，TBM 不能正常通过，停机利用 TBM 配置的超前钻机和注浆设备加固地层，然后通过。

（3）高强度的结构设计，足够的能力储备

TBM 高强度的结构设计和足够的推力、扭矩等能力储备，可保证 TBM 不易被变形的围岩损坏或卡住。

7）塌方地段掘进

针对该工程隧洞将穿越易塌方地段，TBM 采用以下设计：

（1）封闭式的刀盘设计

TBM 刀盘采用封闭式设计，能有效地支撑掌子面，防止围岩发生大面积的坍塌。

（2）高强度的结构设计，足够的能力储备

TBM 高强度的结构设计和足够的推力、扭矩等功能储备，可保证 TBM 不易被坍塌的围岩损坏或卡住。

（3）撑靴压力可调

TBM 撑靴压力能根据地质条件调整，以免支撑力过大而破坏洞壁岩石，造成坍塌。

（4）单护盾模式掘进

在破碎地段掘进极易造成坍塌、盾体被卡，采用单护盾模式下，使用盾体更快于双护盾模式下通过破碎地段。

8）瓦斯地层掘进

该工程隧洞将穿越瓦斯地层，TBM 采用以下设计：

（1）瓦斯监测系统

根据瓦斯气体涌出的规律，TBM 配置瓦斯监测系统，分别在主机皮带机进渣口、伸缩盾顶部、主机皮带机卸渣口、除尘风机出口和主机皮带机卸渣口 5 处设置瓦斯监测器,监测瓦斯和氧气浓度。监测器采集的数据与 TBM 数据采集系统相连,并输入 PLC 控制系统。当瓦斯浓度达到一级警报临界值时,瓦斯警报器将发出警报;当瓦斯浓度达到二级警报临界值时,TBM 停止工作,只有防爆应急设备处于工作状态。

（2）通风能力

TBM 二次通风机的通风能力充分考虑了对瓦斯气体的稀释能力。

（3）配置防爆设备

TBM 配置防爆设备,二次风机、除尘风机、水泵、电机、应急照明灯等全部为防爆设备。

3.3 双护盾 TBM 组装技术

3.3.1 现场组装

1）方案概述

（1）主要技术参数

DS1217-303 双护盾 TBM 主要技术参数,详见表 3-4。

表 3-4　DS1217-303 双护盾 TBM 主要技术参数

序号	部件名称	数量	质量（t）	外形尺寸（m）	备注
1	刀盘（含刀）	1	51.189	φ3.655×1.524	单件
2	前盾	1	36.6	φ3.58×2877	2 块
3	主轴承	1	13.2	φ3.012×1.887	单件
4	伸缩外盾	1	11.83	φ5.85×2.75	4 块
5	支撑盾	1	93.44	φ4.055×3.591	分 4 块组装
6	盾尾	1	13.2	φ5.58×2.7	
7	安装机	1	3.76	φ2.4×2.6	
8	1 号皮带桥	1	11.205/10.427	8.7/10.55	
9	扭矩臂	1	1.728	长 1.339	
10	主机室	1	1.2		
11	1 号门架	1	1.92	3.529×2.221	
12	其他门架	1	12	长 6.605~6.150	
13	后配套拖车	1	13.9	长 5.95~5.75	

(2)TBM 组装调试流程

根据现场场地条件和 TBM 运输到货计划,TBM 组装调试总体上按照:主机部分及在管片厂区域的已经铺设好的轨道上先拼装后部后配套拖车→前部后配套拖车及设备的安装→主机大件的组件以及液压、电器、风水管的连接→系统调试→联机调试的顺序进行。

2)TBM 工地组装

(1)组装准备

TBM 作为大型的施工设备,设备庞大、系统复杂,为保证安全顺利完成 TBM 的组装工作,需做好以下准备工作:

①完成组装场的施工,做好场地硬化,以满足 TBM 大件的存放需要。
②完成 TBM 始发基座的施工。
③完成组装期间风、水、电供应设施的安装工作。
④制订详细的、可行的 TBM 组装、调试计划。
⑤提前做好技术培训,并做好技术交底。
⑥完成主机组装用配套汽车起重机和后配套组装用汽车起重机的准备工作。
⑦组装时的零部件供应:TBM 组装时的零部件供应工作对于组装十分重要,它直接影响着 TBM 的组装进度。在组装前应完成以下工作:组装前的详细标识;零部件的数量、型号、质量检查;零部件运输和堆放的计划性和合理有序;零部件的清洁和保护。

(2)组装场地布置

考虑隧洞出口的实际条件,选择在距洞口 105m 的场地进行 TBM 组装,组装场位于桩号 K19+795~K19+880,分两个区域进行设备组装,洞口 30m 范围为 TBM 主机组装场,采用 C25 钢筋混凝土硬化场地,厚 30cm,主机组装场范围长 30m、宽 18m,后配套组装场利用现有弃渣填筑位置,以隧洞中线为轴,硬化 3.6m 宽范围,其余不做硬化处理,后配套组装场长 55m、宽 30m。组装场规划如图 3-5 所示。

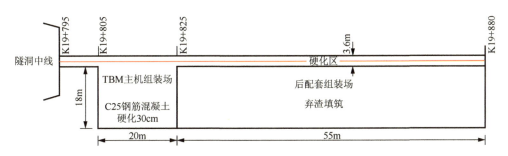

图 3-5 TBM 组装平面图

整个组装工作分为主机组装和后配套组装两部分,在不同的区域进行,主机与后配套同步进行组装。TBM 主机组装场地设备布置,如图 3-6 所示。

(3)吊装设备选择

①该工程常用汽车起重机性能参数,见表 3-5~表 3-10。

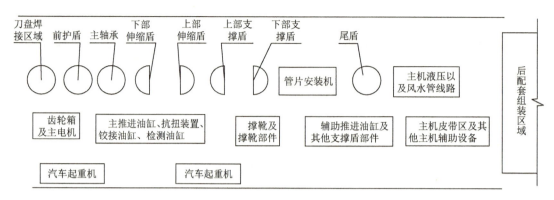

图 3-6　TBM 主机组装场地设备布置

8t 汽车起重机主要设备参数一览表　　　　表 3-5

主要技术参数		6.95m 吊臂			8.50m 吊臂			10.15m 吊臂			11.70m 吊臂		
参数名称	参数	工作半径（m）	起升高度（m）	起重量（t）	工作半径（m）	起升高度（m）	起重量（t）	工作半径（m）	起升高度（m）	起重量（t）	工作半径（m）	起升高度（m）	起重量（t）
全车总重	15.50t	3.2	7.5	8.0	3.4	9.2	6.7	4.2	10.6	4.2	4.9	12.0	3.2
最大爬坡能力	22%	3.7	7.1	5.4	4.0	8.8	4.5	5.0	10.1	3.1	5.8	11.4	2.4
吊臂最大仰角	—	4.3	6.5	4.0	4.7	8.3	3.4	5.7	9.6	2.5	6.7	10.8	1.9
吊臂全伸时长度	11.70m	4.9	5.7	3.2	5.4	7.6	2.7	6.6	8.8	1.9	7.7	9.9	1.4
吊臂全伸时长度	6.95m	5.5	4.6	2.6	6.2	6.8	2.2	7.5	7.7	1.5	8.8	8.6	1.0
最大提升高度	12.00m	—	—	—	6.9	5.6	1.8	8.4	6.3	1.2	9.7	7.0	0.9
最小工作半径	3.20m	—	—	—	7.5	4.2	1.5	9.0	4.8	1.0	10.5	5.2	0.8
最小转弯半径	9.20m	—	—	—	—	—	—	—	—	—	—	—	—

20t 汽车起重机主要设备参数一览表　　　　表 3-6

回转半径（m）	主臂长度（m）							主臂＋副臂
	10.2	12.58	14.97	17.35	19.73	22.12	24.50	24.5＋7.5
3.0	20	—	—	—	—	—	—	—
3.5	17.2	15.9	—	—	—	—	—	—
4.0	14.6	14.6	12.6	—	—	—	—	—
4.5	12.75	12.7	11.7	10.5	—	—	—	—
5.0	11.6	11.3	11.3	9.7	—	—	—	—
5.5	10.45	10	10	9.1	8.1	—	—	—
6.0	9.3	9	9	8.5	7.6	6.9	—	—
7.0	7.24	7.3	7.41	7.2	6.7	6.1	5.7	—
8.0	5.99	6.1	6.17	6.22	5.9	5.4	5	—

续上表

回转半径 (m)	主臂长度(m)							主臂+副臂
	10.2	12.58	14.97	17.35	19.73	22.12	24.50	24.5+7.5
9.0	—	5.13	5.21	5.25	5.3	4.8	4.5	—
10.0	—	4.35	4.43	4.48	4.52	4.4	4	2.1
12.0	—	—	3.26	3.32	3.36	3.39	3.41	1.7
14.0	—	—	—	2.49	2.53	2.56	2.58	1.4
16.0	—	—	—	—	1.9	1.94	1.96	1.2
18.0	—	—	—	—	—	1.45	1.47	1
20.0	—	—	—	—	—	—	1.08	0.88
22.0	—	—	—	—	—	—	0.76	0.75
24.0	—	—	—	—	—	—	—	0.63
27.0	—	—	—	—	—	—	—	0.5

25t 汽车起重机主要设备参数一览表　　表3-7

工作半径 (m)	吊臂长度(m)						
	10.20	13.75	17.30	20.85	24.40	27.95	31.50
3	25	17.5	—	—	—	—	—
3.5	20.6	17.5	12.2	9.5	—	—	—
4	18	15.3	12.2	9.5	—	—	—
4.5	16.3	14.4	12.2	9.5	7.5	—	—
5	14.5	13.2	12.2	9.5	7.5	—	—
5.5	13.5	12.2	12.2	9.5	7.5	7	—
6	12.3	11	11.3	9.2	7.5	7	5.1
6.5	11.2	10	10.5	8.8	7.5	7	5.1
7	10.2	9.2	9.8	8.5	7.2	7	5.1
7.5	9.4	8.4	9.1	8.1	6.7	6.7	5.1
8	8.6	7.9	8.4	7.8	6.6	6.4	5.1
8.5	8	7.2	7.8	7.4	6.3	7.2	5
9	—	6	7	6.8	6	6.1	4.8
10	—	4	5.8	5.6	5.6	5.3	4.4
12	—	—	4.1	4.1	4.2	3.9	3.7
14	—	—	2.9	3	3.1	2.9	3
16	—	—	—	2.2	2.2	2.2	2.3
18	—	—	—	1.6	1.8	1.7	1.7
20	—	—	—	—	1.3	1.3	1.3
22	—	—	—	—	1	0.9	1
24	—	—	—	—	—	0.7	0.8
26	—	—	—	—	—	0.5	0.5

续上表

工作半径 (m)	吊臂长度(m)						
	10.20	13.75	17.30	20.85	24.40	27.95	31.50
28	—	—	—	—	—	—	0.4
29	—	—	—	—	—	—	0.3
30	—	—	—	—	—	—	—

50t 汽车起重机主要设备参数一览表　　表 3-8

工作半径 (m)	不支第五支腿,吊臂位于起重机前方或后方;支起第五支腿,吊臂位于侧方、后方、前方				
	主臂长度(m)				
	10.70	18.00	25.40	32.75	40.10
3.0	50.00	—	—	—	—
3.5	43.00	—	—	—	—
4.0	38.00	—	—	—	—
4.5	34.00	—	—	—	—
5.0	30.00	24.70	—	—	—
5.5	28.00	23.50	—	—	—
6.0	24.00	22.20	16.30	—	—
6.5	21.00	20.00	15.00	—	—
7.0	18.50	18.00	14.10	10.20	—
8.0	14.50	14.00	12.40	9.20	7.50
9.0	11.50	11.20	11.10	8.30	6.50
10.0	—	9.20	10.00	7.50	6.00
12.0	—	6.40	7.50	6.80	5.20
14.0	—	—	5.10	5.70	4.60
16.0	—	—	4.00	4.70	3.90
18.0	—	—	3.10	3.70	3.30
20.0	—	—	2.20	2.90	2.90
22.0	—	—	1.60	2.30	2.40
24.0	—	—	—	1.80	2.00
26.0	—	—	—	1.40	1.50
28.0	—	—	—	—	1.20
30.0	—	—	—	—	0.90
各臂伸缩率(%)	二	0	100	100	100	100
	三	0	0	33	66	100
	四	0	0	33	66	100
	五	0	0	33	66	100
钢丝绳倍率	12	8	5	4	3
吊钩质量(t)	0.515			0.215	

80t 汽车起重机主要设备参数一览表　　　　表 3-9

工作半径（m）	吊臂长度(m)（支腿全伸）							吊臂长度(m)（不伸支腿）
	12.0	18.0	24.0	30.0	36.0	40.0	44.0	12.0
2.5	80.0	45.0	—	—	—	—	—	15.0
3.0	80.0	45.0	35.0	—	—	—	—	15.0
3.5	80.0	45.0	35.0	—	—	—	—	15.0
4.0	70.0	45.0	35.0	—	—	—	—	11.7
4.5	62.0	45.0	35.0	27.0	—	—	—	9.5
5.0	56.0	40.0	32.0	27.0	—	—	—	8.0
5.5	50.0	37.0	29.2	27.0	22.0	—	—	6.8
6.0	45.0	34.3	27.2	25.0	22.0	—	—	5.8
6.5	39.4	31.5	25.3	23.2	22.0	18.0	—	5.0
7.0	35.6	29.1	23.7	21.5	20.3	18.0	—	4.3
8.0	27.8	25.4	21.0	18.8	17.7	15.7	12.0	3.2
9.5	20.8	20.8	17.8	15.7	14.6	13.2	12.0	2.0
10.0	19.2	19.2	17.0	15.0	13.8	12.6	11.4	1.7
11.0	—	16.5	15.6	13.6	12.4	11.4	10.4	—
12.0	—	14.7	14.7	12.6	11.4	10.6	9.7	—
13.0	—	14.2	14.2	12.4	11.2	10.4	9.5	—
14.6	—	12.5	12.5	11.3	10.2	9.3	8.8	—
15.0	—	10.0	10.0	10.0	9.0	8.5	7.8	—
16.0	—	9.4	9.4	9.4	8.7	8.2	7.6	—
17.8	—	—	8.1	8.1	8.1	7.7	7.1	—
20.0	—	—	6.2	6.2	6.2	6.8	6.3	—
22.0	—	—	4.5	4.5	4.5	5.1	5.6	—
23.0	—	—	—	3.4	3.4	4.0	4.4	—
26.0	—	—	—	3.0	3.0	3.5	3.9	—
27.0	—	—	—	—	1.7	2.2	2.6	—
28.0	—	—	—	—	—	1.9	2.2	—
30.0	—	—	—	—	—	1.6	1.9	—
31.0	—	—	—	—	—	1.0	1.3	—
—	—	—	—	—	—	—	1.1	—

100t 汽车起重机主要设备参数一览表　　　　表 3-10

工作幅度(m)	主臂(m) 支腿全伸，侧方、后方作业									主臂仰角(°)
	13.0	17.8	22.5	27.2	31.9	36.6	41.3	46.0	50.4	
3	100000	80000	—	—	—	—	—	—	—	80
3.5	93000	77000	62000	—	—	—	—	—	—	78
4	88000	72000	62000	—	—	—	—	—	—	76
4.5	79000	67000	61000	42000	—	—	—	—	—	74
5	72000	62000	60000	42000	40000	—	—	—	—	72
6	65000	58000	56000	42000	39000	—	—	—	—	70
7	59000	55000	52000	42000	37500	31500	—	—	—	68
8	54000	52000	48200	40500	35800	31000	—	—	—	66
9	50000	49000	45000	39000	34500	29500	—	—	—	64
10	46000	45000	42500	37000	33000	28700	—	—	—	62
12	42000	41000	40500	35500	31800	27600	23500	—	—	60
14	36500	35500	35000	32500	29500	25700	22000	18500	—	58
16	32000	31000	30500	30000	27500	24000	20800	17500	—	56
18	—	27500	26500	27500	25700	22600	19500	16500	14000	54
20	—	23500	23300	24500	24000	21200	18900	15900	13200	52
22	—	17500	17000	18500	19500	18800	16900	14500	12200	50
24	—	—	13000	14200	15000	16000	15200	13200	11200	45
26	—	—	10000	11200	12000	12600	13200	12000	10200	40
28	—	—	—	9000	9700	10300	10900	11000	9300	—
30	—	—	7200	7900	8500	9000	9400	8700	—	
32	—	—	—	—	6200	7000	7600	7900	8000	—
34	—	—	—	5000	5800	6300	6500	6900	—	
36	—	—	—	—	4900	5200	5600	5800	—	
38	—	—	—	—	—	3900	4300	4800	4900	—
40	—	—	—	—	—	3000	3600	3900	4200	—
42	—	—	—	—	—	—	2800	3200	3600	—
44	—	—	—	—	—	—	2200	2700	2900	—
46	—	—	—	—	—	—	—	2200	2400	—
48	—	—	—	—	—	—	—	1800	1900	—
50	—	—	—	—	—	—	—	—	1600	—
52	14	11	9	6	6	5	5	3	3	倍率

②汽车起重机的选择

根据施工现场的条件及布置,汽车起重机可摆放的范围为距组装位置 18m 范围之内,汽车起重机工作半径最小在 8m 左右,结合汽车起重机性能,选择 100t 汽车起重机吊装主机部分部件,8t 汽车起重机吊装门架区域部件,50t 汽车起重机吊装 1 号皮带桥及后配套拖车等部件。满足现场吊装要求。

(4)主机组装

组装前用汽车起重机将主机组装所需的部件按组装的先后顺序放置到位,以便于主机组装,主机主要部件组装分区域同步进行。现场主机组装情况,如图 3-7 所示。

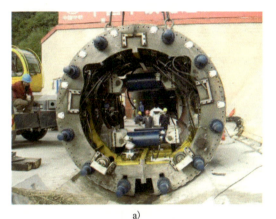
a)

b)

图 3-7　现场主机组装

①主机皮带

为便于运输,主机皮带支架分成两部分。在组装时,首先将两节皮带进行连接,然后使用汽车起重机将主机皮带机支架与门架式拖车进行搭接,同时在皮带机的前端用支架进行支撑。在主机皮带机安装完毕后,根据图纸绘制尾盾、支撑盾、伸缩盾、前护盾相应位置。现场组装情况,如图 3-8、图 3-9 所示。

a)

b)

图 3-8　TBM 皮带机组装情况

图3-9 主机皮带现场安装

②尾盾安装

在主机皮带机定好位后,安装尾盾,根据图纸位置通过汽车起重机将其放于皮带机内并进行固定。

③前盾与支撑盾定位前的准备工作

a. 前盾

为便于运输,在工厂将前盾与刀盘进行分解,因此在定位前首先使用50t汽车起重机将两件进行拼装,然后使用50t汽车起重机与100t汽车起重机进行翻转并放在指定的位置进行待组装,最后安装主电机与前盾。

b. 支撑盾

与前盾一样,为便于运输,支撑盾分为上、下两块,组装时,先将支撑盾下半块放置始发基座上并固定,再使用汽车起重机将两块支撑盾进行连接,然后使用汽车起重机进行翻转,再依次安装撑靴以及撑靴油缸和辅助推进油缸,最后翻转,待翻转完毕安装管片拼装机。

c. 伸缩护盾

伸缩护盾分外盾和内盾两部分。为便于安装与运输,内外伸缩盾又分为上部和下部两个部分。伸缩护盾分别与前盾和支撑盾连接,组装时分别与前盾和支撑盾的组装同步进行。

d. 主机大件的安装

首先将支撑盾定位于主机,并将其与尾盾进行连接。然后安装伸缩护盾下半块,最后安装前盾,再依次安装主推进油缸、抗扭转臂与抗扭转油缸、铰接油缸、检测油缸、上部推进油缸,最后安装上部伸缩护盾并连接相应管线。TBM主机结构情况,如图3-10所示。

e. 刀盘

刀盘分为1块,在TBM组装开始时,保证其部件同步焊接。待盾尾、支撑盾、伸缩盾与前盾连接成一个整体之后,利用重型汽车起重机将整个刀盘吊装。

f. 后配套组装

为保证后配套快速组装,租赁12t汽车起重机2台,从前后两端台车开始,2台汽车起重机配合,以2节台车为一个单元,按台车门架拼装→放置到轨线上→台车的配重→相关辅助设备、液压管路安装的顺序进行。后配套组装完成后,利用机车将后配套台车推至洞口与TBM主机连接。TBM后配套组装情况,如图3-11、图3-12所示。

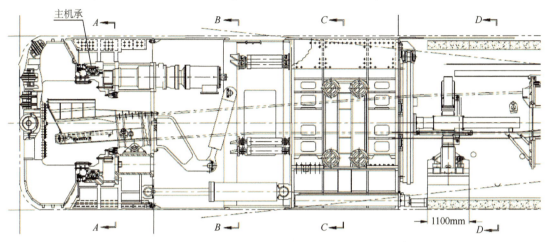

图3-10 TBM主机结构示意图
A-A:前盾;B-B:伸缩盾;C-C:支撑盾;D-D:尾盾

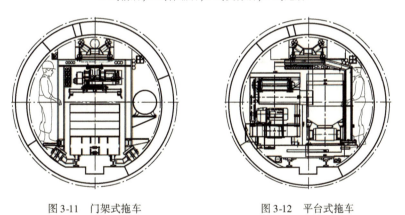

图3-11 门架式拖车　　图3-12 平台式拖车

3.3.2 现场调试方案

TBM调试需提前制订细致的调试方案,分系统分解进行,调试内容主要包括支撑系统、主推进系统、辅助推进系统、主驱动、管片拼装系统、后配套运输(材料、管片吊装运输)系统、回填灌浆系统、通风系统、皮带输送系统等。在调试过程中,需配备抢修工具、必要的配件和备件,如液压系统密封、堵头及其他系统临时需要的管路等,同时需详细记录各系统的运行参数,与制造商提供的设计参数相比较。对不符合设计要求的施工单位,需查找原因并采取必要的措施,以保证设备性能达到设计要求。

1)空载调试

空载调试的目的主要是检查设备是否能正常运转。主要调试内容包括电气系统、液压系统、润滑系统、冷却系统、配电系统、灌浆系统及各种仪表的校正。

电气部分运行调试:检查送电→检查电机→分系统参数设置与试运行→整机试运行→整机再次调试。

液压部分运行调试:支撑系统→推进系统→管片拼装机→管片输送器。

2)负载调试

空载调试证明 TBM 具有工作能力后可进行负载调试。负载调试的主要目的是:检查各种管线及密封的负载能力;对空载调试不能完成的工作进一步完善,以使 TBM 的各个工作系统和辅助系统达到满足正常生产要求的工作状态。通常试掘进时间即为对设备负载调试时间。负载调试时,将采取严格的技术和管理措施,以保证工程安全和工程质量。

3.4 双护盾 TBM 步进及始发技术

3.4.1 TBM 始发及起始环的安装

1)工作前检查与施工准备工作

(1)工作前应对 TBM 始发台进行检查,防止其发生损坏或变形。

(2)对始发台弧面高程进行测量检查,保证在始发台范围内,TBM 主机刀盘中心与 TBM 开挖断面轴心重合,控制始发姿态。

(3)将 TBM 拼装管片所需的材料与机具,提前运至现场。

2)TBM 始发

TBM 在洞外组装,组装调试完成后即始发进洞。为减少 TBM 施工始发工作的工作量,用于双护盾 TBM 组装的组装台在设计施工时应考虑其后期始发功能。将组装台设计在隧洞中线上,底部始发步进导台的形状与高程和隧洞设计高程相吻合,使 TBM 始发时主机轴线与隧洞设计轴线保持重合,确保 TBM 始发姿态与设计轴线一致。组装台(始发台)尾部施作钢筋混凝土反力台,确保 TBM 底部辅助推进油缸推进时给设备步进提供足够的反力。TBM 始发纵横断面,如图 3-13 所示。

3)隧洞首环管片拼装

TBM 始发进洞前,安装边滚刀。从始发台至 K19+759 段仅装底部 A 型管片,为 TBM 步进提供支反力,底部管片采用通缝拼装。TBM 步进至盾尾进入起始环管片拼装段,开始进行起始环管片拼装,管片安装桩号 K19+759。起始环管片的生根反力来自 K19+759 处预先埋设的反力基座,即在进行 K19+765~K19+759 段变断面混凝土衬砌时,预先在 K19+759 处埋入 6 个反力基座,待 TBM 通过后,在基座上焊接钢挡板牛腿,用于向首环管片提供生根反力,如图 3-14 所示。

第 3 章 小直径双护盾TBM选型设计

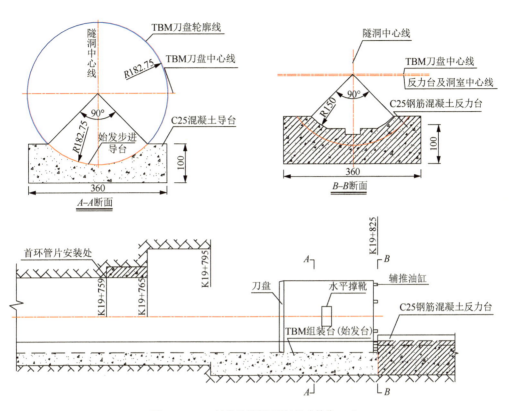

图 3-13 TBM 始发纵横断面图(尺寸单位:cm)

起始环处管片衬砌同围岩之间的环形空隙,使用快硬性混凝土或水泥砂浆材料填塞密实,以利闭浆。管片与围岩之间端头采用堵头板封闭,防止浆液或豆砾石溢出。

4)TBM 始发注意事项

(1)TBM 始发台应结构稳定,制作精度高,以便 TBM 刀盘轴线与隧洞设计轴线重合,确保 TBM 始发姿态正确。

(2)TBM 在向前推进时,利用底部辅助推进油缸提供反力,通过控制辅助推进油缸行程使 TBM 沿始发台向前推进。

(3)在始发阶段由于设备处于磨合阶段,要注意各部位油脂的有效使用。

(4)确保始发导台位置的准确性,在始发导台施工时,加强监测频率,确保导台施工精度在 ±5mm 以内,从而保证 TBM 姿态满足设计要求。

(5)加强 TBM 姿态测量,如发现 TBM 有较大转角或低头时及时调向。

(6)及时封堵首环管片外缘洞圈,以防漏浆。

3.4.2 TBM 洞内步进

钻爆487m 洞段均为 V 类围岩,开挖面未进行混凝土衬砌,这样 TBM 主机通过时的摩阻力较大。为减小 TBM 盾壳底部与隧底的摩阻力,根据盾构机通过钻爆段成功的施工经验,拟在隧洞底部施作 C25 素混凝土导台,以满足隧底圆顺要求,如图 3-15 所示。导台工作完成后,使用断面仪对钻爆段净空进行测量,布置测点间距为 5~10m。若有围岩侵限,立即提前处理,确保 TBM 快速顺利通过。

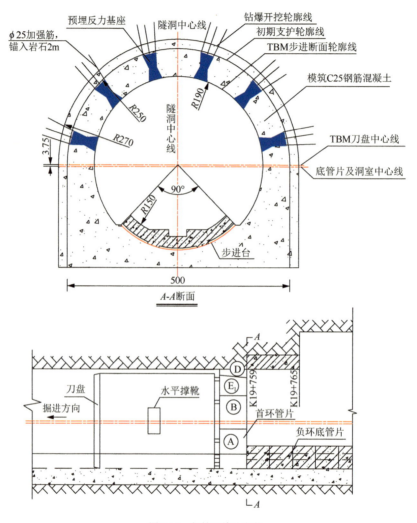

图 3-14 起始环管片安装

TBM 在钻爆段内的步进采用单护盾掘进模式空推步进,刀盘和前体依靠辅助推进油缸前进,利用安装好的导向系统控制隧洞轴线偏差,保证 TBM 与钻爆隧洞间的间隙,使 TBM 沿隧洞方向前进,每步进一个行程后,进行钻爆段衬砌管片的拼装及相关灌浆等工作。步进时,步进速度应控制不能过快,且要派专人在 TBM 前方检查、监测 TBM 步进情况,主要检查 TBM 前盾下部与导台的结合情况,同时在前盾底与导台面之间涂洒肥皂水进行润滑降糙,减小摩阻力。刀盘前方的监测人员与 TBM 主司机紧密配合,使 TBM 沿设计轴线前移。

TBM 主机步进后,后配套跟紧主机同步前进,依序铺设钢枕梁和钢轨,钢轨铺设为运输轨,后配套轨为轮式走行,直接在已铺好的管片上走行。同时,进行洞内风、水、电的延伸。

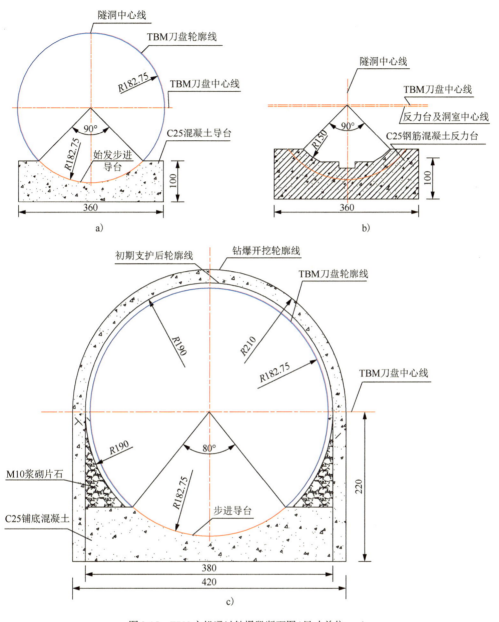

图 3-15 TBM 主机通过钻爆段断面图(尺寸单位:cm)

3.5 本章小结

(1)结合该工程 TBM 施工段工程条件和地质情况,开展了开敞式 TBM 与双护盾 TBM

施工方案的比选。通过对施工进度、施工风险、施工组织及工程总投资的综合对比分析,选择双护盾 TBM 用于该工程施工。

(2)为满足该工程隧洞 TBM 施工,需在不良地质刀盘设计、电机驱动设计、操作性、长距离掘进适应性设计及不良地质地段掘进适应性设计等方面进行针对性设计。

(3)制订双护盾 TBM 现场组装方案、调试方案以及步进及始发方案。

第 4 章

双护盾TBM施工技术

Key Technologies of Small Diameter Double Shield TBM Construction in Water Diversion Project from Hongyan River to Shitou River

Key Technologies of Small Diameter Double Shield TBM Construction in
Water Diversion Project from Hongyan River to Shitou River

4.1 超前地质预报技术

4.1.1 概述

1）地质预报目的

（1）进一步查明前期没有探明的、隐伏的重大地质问题，有针对性地采取预防措施，避免重大地质灾害发生，确保施工安全。

（2）减少施工盲目性，确保隧洞快速施工。

（3）为开展动态设计、合理制订施工方案、有效进行投资控制提供地质依据。

（4）为编制竣工文件及隧洞长期安全运营提供基础资料。

2）超前预报的一般方法

超前地质预报应采用TBM本身配置的超前地质预报系统进行预报。目前TBM配置较为广泛的有Beam、HSP、ISIS等超前地质预报系统，均有较好的性能。但受技术发展水平的限制，目前还没有哪一种技术方法和手段能单独解决施工过程中所有超前地质预报问题。

该工程双护盾TBM采用的是HSP-T超前地质预报系统。该系统是专门为隧洞和地下工程TBM施工超前地质预报研制开发的，它主要利用TBM掘进时刀盘切割岩石所产生的声波信号作为HSP声波反射法预报激发信号，通过对信号进行分析后得出预报成果。该超前地质预报系统主要用于预报掌子面前方围岩的完整性，其优势是在TBM掘进过程中采集信号，不影响掘进，能方便快捷地预报掌子面前方较长范围内的地质情况，局限在于无法探水。相对于TBM掘进洞段应用TSP使用的局限性，如开展场地的要求、炸药震源安全性、TBM刀盘等金属件对信号的干扰等，HSP-T超前地质预报系统具有一定的优越性。

4.1.2 超前地质预报设备

地质预报设备与预报方法相配套，为ZGS系列智能工程声波探测仪及软件系统，如图4-1所示。

主机设置为4通道，计算机接口，发射、同步接收、量程等参数通过计算机控制可调，数据由便携式计算机存储，系统分辨率最小采样间隔分别为500ns和100ns，幅度分辨均为16b，记录长度32K，量程5mV~5V，自动变增益放大控制。数据采集通过计算机控制，数据存储计算机化，大大降低了现场工作时间，加快了工作效率。

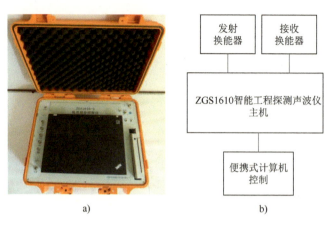

图 4-1 ZGS1610-3 智能工程探测声波仪检测系统

4.1.3 超前地质预报施工工艺

1）工艺流程

安装发射及接收系统→连接数据线→TBM 正常掘进，刀盘转动→现场测试→对现场采集原始波形曲线进行时域和频域分析→提交超前地质预报简报→跟踪 TBM 掘进围岩揭露与预报内容相比较。

2）安装发射及接收系统

对于发射和接收系统，将拾震器（换能器）的频率选择在 50～100Hz 范围内，并对拾震器进行改装。在拾震器前端安设一个特制的螺帽，通过螺栓与 TBM 刀盘连接，从而将发射拾震器安装在刀盘背后。经过现场考察验证，将发射拾震器与接收拾震器安装在主轴承位置，从而采集刀盘与岩体切割的信号，如图 4-2 所示。

图 4-2 TBM 施工地质预报换能器安装位置

3）连接数据线

ZGS 系列智能工程探测声波仪与拾震器之间的连接线采用芯线，传输线的长度根据 TBM 主控室与刀盘间距而定。测试前将传输线连接至仪器主机上。

4）TBM 正常掘进，转动刀盘

TBM 施工的 HSP 声波反射法地质预报的原理是：根据 TBM 隧道施工的特点，利用 TBM 掘进时刀盘切割岩石所产生的声波信号作为 HSP 声波反射法预报激发信号。HSP-T 每次有效探测距离 50～100m，为提高预报准确度和精度，采取重叠式预报，每开挖 50～90m 预报一次，重叠部分（不小于10m）对比分析，每次将探测结果与开挖揭示情况对比分析。

HSP 声波反射法测试布置，如图 4-3 所示。

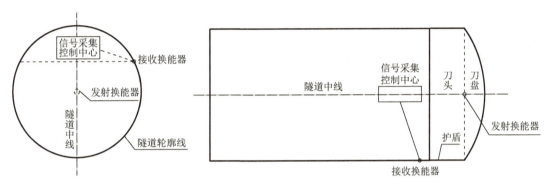

图 4-3　适合 TBM 施工的 HSP 声波反射法测试布置示意图

5）现场测试

刀盘转动后，拾震器将信号通过传输线传输至 ZGS 系列智能工程探测声波仪后，经过 ZGS 系列智能工程探测声波仪处理将声波信号转成典型波形曲线，将现场采集的原始波形曲线进行保存。现场测试情况及现场采集典型波形曲线示意，如图 4-4 所示。

 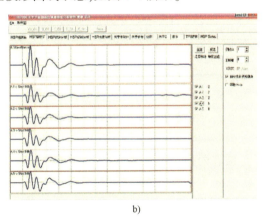

　　　　　a)　　　　　　　　　　　　　　　　b)

图 4-4　现场测试情况及 HSP 声波反射法现场测试典型波形图

6）对现场采集原始波形曲线进行时域和频域分析

（1）数据处理

通过 U 盘将 ZGS 系列智能工程探测声波仪中的波形曲线拷贝出来，通过与 ZGS 系列智能工程探测声波仪配套进行隧道施工期地质超前预报分析处理软件(包括反射谱分析及反射子波分析软件)进行分析。

图4-5为对典型波形曲线进行时域、频域分析后的成果图。采用ZGS-1610型智能工程声波仪进行隧道地质超前预报的超前距离一般为≥50m,在围岩条件较好的情况下可达到100m。

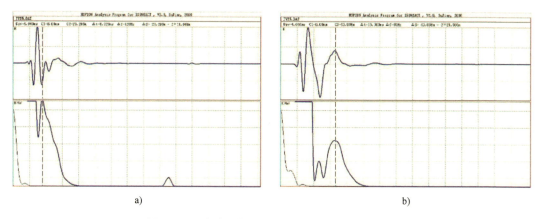

图4-5　HSP声波反射法采集信号时域、频域分析成果图

(2)HSP声波反射法分析原理

该方法和地震波探测原理基本相同,其原理是建立在弹性波理论的基础上,传播过程遵循惠更斯—菲涅尔原理和费马原理。

在任意介质中传播的波,当其传播到该介质与另一介质的分界面时,一部分产生反射,另一部分穿过界面折射继续在另一介质中传播。假定介质1的声阻抗为Z_1、介质2的声阻抗为Z_2,则有:

$$\left. \begin{array}{l} Z_1 = \rho_1 v_1 \\ Z_2 = \rho_2 v_2 \end{array} \right\} \tag{4-1}$$

式中:ρ_1——介质1的质量密度;

ρ_2——介质2的质量密度;

v_1——波在介质1中的传播速度;

v_2——波在介质2中的传播速度。

波在两种介质分界面处的反射系数为:

$$R_{12} = \frac{Z_2 - Z_1}{Z_2 + Z_1} \tag{4-2}$$

由波的反射系数可知,当介质2声阻抗大于介质1声阻抗时,即介质1质量密度大于介质2质量密度时,反射系数为正,反射波相位与接收首波相位相同;反之,反射波相位与接收首波相位相反。

显然,断层破碎带、软夹层等质量密度比岩层、完整岩层、硬岩低。由岩溶充填物、断层破碎带、软夹层探测其前方结束界面,反射波相位与接收首波相位相反;反之,岩层、完整岩层、硬岩探测前方断层破碎带、软夹层界面,反射波相位与接收首波相位相同。

至于探测掌子面前方界面的具体性质,尚应结合具体隧道勘察设计资料、补充地质调查结果、洞内地质调查结果进行综合分析确定。

该方法探测的物理前提是岩体间或不同地质体间明显的声学特性差异。测试时,在隧道施工掌子面或边墙一点发射低频声波信号,在另一点接收反射波信号。采用时域、频域分析探测反射波信号,进一步根据隧道施工掌子面地质调查、地面地质调查及利用一隧道超前施工段地质情况推测另一平行隧道施工掌子面前方地质条件的预报方法,便可了解前方岩体的变化情况,探测掌子面前方可能存在的岩性分界、断层、岩体破碎带、软弱夹层,以及岩溶等不良地质体的规模、性质及延伸情况等。

(3)提交超前地质预报简报

超前地质预报每次现场探测完成后根据软件分析得出的结论及时提交超前地质预报简报,为 TBM 掘进施工提供重要参考。

(4)跟踪 TBM 掘进围岩揭露与预报内容相比较

地质预报简报提交后,要实时跟踪 TBM 掘进中围岩揭露情况,并与地质预报简报内容进行比较,论证每次超前地质预报简报是否相吻合,以便给施工提供准确的信息。

4.2 双护盾 TBM 掘进施工

4.2.1 概述

双护盾 TBM 装备有两节护盾壳体,具有防止开挖面坍塌的功能,常用于混合地层的掘进。在较好的地层,TBM 的管片拼装作业和开挖作业能同步进行,进而实现高速、连续的掘进。在双护盾模式下掘进时,支撑系统把主机架牢固地锁定在开挖的隧洞洞壁上,在单护盾模式下掘进时,支撑系统顶在后部拼装成型的管片上,提供刀盘扭矩和推进力的反力。推进油缸以支撑系统为支点,把推力施加给前盾和刀盘,推动刀盘破岩掘进。在刀盘强大的推力、扭矩作用下,滚刀在掌子面固定同心圆切缝上滚动(滚刀绕刀盘中心轴公转的同时绕自身轴线自转),当推力超过岩石的强度时,盘形刀下的岩石直接破碎,盘形刀贯入岩石,掌子面被盘形滚刀挤压碎裂而形成多道同心圆沟槽。随着沟槽深度的增加,岩体表面裂纹加深扩大,当超过岩石的剪切和拉伸强度时,相邻同心圆沟槽间的岩石成片剥落(当围岩破碎、采用单护盾模式掘进时,较小的推力即可破岩,该效应不明显)。崩落在洞底的岩渣随着刀盘旋转被均布在刀盘上的铲斗、刮板收集到主机内的皮带机上,通过皮带机系统转载后,运送至后配套,通过矿车牵引至洞外翻渣台。双护盾 TBM 掘进及掌子面破岩,如图4-6所示。

图 4-6　双护盾 TBM 掘进及掌子面破岩示意图

4.2.2　掘进模式

1）双护盾掘进模式

（1）双护盾模式掘进原理

TBM 在围岩稳定性较好的地层中掘进时，撑靴紧撑洞壁为主推进油缸提供反力，使 TBM 向前推进，刀盘的反扭矩由两个位于支撑盾的反扭矩油缸提供，掘进与管片安装同步进行。此时，TBM 作业循环为：掘进与拼装管片→撑靴收回换步→再支撑→再掘进与拼装管片，具体如图 4-7 所示。

双护盾掘进模式下施工工艺流程，如图 4-8 所示。

（2）双护盾掘进模式正常掘进

①TBM 掘进

刀盘在主推进油缸的推力作用下，刀盘向前推进，撑靴撑紧在洞壁上为掘进机提供掘进反力，后配套台车停在隧洞中，刀盘破岩切削下来的渣土随着刀盘铲斗和刮板转动从底部到顶部然后沿溜渣槽到达刀盘顶部后进入刀盘中心的皮带输送机上，主机皮带机和后配套皮带机将渣土运送到等候在后配套上的编组渣车上。与此同时,在盾尾的保护下进行预制管片的拼装、豆砾石充填施工。当刀盘向前掘进1.1m时,完成一个循环的掘进。

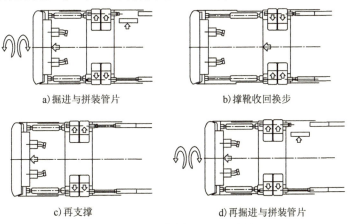

a) 掘进与拼装管片　　　　　　b) 撑靴收回换步

c) 再支撑　　　　　　d) 再掘进与拼装管片

图 4-7　双护盾模式掘进原理示意图

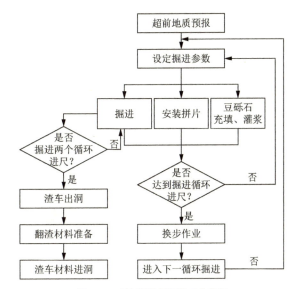

图 4-8　双护盾模式掘进工艺流程

② 换步

当主推进油缸达到最大掘进行程时,TBM需要停机换步。此时,刀盘停止转动,将撑靴慢慢收回,辅助推进油缸顶推支撑盾向前移动,直至主推进油缸完全处于收缩状态,视情况必要时调整支撑盾的滚偏情况后,支撑靴再度撑紧洞壁,开始下一个循环的掘进,换步完成。后配套系统设置拖拉油缸,根据TBM掘进进度情况拖拉前移。

双护盾掘进模式模型,如图4-9所示。换步模型,如图4-10所示。

2）单护盾掘进模式

(1) 单护盾模式掘进原理

TBM在软弱围岩地层中掘进时,支撑系统与主推进系统不再使用,伸缩护盾处于收缩位置。刀盘掘进时的反扭矩由盾壳与围岩的摩擦力提供,刀盘的推力由辅助推进油缸支撑在管片上提供,TBM 掘进与管片拼装不能同步。此时,TBM 作业循环为:掘进→辅助油缸回收→拼装管片→再掘进,如图 4-11 所示。

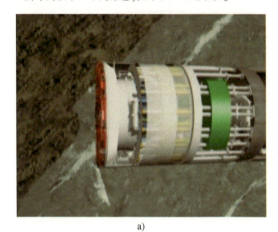
a)

b)

图 4-9　双护盾掘进模式模型图

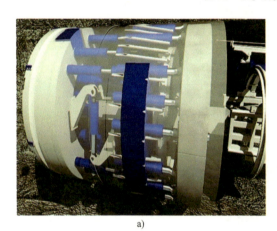
a)

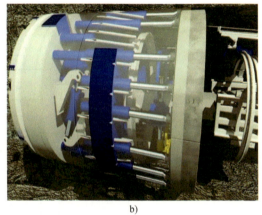
b)

图 4-10　换步模型图

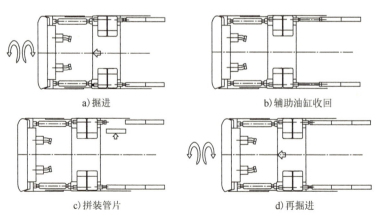

a) 掘进　　　　　　　　　　　b) 辅助油缸收回

c) 拼装管片　　　　　　　　　d) 再掘进

图 4-11　单护盾模式掘进原理示意图

(2) 单护盾掘进模式施工工艺流程

单护盾掘进模式掘进施工工艺流程,如图 4-12 所示。

(3) 单护盾掘进模式正常掘进

① TBM 掘进

主推进油缸处于收缩状态,伸缩盾全部闭合,刀盘启动后,辅助推进油缸顶推到已拼装好的管片上为掘进机提供掘进反力,推动整台 TBM 向前掘进。后配套台车停在隧洞中,刀盘破岩切削下来的渣土随着刀盘铲斗和刮板转动,从底部到顶部,然后沿溜渣槽到达刀盘顶部后,进入刀盘中心的皮带输送机上,主机皮带机和后配套皮带机将渣土运送到等候在后配套上的编组渣车上。与此同时,成洞段进行豆砾石充填及回填灌浆等工作。当刀盘向前掘进1.1m时,完成一个循环的掘进。

② 管片拼装

当刀盘推进完成一个行程后(1.1m),完成一个循环的掘进,TBM 停止掘进,在尾盾的保护下,开始进行管片的拼装。管片拼装利用 TBM 上的管片拼装吊机进行。

③ 换步

在单护盾模式下掘进,不存在严格意义的换步作业,主要是在管片拼装完成后,视情况在必要时调整盾体的滚偏值,使整个 TBM 主机保持在相对的左右平衡状态。

单护盾掘进模式模型,如图 4-13 所示。

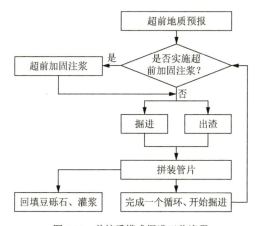

图 4-12 单护盾模式掘进工艺流程

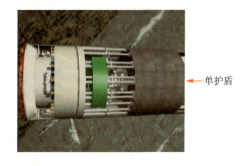

图 4-13 单护盾掘进模式图(撑靴绿色代表不使用状态)

4.2.3 正常掘进工艺

1) 超前地质预报探测前方围岩情况

由于护盾式 TBM 所有的施工都是在管片及护盾内部进行,仅有伸缩盾内的观察窗口和刀盘内的刀孔、人孔及刮渣孔见到局部围岩,且结构件过多,无法准确对掌子面及前方围岩进行准确的判断。但 TBM 掘进过程中,主司机需要根据前方地质条件,确定掘进模式和掘进参数调整范围,适时调整掘进推力、撑靴压力、刀盘转速和循环进尺,在尽量保护设备的前提下实现快速掘进。

因此,TBM 掘进过程中将超前地质预报纳入施工工序管理,结合掘进参数、出渣情况和成洞质量对掌子面围岩作出较为准确的判断,从而为下一步掘进施工措施的选择提供可供借鉴的依据。

2)TBM 掘进与换步

TBM 施工集开挖、支护于一体,两者可平行作业,其掘进步骤,如图 4-14 所示。

在掘进过程中,操作司机应根据隧洞测量导向系统显示的掘进偏差适当地进行方向调整。

通过 TBM 试掘进的经验总结,施工组织进入正常掘进阶段。TBM 的施工组织依据工程地质和水文地质情况进行安排和调整,根据不同的地质情况合理组织施工是保证工程质量和进度的关键。

根据上述说明,该工程施工采用的 TBM 具有两种掘进模式。TBM 掘进模式的选择,主要根据 TBM 的施工特点,结合所在地层围岩的完整性、围岩强度等选择不同的掘进模式。TBM 在 Ⅲ、Ⅳ 类围岩较好的洞段选用双护盾模式掘进,Ⅴ 类围岩洞段及断层破碎带由于围岩破碎,撑靴无法撑紧岩壁,容易造成撑靴"打滑",不利于 TBM 掘进,因此视具体情况在条件允许情况下选用单护盾掘进模式掘进。

3)TBM 操作控制程序

(1)TBM 操作控制程序

主控室是 TBM 的"心脏",设备上 90% 的指令在主控室内操作,其内部安装有操作盘、显示仪(包括参数显示、仪表显示、故障显示、状态显示及指示等)、PLC 系统、调向显示等。最主要的操作盘上有上百个操作按钮及手柄,控制不同部位设备的运转。因此,主司机必须全面了解设备状态,掌握正确的操作规则。TBM 主控室内部结构,如图 4-15 所示。

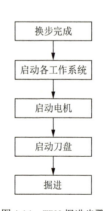

图 4-14　TBM 掘进步骤

图 4-15　TBM 主控室

(2)上机前操作要点

上机前操作要点是指,当班主司机接班后,操作机器前的作业要点。

①详细了解上一班运转情况及遗留问题,观察各仪表显示是否正常。

②检查风、水、电润滑系统的供给是否正常。

③观察分析围岩类别,选择合理掘进参数。

④了解上一班掘进中线高程偏差情况。
⑤了解上一班管片拼装及豆砾石充填及回填灌浆完成情况。
(3)掘进时的操作要点
经过上机前检查,设备一切正常,才可以进行掘进作业。
①启动主泵站,包括供水系统。
②启动通风除尘系统,依次启动后配套、主机皮带输送机。
③启动电机待其全部运转正常后,以低速启动刀盘。
④选择合理的掘进参数进行掘进。
上述操作顺序不能更改,大部分操作指令由TBM操作程序控制,其余则由TBM主司机控制。
(4)紧急情况下操作要点
发现刀具金属件损坏脱落从皮带机上输出,卸渣斗出现故障,液压系统出现故障,润滑故障等,要立刻停止掘进。依次停止刀盘转动、各系统的工作,对故障部位进行检查,尽量不按紧急停机按钮,以免损坏设备。若遇紧急情况,如皮带机皮带断裂或危及人身安全,方可按紧急停机按钮。

4) TBM掘进方向的控制与调整

由于地层软硬不均以及操作等因素的影响,TBM推进不可能完全按照设计的隧洞轴线前进,而会产生一定的偏差。当这种偏差超过一定限界时就会使隧洞衬砌侵限、盾尾间隙变小,使管片局部受力恶化,甚至造成管片开裂。因此,TBM施工中必须采取有效技术措施控制掘进方向,使掘进偏差处于质量标准允许的范围(隧洞设计轴线水平方向±160mm、竖直方向±60mm)之内。

双护盾TBM方向控制工作原理:根据测量导向系统显示掘进机的位置及方位,需要随时调整掘进机掘进方向,掘进机以撑靴伸出后的支撑盾为支点,通过调整主推油缸推力和扭矩油缸扭矩完成。当TBM出现下俯时,可加大下侧油缸推力,当TBM出现上仰时,可加大上侧油缸推力来进行纠偏。与竖直方向纠偏的原理一样,左偏时应加大左侧油缸推进压力,右偏时则应加大右侧油缸推进压力。它与TBM姿态变化量间的关系非常离散,需要靠人的经验来掌握。因此,双护盾TBM掘进过程中可据此随时调整掘进方向,使其始终保持在允许的偏差范围内。

(1)TBM姿态监测

TBM姿态监测是控制TBM掘进方向的唯一有效方法和手段。用于该工程的TBM姿态监测系统配备一套PPS自动导向系统。该系统配置了导向、自动定位、掘进计算程序软件和显示器等,能够全天候地动态显示TBM当前位置与隧洞设计轴线的偏差以及预测在当前状态下一定距离的偏差趋势。

(2)TBM姿态方向的控制与调整

①在掘进过程中,主要进行TBM的中线控制。当掘进一个循环完成后,根据PPS导向系统姿态显示,在进行下一循环掘进作业时,对主机的倾斜和滚动值进行调整控制,纠正偏差。
②为确保边刀不受损伤,每次调向的幅度不应太大,在更换完边刀的第一个掘进循环中

不宜进行调向作业。

③当TBM出现下俯时,通过调整上下油缸,增大主机的坡度;反之,则减小主机坡度。

④水平方向纠偏主要是通过调节主推油缸伸缩量进行调整。

⑤方向控制及纠偏注意事项。

根据掌子面地质情况,及时调整掘进参数,防止TBM突然"低头"。

方向纠偏应缓慢进行,如修正过程过急,会对设备产生不利影响。

TBM始发、贯通时方向控制极其重要,应按照始发、贯通掘进的有关技术要求,做好测量定位工作。

4.3 双护盾TBM施工支护工艺

4.3.1 管片预制技术

该工程TBM施工段采用预制钢筋混凝土管片衬砌,混凝土强度C40,衬砌管片外径3500mm,内径3000mm,环片厚度为250mm,环片宽度为1100mm,每环衬砌管片5块,单块形状为四边形。管片生产:在隧洞出口建一座管片预制厂进行工厂化生产。

1）简介

目前TBM施工领域广泛应用的管片预制生产模式有3种:一为全自动流水线作业模式;二为蒸养窑模式;三为固定蒸养罩模式。该工程采用固定蒸养罩模式生产管片。上述3种管片生产模式,主要区别体现在蒸养方式。

(1)流水线作业模式。采用计算机自动控制,管片厂内设置升温区、降温区、静置区,混凝土入仓振捣结束后,模具通过轨道运输至各个区域进行蒸养后脱模成型。

(2)蒸养窑模式。管片厂内设置与模具等同数量的地窖窑,混凝土入仓振捣结束后,模具通过轨道进入至地窖内,封闭进行蒸养后脱模成型。

(3)固定蒸养罩模式。管片模具固定在一个位置,采用特制的蒸养罩覆盖整个模具进行蒸养,不需要移动管片模具,待蒸养结束后脱模成型。

上述3种预制管片的模式中,流水线作业模式投入成本高,需要的厂房占地面积大;蒸养窑模式同样占地面积大,工序较其他两种模式复杂;固定蒸养罩模式由于蒸养罩无法完全封闭模具,在蒸养过程中蒸汽会出现外泄,容易导致蒸养不达标。但其投入成本最低,厂房占地面积最小,通过增强人员责任意识,能较大程度地避免蒸养不达标的情况。

因此,该工程在充分对比分析后,选择了技术较为保守但经济适用的固定蒸养罩模式。

2）管片模具

为满足施工进度需要,同时考虑季节对管片生产的影响,该工程共投入管片模具8套。

(1) 管片模具的精度保证措施

①正确运输和使用。模具应在同一水平、无压力状态下运输。吊运中应注意勿使起吊工具(绳、链、带)损伤模具内表面。任何情况下,起吊绳都不能缠绕在凸出螺栓或钢模板上,管片模具放置地面必须能使模具完全固定。此外,基底应稳固且不受振动干扰。

②定期进行检查和调整。在生产过程中,建立动态的监控管片模具精度的制度,每天进行抽检,每周对所有8套模具检测一遍,每个钢模生产出200块后进行重新检测和维修保养,调换易损件。并且根据测出的结果,对模具的操作和精度变化进行跟踪。管片预制区域模具情况,如图4-16所示。

a)

b)

图4-16 管片预制区域模具情况

(2) 管片模具的安装调试

①模具组装

严格按照先内后外、先中间后四周的顺序,用干净的抹布彻底清理模具内表面附着杂物。关键部位吊装孔座、手孔座必须采用专用工具清除孔内积垢。最后利用压缩空气吹净模具内外表面的附着物。

由专人负责涂抹脱模剂,涂抹前先检查模具内表面是否清理干净,不合格模具立即返工清理,现场脱模剂涂刷情况,如图4-17所示。

a)

b)

图4-17 现场脱模剂涂刷

涂抹时使用干净抹布均匀涂抹，不得出现流淌现象。如出现，则采用棉纱清理干净。

将端模板向内轻轻推进就位，用手拧紧定位螺栓，使用端模的推上螺栓将端模推至吻合标志，把端模板与侧模板连接螺栓装上，用手初步拧紧后，用专用工具均衡用力拧至牢固。特别注意严格使吻合标志完全对正位，并拧紧螺栓，不得用力过猛。

把侧模板与底模板的固定螺栓装上，用手拧紧后，再用专用工具从中间位置向两端顺序拧紧，严禁反顺序操作，以免导致模具变形。

②模具调试

组装好模具后，由专职模具检测人员对其宽度、弧长、手孔位进行测量，不合格者进行及时调校，必须达到模具限定公差范围，以保证成品精度。

a. 检测方法

采用全站仪三维测量系统检测管模精度和进行调校。然后用0～2300mm量程的内径千分尺复核检测钢模的宽度，误差为±0.3mm；利用0～5m量程的钢卷尺复核检测钢模底板的弧长，误差为±1mm。

b. 调校注意事项

检测宽度时，内径千分尺的测头必须在指定检测点方能进行。

检测弧长时，钢卷尺必须紧密贴附在钢模底板上，且对准钢模的边线。

在模具投入生产后，每天必须对产品进行宽度、对角线的测量。

如发现尺寸有超差，马上对钢模进行检测。

钢模橡胶防水密封条属易损件，应每天检查并有足够的备用件。检查方法是：每个工作日由组模人员目视检查是否有发生破损现象，如有，立即调换新的防水密封条，避免因防水密封条破损而引起漏浆现象。现场管片模具检查情况，如图4-18所示。

图4-18　现场管片模具检查情况

3）管片预制厂布置

管片预制厂区总占地约20000m²，新建厂房约3600m²，厂房采用钢结构。管片预制厂内需要合理进行场地规划、功能分区以及配套设备布置。管片预制厂布置，如图4-19所示。

管片预制厂分为以下几个功能区：

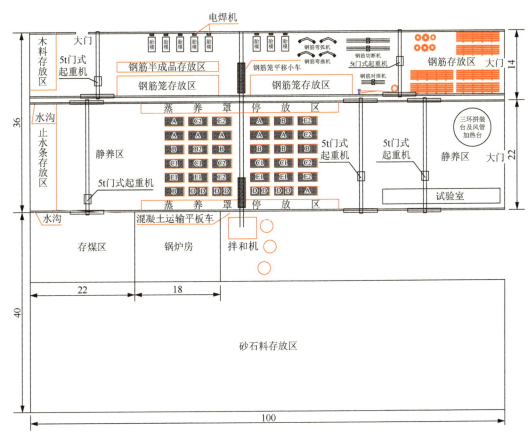

图 4-19 管片预制厂布置图(尺寸单位:m)

(1)钢筋笼加工区

钢构件加工车间占地 $14m \times 100m = 1400m^2$，如图 4-20 所示。

a)

b)

图 4-20 钢筋笼加工车间

钢筋笼加工区包括：

①钢筋原材料堆放区，用于堆放各种规格的钢筋，并明确标识。

②钢筋半成品加工区,用于放置钢筋切断机 2 台、钢筋弯曲机 2 台、弯弧机 2 台和钢筋调直机 1 台、交流电焊机 2 台、钢筋对焊机 1 台、二氧化碳保护焊 8 台;并设有钢筋半成品临时堆放区。

③钢筋笼制作区,布置 8 只高精度钢筋制作靠模,来配合管片的制作进度,由于管片钢筋密度大,分层多,间距小,所以把钢骨架分成多个单元,每单元用一个胎模成型,然后组装,从而保证加工质量。

④钢筋笼存放区,可放置至少 28 环钢筋笼成品,并明确标识。

⑤为了满足起吊作业要求,钢构件加工车间配置 1 台 5t 门式起重机用于钢筋原材料起吊和钢筋笼的起吊。

(2)混凝土预制区

根据管片供应需求,管片厂配置 8 套模具,分别按照 A、B、C(1/2)、E(1/2)、D 共 5 种类型对应排放,模具布置在靠近拌和站一侧,便于混凝土的快速运输。模具周边布置锅炉蒸汽管路,并预留蒸养罩临时存放区。

同时,该区域设置管片静养区,管片生产完成后,管片放置在静养区进行临时养护。

(3)混凝土拌和区

混凝土拌和区位于管片预制厂外,设置拌和站、水泥罐、粉煤灰罐、砂石料存放区、电子衡以及蒸汽锅炉等。

4)管片生产工艺流程及技术要点

(1)管片生产工艺流程

管片生产工艺流程,如图 4-21 所示。

(2)钢筋制作技术要点

①钢筋笼制作靠模采用钢模形式,精度更高;两端固定,使钢筋骨架在加工时两端始终处于受控状态,充分保证钢筋骨架端面在同一直线,使钢筋骨架入模后保护层均匀。另外,这套钢筋笼制作靠模主筋上、下卡可根据管片型号进行自由调整,无须在胎架上进行焊割,影响胎架整体质量。

钢筋骨架制作严格按图纸要求翻样、断料成型,不随意更改,半成品分类挂牌堆放。

②钢筋单片及骨架成型均采用低温焊接工艺或点焊,不得使用绑扎,焊接操作工经过培训,考核合格后凭证上岗。

③进入断料和弯曲成型阶段的钢筋,必须是标识合格状态的钢筋。

④钢筋单片及成型骨架必须在符合设计要求的靠模上制作。

⑤钢筋骨架须焊接成型,焊缝不出现咬肉、气孔、夹渣现象,焊缝长度、厚度均符合设计要求,焊接后氧化皮及焊渣必须清除干净。

⑥利用钢筋短料时,一根结构钢筋不得有两个接头。

⑦成型的骨架必须通过试生产,经检验合格后才可落料加工。按钢筋成型、成片、成块顺序进行生产。

⑧成型后的钢筋骨架质量由专人负责检查,并按规格整齐堆放。

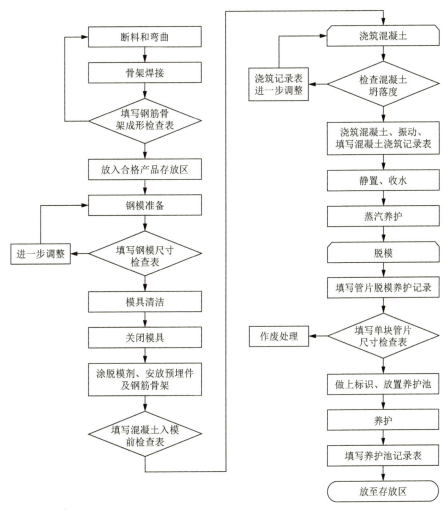

图 4-21 管片生产工艺流程

(3) 混凝土浇筑的施工技术要点

①钢模检查

a. 每只钢模的配件必须对号入座(钢模和配件均应编号)。

b. 钢模清理彻底,混凝土残渣全部铲除,并用压缩空气吹净与混凝土接触的钢模表面,清理钢模时不用锤敲和凿子凿,应沿其表面铲除,严防钢模表面损坏。

c. 钢模清理后需涂刷高效脱模剂,脱模剂应用布块均匀涂刷,不出现积油、淌油现象。

d. 在钢模合拢前查看模底与侧模接触处是否干净,然后合上端头板及两侧板,拧定位螺栓,先中间后两头,打入定位销。

e. 钢模合拢后,必须用内径分离卡检查钢模的内净宽度尺寸,要有 3 点以上,并如实记录于自检表中。若超过误差尺寸,必须重新整模直至符合要求。

②钢筋骨架入模及安装各预埋件

a. 钢筋置于钢模平面中间,其骨架周边及底面按规定位置和数量安置塑料垫块,垫块符合设计规定的保护层厚度。

b. 钢筋骨架不得与螺栓手孔模芯相接触。

c. 安装螺栓芯棒必须到位,不得有松动现象。

d. 安装压浆孔及拼装预埋件时,其底面必须平整密贴于底模上。

e. 所有预埋件按照设计要求准确到位,固定牢靠,以防在振捣时移位。

f. 钢筋上不得有润滑滑脂和模板油等杂物。

g. 全面检查钢筋骨架入模质量,用内径分离尺检测钢模上口的宽度,检测3点,并详细记录于自检表中,验收签证后允许浇筑混凝土。

③混凝土拌和

a. 上料系统计量装置,按规定定期检验并做好记录,在搅拌中若发生称料不准或拌料质量不能保证时,必须停止搅拌,检查原因,调整后方可继续搅拌。

b. 混凝土配合比经过试配,经建设单位或监理工程师确认后才能作为管片制作的混凝土配合比。每次搅拌前,应根据含水率的变化及时调整配合比,并以调整配合比通知单进行混凝土拌制,不随意更改配合比。

c. 水泥外掺料的质量允许误差为 ±1%,粗细集料的质量允许误差为 ±2%。

d. 按石子、水泥、砂的顺序倒入料斗后,然后一并倒入搅拌机的拌筒中,在倒料同时加水搅拌,搅拌时间应严格控制在 1~2min。

e. 混凝土坍落度为 4~7cm,坍落度在现场测试,按规范检测,并如实填写记录。

f. 称量系统严格按规定的程序要求进行操作,并按规定要求对称量系统进行校验,确保称量公差始终控制在允许范围之内。

g. 定期检验混凝土搅拌站上料系统和搅拌系统电子称量系统,保证机器运行精度。由试验工程师负责检查混凝土的搅拌质量。

④混凝土浇捣

a. 混凝土铺料先两端后中间,并分层摊铺,振捣时先中间后两侧。两端振捣后,盖上压板,压板必须压紧压牢,再加料振捣,如图4-22所示。

a)　　　　　　　　　　　　　　　　　b)

图4-22　管片浇筑施工

b.振捣时振捣棒不得碰钢模芯棒、钢筋、钢模及预埋件。振捣过程中须观察模具各紧固螺栓、螺杆以及其他预埋件的情况,发生变形或移位,立即停止浇筑、振捣,尽快在已浇筑混凝土凝结前修整好。

c.为确保产品振捣质量,采取边浇筑边振捣的施工方法。实际操作振动时间根据混凝土的流动性掌握,目视混凝土不再下沉或出现气泡冒出为止。

d.因为管片的配筋率较高,钢筋非常密,振动时间不足会使管片的表面出现蜂窝麻面,并且影响抗渗性能,振捣时间过长会导致混凝土的离析。应根据施工实际情况确定合理的振捣时间。

⑤静置

混凝土浇捣后,根据气温,间隔10min才可拆除压板,进行管片外弧面收水工序。混凝土初凝前应转动一下模芯棒,但严禁向外抽动;当混凝土初凝后再次转动模芯棒,待2h后才能拔出模芯棒,以防止坍孔现象产生。

⑥蒸养、脱模与起吊

采用蒸汽养护提高混凝土脱模强度、缩短养护时间,为加快模具周转创造条件。

混凝土浇筑完成后在室温环境中静置1.5~2.5h,待混凝土初凝后合上顶板,在模具外围罩上一个紧密不透气的帆布罩(即蒸养罩),顶板作为支架支承帆布套,顶板不能与混凝土表面接触,并有10~15cm的距离,让蒸汽在此空间流动,帆布套脚应紧贴地面,压上重物,不让蒸汽泄出(图4-23)。蒸养加热应注意蒸汽的出口位置,不应造成管片局部温度过高,应使整块管片温度均匀上升。

a)　　　　　　　　　　　　　　　b)

图4-23　蒸养罩蒸养

管片蒸养到达脱模条件后,打开模具侧模,用管片液压翻转机的夹具夹住管片两侧的预留孔后,起吊至安全高度后边移动边旋转,这种方式较真空吸盘,既安全又节约工序。管片翻转,如图4-24所示。管片出模后要加强洒水养护,以提高混凝土后期强度。管片静养及倒运情况,如图4-25、图4-26所示。

a)　　　　　　　　　　　　　　b)

图 4-24　管片起吊与翻转

图 4-25　管片脱模后静养

图 4-26　管片倒运情况

4.3.2　管片拼装工艺

1）止水条及垫片粘贴

（1）在止水条粘贴安装前，清除管片上预留凹槽接触面的灰尘，防止安装后剥离、脱落。安装时应特别注意，止水条必须精确地粘贴在凹槽的正中位置，以保证管片拼装时止水条能以最大面积接触。

（2）在存放管片进行止水条粘贴的场地，配备防雨、防潮设备，必要时设置彩钢瓦棚，避免止水条或垫片淋雨、受潮而损坏。管片止水条与垫片粘贴，如图 4-27 所示。

（3）在管片拼装前，若因故导致止水条损坏或遇水膨胀条发生了预膨胀，则必须重新更换止水条。

图 4-27　管片止水条与垫片粘贴

（4）管片拼装前应逐块对粘贴的防水密封条进行检查,并在相邻止水条接触面上涂上一层润滑剂。拼装时不得损坏防水密封条,严禁在洞内管片上淋水。

2）管片运输

（1）管片从管片堆场利用汽车起重机倒运至洞口门,再用门式起重机吊装到管片车,依据列车编组,一次运输2循环共12块管片,6个管片车通过调车作业和豆砾石罐车、15t内燃机车、水泥罐车以及10节渣车编组后进洞;管片进洞到达管片卸料点,用管片吊机卸下,旋转90°后,一环管片依次放在管片小车上等待管片拼装机拼装。进洞管片吊装情况,如图4-28所示。

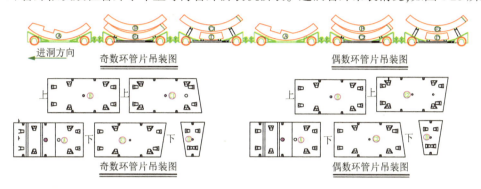

图4-28　进洞管片吊装及运输

(2) 在管片运输或吊装过程中,应特别注意对管片的保护,避免造成损坏。一旦管片被损,严禁安装使用,必须运回管片预制厂进行修补,完全修复经验收合格后方可使用。若损坏严重无法修复达不到设计要求,严禁进入隧洞使用。

(3) 在管片经门式起重机进行垂直运输时,必须采用合格的吊带,并在施工期间定期检查吊带状态,确保施工的安全。

(4) 管片供应的型号必须根据施工需要,按工程师下达的管片运送指令进行,避免因管片运送错误导致工序时间的耽误。

3) 管片拼装

管片拼装是双护盾 TBM 隧洞施工的一个重要工序,是用环、纵向螺栓逐块将高精度制钢筋混凝土管片组装,管片拼装工艺流程如图 4-29 所示。

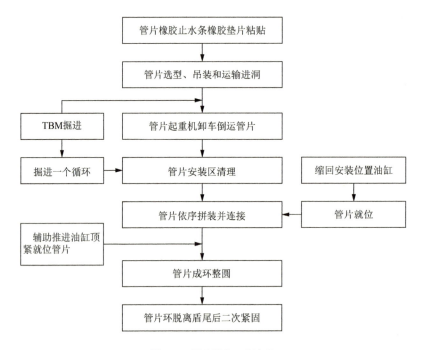

图 4-29 管片拼装工艺流程

(1) 管片拼装后盾尾间隙要满足下一掘进循环限值,确保有足够的盾尾间隙,以防盾尾直接接触管片。管片拼装前根据盾尾间隙、推进油缸行程,选择好拟拼装管片的点位。

(2) 在双护盾掘进模式下,TBM 换步完成后,尾盾管片拼装的空间已露出,开挖过程中可同时进行管片拼装;在单护盾掘进模式下,掘进行程完成后,TBM 停止掘进,进行管片拼装。

(3) 为保证管片拼装精度,管片拼装前需对安装区进行清理。同时 TBM 操作人员要精心操作 TBM 辅助推进油缸的伸缩,使 TBM 不后退、不变坡、不变向,并要与拼装操作人员密切配合。

(4) 管片拼装时必须从隧洞底部开始,然后依次拼装相邻块,最后拼装封顶块。具体安装顺序为:底部管片(A 型)→左、右两侧壁管片(B、C、E 型)→封拱块(D 型),分 5 步完成。每拼装一块管片,立即将管片纵、环向连接螺栓插入连接,并戴上螺母用风动扳手紧固,如

图4-30所示。

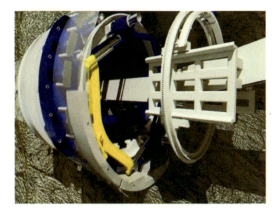 

图4-30 管片现场拼装

（5）检查已拼管片的开口尺寸，要求略大于封口块管片尺寸，在拼装最后一片管片前，应对防水密封条进行涂肥皂水的润滑处理，拼装时先径向插入2/3，调整位置后缓慢纵向顶推，防止封顶块顶入时搓坏防水密封条。

（6）每一片管片拼装到位后，应及时伸出相应位置的推进油缸顶紧管片，其顶推力应大于稳定管片所需推力，然后方可移开管片拼装机。

（7）管片环脱离盾尾后，要对管片连接螺栓进行二次紧固。

（8）拼装管片时采取有效措施避免损坏防水密封条，并应保证管片拼装质量，减少错台，保证其密封止水效果。拼装管片后顶出推进油缸，扭紧连接螺栓，保证防水密封条接缝紧密，防止由于相邻两片管片在TBM推进过程中发生错动，防水密封条接缝增大和错动，影响止水效果。

（9）拼装过程中，要保持已成环管片环面及拼装管片各个面的清洁。

（10）遇有管片损坏，应及时用规定材料修补，若有管片贯穿裂缝大于0.3mm宽度的裂缝及混凝土剥落的现象，应拆下管片进行调换。

管片拼装完成效果，如图4-31所示。

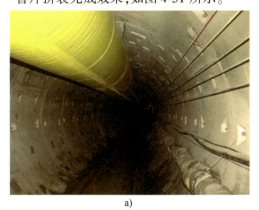 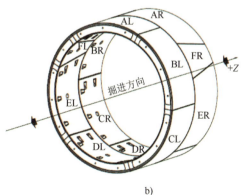

a) b)

图4-31 管片拼装完成效果

4.3.3 豆砾石充填工艺

1）充填豆砾石与回填灌浆目的

TBM 施工引起的地层损失和 TBM 隧洞周围受扰动或受剪切破坏的破碎岩再固结以及地下水的渗透，将导致围岩的应力重新分布。为了防止隧洞围岩的变形，使管片衬砌与被开挖围岩形成整体结构以共同受力，减少管片在自重及内部荷载下的变形，需要给开挖过的隧洞和管片外径之间的环形空隙及时进行豆砾石充填以及必要的灌浆，这种环形间隙的封闭灌浆同时可为管片衬砌防水起到作用。在 TBM 掘进过程中，要尽快在脱出盾尾的衬砌管片背后跟紧吹入足量的豆砾石，并用浆液充填环形建筑空隙。具体可归结为以下几点：

（1）管片与围岩之间的空隙应及时充填豆砾石，将建筑间隙充填密实，防止管片错动失稳。

（2）管片与周围围岩的环形空隙中充填豆砾石后要及时回填灌浆，尽早建立管片的支撑体系，以防止地下水流失造成地下水损失。

（3）尽快获得灌浆体的固结强度，确保管片衬砌的早期稳定性。防止长距离的管片衬砌背后处于无支撑力的浆液环境中，使管片发生位移变形。

（4）作为隧洞衬砌防水的第一道防线，提供长期、均质、稳定的防水功能。

（5）作为隧洞衬砌结构加强层，具有一定的耐久性和一定的强度。充填密实的灌浆体将地下水与管片相隔离，避免或大大减少地下水直接与管片的接触，作为管片的保护层，避免或减缓了地下水对管片的侵蚀，提高管片的耐久性。

2）豆砾石回填技术措施

（1）豆砾石回填顺序

豆砾石回填是在起始环回填的基础上进行，在管片脱离护盾后立即进行，管片外侧与围岩之间的空腔应充填密实，"脱离护盾一环就必须回填一环"的原则进行。豆砾石回填，如图 4-32 所示。在豆砾石吹填时，为防止产生偏压使管片发生错台或损坏，必须做到自下而上。

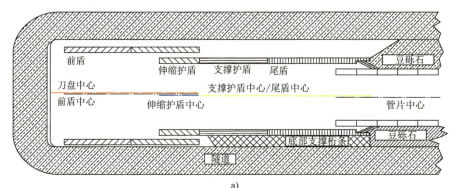

a)

图 4-32

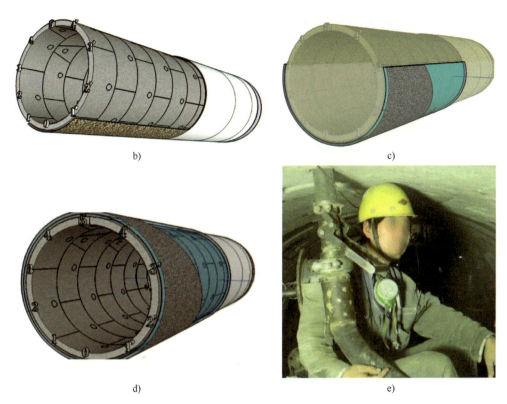

图 4-32 豆砾石回填示意图

(2) 回填参数

豆砾石采用 5~10mm 的米石，吹填压力控制在 0.2~0.3MPa。

(3) 豆砾石回填操作控制

①豆砾石回填坚持"脱离护盾一环管片就吹填一环"的原则。

②豆砾石回填结束标准应以回填量和回填压力双重控制标准进行控制。

③当注完一环时，人工检查注浆孔里是否注实。如发现没有注实，则继续至注实为止。

4.3.4 回填灌浆工艺

1) 灌浆方法

(1) 管片与围岩空隙填充豆砾石并施作止浆环后，应及时进行回填灌浆，回填灌浆材料采用水泥单液浆，利用 TBM 自带灌浆系统通过管片预留灌浆孔灌入。

(2) 灌浆顺序。

按照灌浆孔分布位置，将 6 个灌浆孔分为 Ⅰ 序灌浆孔和 Ⅱ 序灌浆孔，环内及环间均遵循按先拱底、次两侧、后拱顶的顺序进行灌浆。

(3) 主要参数。

为避免水泥浆压入到距机器太近处，接触灌浆压力通常控制为 0.3MPa。

2）回填灌浆结束标准及灌浆效果检查

(1) 灌浆应使整个管片环与岩面之间的空隙充满，并达到豆砾石灌浆层的渗透系数不大于规定的标准。

(2) 要求的浆液在规定的压力下和规定的持续时间内不能再注入时，即认为该段灌浆完成，可结束此段灌浆。

(3) 根据检查情况判断是否需要继续补强灌浆。

(4) 质量检查应在该部位灌浆结束 7 天后进行。检查孔的数量应为灌浆孔总数的 5%。采用钻孔灌浆法进行接触灌浆质量检查，应向孔内注入水灰比 2∶1 的浆液，在规定压力下，符合合同要求即为合格。

4.4 配套施工技术

4.4.1 配套设施布置

1）场地布置原则

根据该工程统一部署，征地采用永临结合的模式。场地布置按照功能分区，生产区及生活区分开，房屋及配套设施秉承"必要不浪费"的原则。场地平面布置，如图 4-33 所示。

2）生产设施布置

该工程临时用地面积较大，可以充分利用场地的优势布置各种生产设施。从图 4-33 可看出，场地布置中靠近洞口段设置有门式起重机、豆砾石料仓等，周边设置有管片堆场和豆砾石堆场，并布置双轨线，用于快速进行物料的倒运。同时洞口、调度室、材料库等均布置在靠洞口一侧。

由于管片预制厂房较大，因此在河对岸空旷处设置管片预制厂房，并设置拌和站、砂石料仓、锅炉房以及管片临时堆场。渣场、机修车间等同样设置在河对岸，采用翻渣台进行翻渣，河道中间设置一座便桥，便于轨道车的运输。

4.4.2 施工通风设计

1）通风方式选择

施工通风系统设计的目标是以最低的通风成本获得足够的新鲜空气流量，科学合理的通风系统设计不仅能解决通风难度问题，而且会给施工企业带来巨大的节能经济和社会效益。因此，对于施工企业来说，施工通风方式的选择至关重要。

图 4-33 工程施工场地总平面布置图

TBM 施工通风方式的选择一般根据隧道的长短、是否存在辅助坑道、自然地质条件、通风设备能否满足施工通风要求及经济环保性等因素综合确定。目前,国内 TBM 法长大隧道施工通风方式一般为:独头压入式通风、巷道式通风两种。巷道式通风主要是针对长大隧道施工中开设有各种辅助坑道的情况,如平行导坑(简称平导)、斜井、竖井、钻孔等。如果没有或者不具备开设辅助坑道,施工通风一般选择独头压入式管道通风。该工程引水隧洞受自然地质条件限制不具备施工辅助坑道的条件下,经过方案比选后最终选择独头压入式通风方案。

2)施工通风特点与难点分析

在所有施工工法中,双护盾 TBM 施工对洞内环境造成的污染是最低的(敞开式 TBM 喷浆产生大量粉尘)。但该工程属于典型的小直径长距离通风,因此如何确保施工期间的通风问题仍然是该工程面临的重难点。

该工程施工通风有如下特点:

(1)供风距离长。该工程隧洞全长 11095m,采用压入式独头通风。

(2)总需风量大。TBM 施工掘进速度快,TBM 刀盘切削岩石时产生的热量大,机械设备运转速度快,车辆来往密度大。同时,要考虑对有害气体的稀释,隧洞施工所需风量较大。

(3)通风管理难度大。由于特长隧洞存在送风距离长和需风量大等特点,决定了施工通风管理必然存在很大难度。

3)风量确定

TBM 的施工特点是,在通风设计时,不需要考虑钻爆法中稀释、排放爆破有毒烟尘这一要素的通风要求,而只需满足以下 4 项对新鲜空气的需求,取其中最大值作为控制风量。

①TBM 及其后配套上工作人员对新鲜空气的需求。

②洞内允许最低风速。

③TBM 各部件发热导致空气温度过高降温的要求。

④机车燃烧柴油所需氧气及对其尾气的稀释和排放。

(1)通风管道平均百米漏风率、摩擦阻力系数、漏风系数的选取

考虑到国内通风设施系统的设计、制造和工艺水平,通风机和小直径通风软管都难以满足该工程施工的要求,最终采用瑞典 GIA 公司先进的通风机和通风软管,该通风管道每节长 100m,管道摩擦阻力系数为 0.014,平均百米漏风率 $P_{100}=0.5\%$(TBM 厂商罗宾斯公司和著名通风设备厂商推荐的通风软管平均百米漏风率 P_{100} 均小于 0.5%),以确保 TBM 施工通风系统的可靠性。

漏风系数为:

$$P_L = \frac{1}{1 - P_{100} \times \frac{L}{100}} \quad (4\text{-}3)$$

$$P_{11000} = \frac{1}{1 - 0.5\% \times \frac{11000}{100}} = 2.22$$

式中:L——隧洞独头通风长度。

(2)工作面风量

①按作业面最多工作人员计算

依据地下工程相关条款及合同条款,隧洞人员每人所需新鲜空气的最少量应保障在 $3m^3/min$,洞内每班工作人员按 70 人计算,则供需风量为:

$$Q_1 = 3 \times 70 = 210 (m^3/min) \quad (4\text{-}4)$$

②按开挖掌子面允许最低平均风速计算

为确保工作面工作环境指标达到《水工建筑物地下工程开挖施工技术规范》(DL/T 5099—2011)所规定的要求,参照 TBM 厂商提供的对 TBM 后配套风量要求,并结合 TBM 施工地区的气候条件,开挖隧洞最大断面面积为 $7m^2$,隧洞最小风速 0.57m/s,方可满足 TBM 施工段的通风除尘要求。

$$Q_2 = V \times S_{max} \times 60 = 0.57 \times 7 \times 60 = 240 (m^3/min) \quad (4\text{-}5)$$

(3)按稀释内燃设备废弃计算风量

TBM 运输机车柴油发动机最大输出功率 93kW,隧洞为单行道有轨运输,独头掘进 11km

时隧洞内机车数为2辆,一台机车来回运入管片和运出岩渣,取机车负荷率为0.9、利用率0.9;另一台机车停靠在TBM后配套上,只有转换车辆时才启动行驶,其余时间均熄火待命,取机车负荷率为0.9、利用率0.5。每输出1kW功率,柴油驱动设备的最低新鲜空气需求量为4m³/min。

运输机车柴油机使用功率:

$$N = \sum_{i=1}^{n} K_t K_t N_e = 0.9 \times 0.9 \times 93 + 0.6 \times 0.5 \times 93 = 103.2 (\text{kW}) \quad (4-6)$$

式中:K_i——每种机械的负荷率;
K_t——每种机械的利用率;
N_e——每种机械的柴油机额定功率(kW)。

则稀释内燃设备废气所需的供风量为:

$$Q_3 = 4.0 \times N_e = 4 \times 103.2 = 412.9 (\text{m}^3/\text{min}) \quad (4-7)$$

(4)通风机的设计风量

因隧洞通风距离长,且断面小,故在计算各级风量的时候,不采用风机备用系数法,而是计算相应的风管漏风系数,进而求出风机风量 Q_j。

$$Q_j = P_L \times Q \quad (4-8)$$

$$Q_4 = P_L \times Q = 2.22 \times 240 = 532.8 (\text{m}^3/\text{min}) \quad (4-9)$$

式中:$Q = 240 \text{m}^3/\text{min}$。

与稀释内燃废气所需通风机风量412.9m³/min比较,可考虑独头掘进11km时的通风机风量取500m³/min。

4)风压计算

整个通风系统要克服通风阻力(包括沿程摩擦阻力和局部阻力)并保证风管末端的风流量具有一定的动压,由通风机产生的风压来克服这些阻力,以维持风流的连续流动。

风流通过风管的压力降落与其他参数可用下式表示:

$$h_f = R_f Q \quad (4-10)$$

$$R_f = \frac{aLP}{S^3} \quad (4-11)$$

$$a = \frac{\rho \lambda}{8} \quad (4-12)$$

式中:h_f——压力降落(Pa);
Q——风管的风量(m³/s);
R_f——风管的摩擦风阻(N·S²/m⁸);
a——风管的摩擦阻力系数(kg/m³);
λ——达西系数;
ρ——空气密度(kg/m³);
L——通风管长度(m);
P——风管断面的周界长(m);
S——风管断面面积(m²)。

风管断面设计为圆形,则有:

$$R_f = \frac{6.5aL}{D^5} \tag{4-13}$$

取每台风量的设计风量 $500\text{m}^3/\text{min}$,管道漏风系数 2.22,达西系数 0.014,空气密度 $1.14\text{kg}/\text{m}^3$,风管直径 0.9m,通风管长 11000m,则有:

$$a = 0.00196\text{kg}/\text{m}^3$$
$$R_f = 239\text{N}\cdot\text{S}^2/\text{m}^8$$
$$h_f = R_tQ/P_L = 239 \times (500/60)^2/2.22 = 7477\text{Pa}$$

经计算,采用 $4 \times 18.5\text{kW}$(AVH71.18.2.8/50Hz)GIA 轴流风机可满足通风需要,该风机供风量为 $6.9\text{m}^3/\text{s}$,总通风压力为 7447Pa,其通风计算风量—风压曲线图,如图 4-34 所示。

4×AVH71.		710mm	50Hz		n=2980r/min
β	kW	型号	β	kW	型号
32°	4×7.5	AVH71.7.2.8/50Hz	48°	4×22	AVH71.22.2.8/50Hz
36°	4×11	AVH71.11.2.8/50Hz	52°	4×25	AVH71.25.2.8/50Hz
40°	4×15	AVH71.15.2.8/50Hz	56°	4×30	AVH71.30.2.8/50Hz
44°	4×18.5	AVH71.18.2.8/50Hz	60°	4×37	AVH71.37.2.8/50Hz

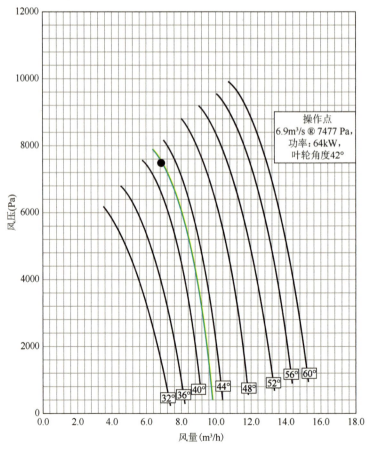

图 4-34 风量—风压曲线图

5)通风设备及备件选型

(1)风机选型

根据风量计算结果,该工程采用4台GIA公司生产AVH71.25.2.8/50Hz轴流风机性能(表4-1)的基础上将叶轮角度调整为42°,修改叶轮后该风机主要通风设备参数见表4-2,通过研究该风机风量—风压曲线图,该方案合理可行。

风机型号及技术参数　　　　　　表4-1

序号	名称	型号	数量
1	轴流风机	AVH71.25.2.8/50Hz　4×25kW 400V 50Hz φ900mm　2929r/min　IP55(24~48m^3/s;5200~1500Pa)	1
	消音器	SDS14	2
	集流器+防护栅	ED+SG 14	1
	扩散器	UeF14/P18	1
2	分级调速控制		1

AVH71.25.2.8/50Hz风机主要技术参数　　　　表4-2

名称	技术参数						数量(台)
	电压/频率/功率因素 (V/Hz/cosφ)	叶轮角度 (°)	风压 (Pa)	风量 (m^3/s)	功率/转速 [kW/(r/min)]	启动方式	
GIA	400/50/0.89	42	400~9200	6.6~9.8	25/2919	变频	4

该设备为分级控制,根据实际通风情况的需要进行增加通风级别,以达到节能并保证通风量的效果。

(2)通风管选型

在系统供风压力达7447Pa的情况下,结合该工程既有约7000m通风软管性能情况,为确保隧洞通风万无一失,施工单位决定将在隧洞进口段5km采用GIA公司生产的原装进口Titan FR-RS*系列通风软管,进口段3000m按500m/节生产,其余2000m按100m/节生产,绕洞段采用本工程既有通风软管。新购通风软管技术参数见表4-3。

Titan FR-RS*风管主要技术参数　　　　　表4-3

风管类型		Titan FR-RS*
风管直径(mm)		900
基布		聚酯
基布织法		网状编织
线粗(dtex)		2200/1100
线数(cm)	纵向	7(×1100)
	横向	4.5(×2200)
涂层		塑化PVC
涂层方法		熔化式涂层
张紧强度(N/5cm)	纵向	2400
	横向	3000

续上表

撕裂强度(N)	纵向	390
	横向	650
质量(g/m²)		600
阻燃性		阻燃
耐寒温度		−30℃
工作环境		抗腐烂,抗酸,抗柴油,抗硝铵炮烟,抗UV光
新风管最大允许工作压力(kPa)		43.6

备注:该系列风管每5cm设有抗撕裂加强筋,其功用是阻止裂口的继续延伸,可以避免风管破损时因高压风而延长裂口长度

6)施工通风系统布置

(1)洞口通风系统

隧洞采取一站压入式独头通风。风机置于洞口外约15m位置,采用4台GIA公司生产的轴流风机串联,连接直径为900mm的软式通风管,向洞内压入新鲜风,其通风方案示意如图4-35所示。

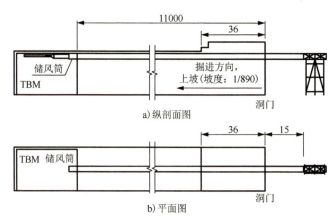

图4-35 施工通风布置示意图(尺寸单位:m)

本工程由于断面小,施工距离长,在设置会车平台处,由于轨道的抬升,软式风管侵占行车空间,必须采取硬质扁风管进行替换,替换的原则是通风断面面积不变。

(2)TBM二次通风系统

TBM配置风管从1号台车延伸直至整个后配套系统,用来排除撑靴区域及液压泵使用过的热空气。隧洞外的新鲜空气经过轴流风机输送到TBM后配套区域,通过二次通风机和风管可以保证清洁空气不断供应给整个掘进系统。二次通风系统主要由以下部件组成:

①1个风管存储箱,能存储100m长的风管。

②1台二次通风机(能力480m³/min;功率45kW)及风管。

③2个消音器。

④1个用于操作存储箱的起吊设备。

TBM通风系统设计,如图4-36所示。

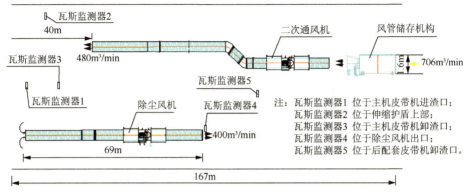

图 4-36　TBM 通风系统设计图

7）通风系统安装

通风系统安装质量直接影响系统的通风效果,整个安装过程需围绕"减漏降阻"的目的展开。

(1) 加强对风筒接头连接质量的检查,尽可能减小接头漏风量和接头局部阻力。

(2) 通过各个环节减少局部压力损失。会车平台处风筒的过渡接头要设计合理,避免断面突然变化;在风筒上每隔一定距离设放水孔,及时排除因温度变化而聚集在风筒内的积水。

(3) 安装须做到顺畅、严密、布置合理、吊挂稳固。

① 风筒使用钢丝绳连接、吊环挂在隧洞拱顶处,然后用紧线器拉紧,作为风筒的承重索。挂钩必须在同一高度,以保证风筒安装后能够平顺,减小通风阻力。

② 风筒上的吊环应做到无一缺损,无一漏挂,风筒吊挂必须做到平、直、稳、紧,即在水平上无起伏,垂直面无弯曲,风筒无扭曲、无褶皱。

③ 在设置会车平台位置对风管采取专门的保护措施,防止机车剐破风管。

④ 风管从储存筒拉出后,配套后作业人员要及时进行整理,防止鼓包、扭曲后侵入机车行车净空。

4.4.3　施工管线配置

1）功率确认

TBM 用电功率主要参数,见表 4-4。

TBM 用电功率　　　　表 4-4

序号	名　　称	功率(kW)	数　　量	合计功率(kW)	备　　注
1	双速主电机	130/260	5	650/1300	主要使用低速 130kW
2	液压泵	60	5	300	
3	空压机	2	55	110	
4	其他			350	主要考虑排水
	合计			2060	

该工程用水消耗,见表 4-5。

该工程用水消耗　　　　　　　　　　　　　表4-5

序　号	用　途	消耗量(m^3/h)
1	TBM	20
2	生活区	10
3	生产区	5
合计		35

2）管线计算

电流计算：

$$P = 1.732 \times U \times I \times \cos\varphi$$
$$U = 10\text{kV}$$
$$\cos\varphi = 0.85$$

$$I = \frac{P}{1.732 \times U \times \cos\varphi} = \frac{2060}{1.732 \times 10 \times 0.85} = 139.93(\text{A})$$

高压电缆载流量，见表4-6。

高压电缆载流量一览表（单位：A）　　　　　表4-6

导体	导体标称截面（mm^2）	非铠装型电缆				铠装型电缆	
		单芯		三芯		三芯	
		在空气中	直埋土壤中	在空气中	直埋土壤中	在空气中	直埋土壤中
铜导体	25	165	160	135	150	135	150
	35	205	190	160	180	165	175
	50	245	225	195	210	195	205
	70	305	275	245	260	245	255
	95	370	330	300	305	300	300
	120	430	375	345	350	345	345
	150	490	425	395	390	390	385
	185	560	480	455	445	445	435
	240	665	555	540	515	525	505
	300	765	630	615	580	595	565
	400	890	725	720	660	695	645

根据计算电流及对应高压电缆载流表选用35mm^2铠装电缆便可满足TBM供电要求。

3）水管

考虑到该工程供水采用自流方式，流速取1m/s；管体积利用率取60%。

管径/流速/流量对照，见表4-7。

管径/流速/流量对照一览表　　　　　　　　　表4-7

管径 DN	流量(m^3/h)													
	0.4m/s	0.6m/s	0.8m/s	1.0m/s	1.2m/s	1.4m/s	1.6m/s	1.8m/s	2.0m/s	2.2m/s	2.4m/s	2.6m/s	2.8m/s	3.0m/s
20	0.5	0.7	0.9	1.1	1.4	1.6	1.8	2.0	2.3	2.5	2.7	2.9	3.2	3.4
25	0.7	1.1	1.4	1.8	2.1	2.5	2.8	3.2	3.5	3.9	4.2	4.6	4.9	5.3
32	1.2	1.7	2.3	2.9	3.5	4.1	4.6	5.2	5.8	6.4	6.9	7.5	8.1	8.7

续上表

管径 DN	流量(m³/h)													
	0.4m/s	0.6m/s	0.8m/s	1.0m/s	1.2m/s	1.4m/s	1.6m/s	1.8m/s	2.0m/s	2.2m/s	2.4m/s	2.6m/s	2.8m/s	3.0m/s
40	1.8	2.7	3.6	4.5	5.4	6.3	7.2	8.1	9.0	10.0	10.9	11.8	12.7	13.6
50	2.8	4.2	5.7	7.1	8.5	9.9	11.3	12.7	14.1	15.6	17.0	18.4	19.8	21.2
65	4.8	7.2	9.6	11.9	14.3	16.7	19.1	21.5	23.9	26.3	28.7	31.1	33.4	35.8
80	7.2	10.9	14.5	18.1	21.7	25.3	29.0	32.6	36.2	39.8	43.4	47.0	50.7	54.3
100	11.3	17.0	22.6	28.3	33.9	39.6	45.2	50.9	56.5	62.2	67.9	73.5	79.2	84.8
125	17.7	26.5	35.3	44.2	53.0	61.9	70.7	79.5	88.4	97.2	106.0	114.9	123.7	132.5
150	25.4	38.2	50.9	63.6	76.3	89.1	101.8	114.5	127.2	140.0	152.7	165.4	178.1	190.9

63.6(DN150)×0.6=38.16>35,可以满足该工程供水需求。

在洞口布置一套自动增压水泵,保障水源能供入TBM设备。

根据该工程用水需求计划与管径/流速/流量对照表,洞外主管选用DN150尺寸可以满足要求,洞内选用DN100尺寸可以满足TBM供水需求。

在隧洞出口上游1000m处修建1个容积为200m³的蓄水池,蓄水池进口端与河道连通,修建一条50cm×50cm进水沟自流入蓄水池内,有充足的水源且能保证蓄水池一直处于饱和状态,能满足该工程生产、生活用水的蓄水池。风水管线布置TBM向洞口方向。洞内风水管线布置情况,如图4-37所示。

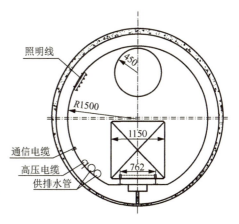

图4-37 洞内风水管线布置情况(尺寸单位:cm)

4.4.4 施工供电系统

为满足TBM施工用电需要,在洞口将10kV高压电引入至TBM高压柜,高压柜出线高压电缆分别进入TBM上T_1、T_2箱式变压器(容量为1000kV·A)10kV/690V 50Hz和T_3箱式变压器(容量为600kV·A)10kV/400V、50Hz作为电源,T_1、T_2变压器出来的690V电压满足5台变频器(5台主电机)、M6/M7/M8/M21等泵站的生产需要。T_3变压器出来的400V电压除了满足M10/M16等泵站需求外,还有1路400V电压再经过T_4干式变压器(容量为25kV·A)400V/220V/110V、50Hz来满足TBM的照明、触摸屏电源等辅助需要。

施工用电:TBM高压与洞外供电系统布置,如图4-38所示。

1)TBM施工用电设备配置

为满足施工要求,TBM施工主要用电设备配置,见表4-8。

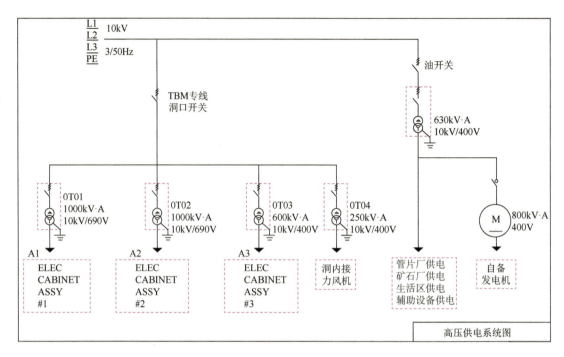

图 4-38　TBM 高压供电系统布置情况

TBM 施工用电设备配置　　　表 4-8

设 备 名 称	规格/型号	功率(kW)	台　数	合计功率(kW)	备　注
一、洞外辅助设备					
通风机		25	4	100	洞口
翻渣机	TBM 自带	45	1	45	现有
试验室		15	1	15	现有
门式起重机	10t	20	1	20	洞口
焊机		15	2	30	综合班
空压机		5.5	1	5.5	刀具车间
小计		125.5	10	215.5	
二、管片预制厂					
全自动混凝土搅拌站	HZK35	65	1	65	管片厂
电动单梁起重机	LDA 型	9.9	2	19.8	管片厂
电动单梁起重机	LDA 型	9.9	3	29.7	管片厂
电动空压机	V30/08A	55	1	55	管片厂
螺杆空压机	QF-6m^3/8	37	1	37	管片厂
卧式燃煤蒸汽锅炉	DZL4-1.27-AⅡ	20	1	20	管片厂

续上表

设备名称	规格/型号	功率(kW)	台数	合计功率(kW)	备注
二、管片预制厂					
钢筋调直切断机	GT4/14	7.5	1	7.5	管片厂
钢筋切断机	GQ40	3	2	6	管片厂
钢筋弯弧机	WH-32Y	3	2	6	管片厂
钢筋弯曲机	GW40A	3	2	6	管片厂
钢筋弯曲机	GW32	2.5	1	2.5	管片厂
弯箍机	GW16	1.5	2	3	管片厂
弯箍机	W-18	2.2	2	4.4	管片厂
CO_2气体保护电焊机	HBT500	14	8	112	管片厂
半自动钢筋对焊机	UN2-50	25	1	25	管片厂
小计		258.5	30	398.9	
三、碎石场					
洗砂机	GX500×5	2	1	2	碎石场
磨砂机	Gpc800×1000	2	1	2	碎石场
四层振动筛	1.4×4.5m	3	1	3	碎石场
振动给料机		15	1	15	碎石场
破碎机		30	2	60	碎石场
皮带机1.3	DTII80×12300	2	2	4	碎石场
皮带机2.4	DTII80×18000	2	2	4	碎石场
成品输送带	DTII65×15000	3	1	3	碎石场
小计		59	11	93	
四、生活办公区					
办公区		40		40	
职工楼		20		20	
家属楼		40		40	
锅炉水泵		11		11	2个锅炉
锅炉烧洗澡水		36		36	下面锅炉
食堂		15		15	饭车+烧水
洗漱间		15		15	
小计		177		177	
共计				879.4	
五、双护盾 TBM					
TBM		2600	1	2600	

(1) 各机组负荷计算

根据现场设备配置情况,采用需要系数法进行负荷计算。

有功计算负荷公式:

$$P_{js} = K_c \times P_e \tag{4-14}$$

式中：P_{js}——有功计算负荷(kW)；
P_e——设备的额定容量(kW)；
K_c——需要系数。

无功计算负荷公式：

$$Q_{js} = \cos\varphi \times P_{js} \tag{4-15}$$

式中：Q_{js}——无功计算负荷(kW)；
$\cos\varphi$——用电设备组的平均功率因数。

视在计算负荷公式：

$$S = \frac{P_{js}}{\cos\varphi} \tag{4-16}$$

计算电流公式：

$$I_{js} = \frac{S}{\sqrt{3} \times V_i} \tag{4-17}$$

式中：V_i——电压(V)。

计算结果，详见表4-9。

TBM施工用电设备负荷计算表（按需要系数法） 表4-9

序号	设备名称	台数	设备容量 P_e(kW)	需要系数 K_c	电压(V)	$\cos\varphi$	$\tan\varphi$	计算负荷 P_{js}(kW)	Q_{js}(kV)	S(kV·A)	I_{js}(A)
一、洞内洞外辅助设备											
1	通风机	4	100	0.8	380	0.85	0.62	80.00	49.58	94.12	143.00
2	翻渣机	1	45	0.8	380	0.85	0.62	36.00	22.31	42.35	64.35
3	试验室	1	15	0.8	380	0.85	0.62	12.00	7.44	14.12	21.45
4	门式起重机	1	20	0.8	380	0.85	0.62	16.00	9.92	18.83	28.61
5	焊机	2	30	0.6	380	0.85	0.62	18.00	11.16	21.18	32.17
6	空压机	1	5.5	0.5	380	0.85	0.62	2.75	1.70	3.24	4.92
	小计	11	215.5					164.75	102.1		
二、管片预制厂											
1	全自动混凝土搅拌站	1	65	0.8	380	0.85	0.62	52.00	32.23	61.18	92.95
2	电动起重机	2	19.8	0.8	380	0.85	0.62	15.84	9.82	18.64	28.31
3	电动起重机	3	29.7	0.8	380	0.85	0.62	23.76	14.73	27.95	42.47
4	电动空压机	1	55	0.7	380	0.85	0.62	38.50	23.86	45.29	68.82
5	螺杆空压机	1	37	0.7	380	0.85	0.62	25.90	16.05	30.47	46.30
6	卧式燃煤蒸汽锅炉	1	20	0.8	380	0.85	0.62	16.00	9.92	18.82	28.60
7	钢筋调直切断机	1	7.5	0.8	380	0.85	0.62	6.00	3.72	7.06	10.72

续上表

序号	设备名称	台数	设备容量 P_e(kW)	需要系数 K_c	电压(V)	$\cos\varphi$	$\tan\varphi$	计算负荷 P_{js}(kW)	Q_{js}(kV)	S(kV·A)	I_{js}(A)
二、管片预制厂											
8	钢筋切断机	2	6	0.8	380	0.85	0.62	4.80	2.97	5.65	8.58
9	钢筋弯弧机	2	6	0.8	380	0.85	0.62	4.80	2.97	5.65	8.58
10	钢筋弯曲机	2	6	0.8	380	0.85	0.62	4.80	2.97	5.65	8.58
11	钢筋弯曲机	1	2.5	0.8	380	0.85	0.62	2.00	1.24	2.35	3.57
12	弯箍机	2	3	0.8	380	0.85	0.62	2.40	1.49	2.82	4.29
13	弯箍机	2	4.4	0.8	380	0.85	0.62	3.52	2.18	4.14	6.29
14	CO_2气体保护电焊机	8	112	0.8	380	0.85	0.62	89.60	55.53	105.41	160.16
15	半自动钢筋对焊机	1	25	0.8	380	0.85	0.62	20.00	12.39	23.53	35.75
	小计	30	398.9					309.92	192.07		
三、碎石加工设备											
1	洗砂机	1	2	0.7	380	0.85	0.62	1.40	0.87	1.65	2.50
2	磨砂机	1	2	0.7	380	0.85	0.62	1.40	0.87	1.65	2.50
3	四层振动筛	1	3	0.7	380	0.85	0.62	2.10	1.30	2.47	3.75
4	振动给料机	1	15	0.7	380	0.85	0.62	1.05	0.65	1.24	1.88
5	破碎机	2	60	0.7	380	0.85	0.62	42.00	26.03	49.41	75.07
6	皮带机1、3	2	4	0.7	380	0.85	0.62	1.40	0.87	1.65	2.50
7	皮带机2、4	2	4	0.7	380	0.85	0.62	1.40	0.87	1.65	2.50
8	成品输送带	1	3	0.7	380	0.85	0.62	2.10	1.30	2.47	3.75
	小计	11	93					52.85	32.75		
四、生活办公区											
1	办公区		40	0.75	220	0.85	0.62	30.00	18.59	35.29	160.43
2	职工楼		20	0.75	220	0.85	0.62	15.00	9.30	17.65	80.21
3	家属楼		40	0.75	220	0.85	0.62	30.00	18.59	35.29	160.43
4	锅炉水泵		11	0.65	380	0.85	0.62	7.15	4.43	8.41	12.78
5	锅炉烧洗澡水		36	0.6	380	0.85	0.62	21.60	13.39	25.41	38.61
6	食堂		15	0.8	380	0.85	0.62	12.00	7.44	14.12	21.45
7	洗漱间		15	0.7	380	0.85	0.62	10.50	6.51	12.35	18.77
	小计		177					126.25	78.24		
五、双护盾TBM											
1	TBM	1	2600								

(2) 总负荷和总电流计算

由于用电设备的类型多样,在计算总用电负荷时,应该考虑各组用电设备的最大负荷不同时出现的因素。故采用下列计算公式计算：

$$P_{js.总} = K_{c.总} \times \sum P_{jsi} \tag{4-18}$$

$$Q_{js.总} = K_{c.总} \times \sum Q_{jsi} \tag{4-19}$$

式中：$\sum P_{jsi}$、$\sum Q_{jsi}$——各组设备的有功和无功计算负荷之和。

总的视在计算负荷为：

$$S_{总} = \sqrt{(P_{js.总})^2 + (Q_{js.总})^2} \tag{4-20}$$

总的计算电流为：

$$I_{js.总} = \frac{S_{总}}{\sqrt{3} \times U} \tag{4-21}$$

式中：U——电压（V）。

洞外施工设备及生活办公区总负荷和总电流由计算可得：

$$P_{js.总} = K_{c.总} \times \sum P_{jsi} = 0.9 \times (160.75 + 309.92 + 52.85 + 126.25) = 584.79(\text{kW})$$

$$Q_{js.总} = K_{c.总} \times \sum Q_{jsi} = 0.9 \times (99.62 + 192.07 + 32.75 + 78.24) = 362.42(\text{kV})$$

$$S_{总} = \sqrt{(P_{js.总})^2 + (Q_{js.总})^2} = 687.99(\text{kV} \cdot \text{A})$$

$$I_{js.总} = 687.99/(1.732 \times 380/1000) = 1045.32(\text{A})$$

2）洞外施工设备及生活办公区变压器选择

由上述计算可知，变电所低压侧有功计算负荷（$P_{js.总}$）为 584.79 kW，无功计算负荷（$Q_{js.总}$）为 362.42kvar，假设变电所高压侧的功率因数[$\cos\varphi(1)$]达到 0.92。

（1）功率补偿前，变电所低压侧的功率因数

$$\cos\varphi_{(2)} = \frac{P_{js.总}}{S_{总}} = 0.85$$

（2）低压侧需装设的并联电容容量（Q_c）：

$$Q_c = P_{js.总} \times \{\tan[\arccos(\cos\varphi_{(2)})] - \tan[\arccos(\cos\varphi_{(1)})]\}$$
$$= 111.11(\text{kV})$$

（3）功率补偿后，变压器容量（$S'_{总}$）

$$S'_{总} = \sqrt{(P_{js.总})^2 + (Q_{js.总} - Q_c)^2} = 528(\text{kV} \cdot \text{A})$$

综上所述，选择一台 S11-630/10/0.4kV·A 型号的变压器可以满足施工供电要求。

3）配电系统设计

（1）导线截面计算

施工用机械设备的导线选择，主要是从用电设备的容量和导线的机械强度两方面考虑。

①高压电缆的选择

因用电距离为 11km、10kV 高压送电，所以按允许通过电流选择 TBM 导线截面面积：

$$I = 1.05P/(1.732 \times U_{线} \times \cos\varphi)$$
$$= (1.05 \times 2600) \div (1.732 \times 10 \times 0.9)$$
$$= 175.1(\text{A})$$

查电气设计手册，选择 YJV22 3×95mm² 铜芯电缆长期允许载流量 246A 符合要求。

②变压器到配电室电缆的选择

630kV·A 变压器二次测额定电流为 1045A，采用 YJV22 3×240+1×120mm² 环境温度 25℃、工作温度 65℃时，安全截流量为 631A，选用 2 根并联电缆作为供电主线路，631×2 = 1262A>907A，满足安全供电要求。

③主要用电设备电缆的选择

考虑配电室到现场线路较长，采用三相五线架空钢芯铝绞线，设备用电优先选用橡套电缆，见表 4-10。

主要用电设备电缆选择一览表　　　　表4-10

序号	设备名称	功率（kW）	额定电流（A）	工作电流（A）	导线截面面积（mm²）	电缆型号
一	洞门口 1 号配电箱	130	183.7	121	3×95+2×50	YJV 橡套电缆
1	通风机	110	156.69	103.13	3×70+2×35	YJV 橡套电缆
2	门式起重机	20	27	17.8	3×10+2×6	YJV 橡套电缆
二	洞门口 2 号配电箱	32	45.6	30.2	3×16+2×10	YJV 橡套电缆
1	翻渣机	22	31.6	20.8	3×10+2×6	YJV 橡套电缆
2	修理间	15	18	10	3×4	YJV 橡套电缆
三	管片厂 3 号配电箱	115	182	120	3×95+2×50	YJV 橡套电缆
1	全自动混凝土搅拌站	65	106.4	70	3×70+2×35	YJV 橡套电缆
2	电动空压机	30	45.6	30	3×16+2×10	YJV 橡套电缆
3	卧式燃煤蒸汽锅炉	20	30	20	3×16+2×10	YJV 橡套电缆
四	管片厂 4 号配电箱	73	103	67.7	3×70+2×35	YJV 橡套电缆
1	电动起重机	19	28.9	19	3×16+2×10	YJV 橡套电缆
2	电动起重机	29	47.5	31.2	3×16+2×10	YJV 橡套电缆
3	半自动钢筋对焊机	25	26.6	17.5	3×16+2×10	YJV 橡套电缆
五	管片厂 5 号配电箱	31.5	51.5	33.9	3×16+2×10	YJV 橡套电缆
1	钢筋调直切断机	7.5	10	6.6	3×10+2×6	YJV 橡套电缆
2	钢筋切断机	6	9.1	6	3×4+2×2.5	YJV 橡套电缆
3	钢筋弯曲机	6	9.1	6	3×4+2×2.5	YJV 橡套电缆
4	弯箍机	6	14.2	9.3	3×4+2×2.5	YJV 橡套电缆
5	钢筋弯弧机	6	9.1	6	3×4+2×2.5	YJV 橡套电缆
六	管片厂 6 号配电箱	98	148.9	98	3×70+2×35	YJV 橡套电缆
1	气体保护电焊机	98	148.9	98	3×70+2×35	YJV 橡套电缆
七	碎石场 7 号配电箱	75.5	111.2	75.1	3×70+2×35	YJV 橡套电缆
1	洗砂机	2	3	2	3×1.5+1×1	YJV 橡套电缆
2	磨砂机	2	3	2	3×1.5+1×1	YJV 橡套电缆
3	四层振动筛	3	4.6	3	3×1.5+1×1	YJV 橡套电缆
4	振动给料机	1.5	2.3	1.5	3×1.5+1×1	YJV 橡套电缆
5	破碎机	60	91.2	60	3×35+2×16	YJV 橡套电缆
6	皮带机 1.3	2	2.8	1.9	3×1.5+1×1	YJV 橡套电缆

续上表

序号	设备名称	功率(kW)	额定电流(A)	工作电流(A)	导线截面面积（mm²）	电缆型号
7	皮带机2.4	2	2.8	1.9	3×1.5+1×1	YJV 橡套电缆
8	成品输送带	3	4.3	2.8	3×1.5+1×1	YJV 橡套电缆
八	办公区8号配电箱	100	152	100	3×70+2×35	YJV 橡套电缆
1	办公区	30	45.6	30.0	3×16+2×10	YJV 橡套电缆
2	职工楼	10	15.2	10.0	3×6+2×4	YJV 橡套电缆
3	家属楼	24	36.5	24.0	3×16+2×10	YJV 橡套电缆
4	锅炉房	15	22.8	15.0	3×10+2×6	YJV 橡套电缆
5	食堂	20	30.4	20.0	3×10+2×6	YJV 橡套电缆
6	照明	1	1.5	1.0	2×2.5	YJV 橡套电缆

（2）各配电箱内开关电器的选择

《施工现场临时用电安全技术规范》(JGJ 46—2005)规定，开关箱内应该设隔离开关和漏电保护器和磁力启动器等具有过载、漏电短路保护功能的控制开关。各配电箱内开关电器的选择，见表4-11。

配电箱开关电器选择一览表　　　　　　　　表4-11

序号	配电箱名称	线路	计算电流(A)	开关电器型号	脱扣电流(A)
1	一级配电箱	进线柜	907	DW15-630/3	5000
		馈线柜1号出线	220.6	DZ20Y-400/3300	3300
		馈线柜2号出线	285	DZ20Y-400/3300	3300
		馈线柜3号出线	114	DZ20Y-400/3300	3300
		馈线柜4号出线	114.6	DZ20Y-400/3300	3300
		馈线柜5号出线	200	DZ20Y-400/3300	3300
		馈线柜6号出线	备用	DZ20Y-400/3300	3300
2	A-01号分配电箱	进线	183.7	DZL25-315	400
3	A-02号分配电箱	进线	45.6	DZL25-250	160
4	A-03号分配电箱	进线	182	DZL25-63	250
5	A-04号分配电箱	进线	103	DZL25-100	160
6	A-05号分配电箱	进线	51.5	DZL25-315	160
7	A-06号分配电箱	进线	148.9	DZL25-315	250
8	A-07号分配电箱	进线	111.2	DZL25-63	160
9	A-08号分配电箱	进线	152	DZL25-100	250

分配电箱与开关箱的距离不得超过30m，开关箱与其控制的用电设备的水平距离不得超过3m。配电箱、开关箱安装要端正、牢固。配电箱装设在坚固的支架上。固定式配电箱

下皮与地面垂直距离为 1.4m,移动配电箱下皮距地面为 1.2m。配电箱体用 1.5mm 铁板制作。

4.4.5 刀具与刮板管理

刀盘针对本工程地质条件设计,为封闭面板式箱形结构,盘形滚刀采用背装式,刀具更换在刀盘里进行,保证了换刀的安全。刀盘开挖直径为 3655mm,驱动采用双速电机控制,刀盘上安装中心刀、正滚刀、刮刀等各类型刀具,刀具根据地质条件进行合理的选型和配置。

1)刀具与刮板

(1)刀具

双护盾 TBM 刀盘刀具与刮板分布情况,如图 4-39 所示。

刀盘配置 8 个喷水孔、4 个出渣口及一个人工通道,其中 1~8 号为中心刀(双刃刀)、9~23 号为滚刀(单刀)、24~25 号为边刀(单刀),25 把刀具均匀分布在整个刀盘上。刀具直径 17in,单把刀具承受荷载 250kN。刀盘转速高速 11.4r/min,低速 5.7r/min;刀盘扭矩,高速 1089kN·m,低速 2117kN·m;脱困扭矩最大可达 4118kN·m。

图 4-39 刀盘刀具分布图

(2)刮板

刀盘上分布有 4 个刮渣口,共计 39 块刮板,其中 1~3 号刮渣口每处有 10 块刮板,4 号刮渣口由于人孔在附近,占据一定的位置,故有 9 块刮板。

2)刀盘刀具的检查与更换

(1)刀盘检查步骤

在地质较软的情况下,每掘 10 环对刀盘检查一次,在地质较硬的情况下需增加对刀盘检查的频率,掘进班负责配合,由保养班巡视人员具体执行并认真填写刀盘检查记录表。

①准备好检查刀盘时所需的刀尺、榔头等相应工具。

②待掘进完成后退回 1 号皮带,使检查人员能够较为顺利地进出刀盘。

③将点动站钥匙插入点动站配电箱并复位。

④进入刀盘对刀盘进行清洗,方便对刀盘进行检查。

⑤认真检查水面以上的每把刀具及刮板,再转动刀盘,检查其余的刀具及刮板(在检查滚刀时不仅要检查磨损量,还要将手伸进刀孔试探滚刀是否扁磨,用手转动刀圈检查轴承是否完好,观察是否有漏油现象,同时用榔头敲打支撑块,检查螺栓是否松动)。

⑥检查刀盘喷水效果及旋转接头工作情况。

⑦检查刀盘是否有裂缝及磨损严重的部位。

⑧出刀盘,将点动站钥匙还回主机室,伸皮带掘进。

(2)刀盘检查方法及评判标准

TBM 刀盘检查方法及评判标准,见表 4-12。

TBM 刀盘检查方法及评判标准一览表   表 4-12

部件类型	检查项目	检查方法	更换/判断标准	备 注
滚刀	刀圈磨损量	用专用工具（刀尺）检查	24 号、25 号为 13mm 21~23 号为 19mm 16~20 号为 25mm 9~15 号为 30mm 1~8 号为 25mm	相邻刀具量差： 23~25 号为 6.5mm 20~23 号为 10mm 15~20 号为 15mm 9~15 号为 18mm 1~9 号为 15mm
	刀圈有无裂纹、断裂、弦磨及挡圈脱落现象	清理刀孔，仔细观察。弦磨需用手触摸感觉	刀圈出现裂纹、断裂、挡圈脱落现象必须立即更换。边刀、过渡刀及中心刀出现弦磨现象必须更换，正滚刀可根据实际情况而定，但不宜超过 2 环	刀圈弦磨时，必须仔细检查附近两把刀具的工作情况
	轴承密封	通过观察刀具轴承是否密封完好，也可通过气味识别（若刀具润滑油泄漏会产生刺鼻、难闻的臭味）	边刀、过渡刀及中心刀出现轴承密封失效现象，必须更换，正滚刀可根据实际情况而定，但不宜超过 2 环	刀具漏油时，必须仔细检查附近两把刀具的工作情况
	螺栓	用手拧及小铁锤敲击	若有松动需将刀具拆下，清洗安装结合面，重新安装	
	中心刀夹紧块	清理后观察磨损情况、变形情况	若中心刀固定效果不好，存在松动现象，需更换夹紧块	
刮板	磨损情况	清理后观察	刮板应为正常磨损而无明显残缺现象	更换边刀必须更换刮板
	螺栓	目测，用手拧及小铁锤敲击	螺栓若出现断裂松动现象，需将原件拆下，清洗安装结合面，重新安装	每次安装应使用新螺栓
喷嘴	磨损情况	清洗后观察	磨损不应影响固定和喷水	
	喷水效果	开启水泵并打开喷水阀观察	喷嘴不能堵塞，每个喷嘴应喷出足够的流量和很高的压力	
旋转接头	运转情况	转动刀盘，观察旋转接头运转情况	应运转平稳，无异响	
	油脂润滑情况	检查注油口	润滑效果是否良好	检查的同时应加注润滑油脂
	管路连接情况	目测，用手拧	管路连接应完好，连接处不能有泄漏	

根据刀盘检查方法及评判标准表判定是否更换刀具,刮板、水管、喷头等刀盘所需设备。

(3) 刀具运输

为了规范刀具运输,防止刀具发生意外损坏,规定如下:

①在吊刀前,刀具工程师将运输刀具的数量、种类,书面通知调度和修刀人员。

②修刀人员按照刀具工程师的书面通知进行配刀。

③运输班人员按照修刀人员指定的刀具进行吊装工作,吊装时注意使用钢丝绳或吊环起吊。

④安全吊装完毕,按照通知内容与刀具修理人员进行书面交接。

⑤转运的刀具均应放在木架上,不能重叠、不能碰撞,存放应牢固可靠。

⑥洞内有轨运输至 TBM 门架车间的刀具运输工作由小马机车司机负责。

⑦到达 TBM 后,机车司机与掘进班班长进行书面交接,TBM 主机底部刀具的转运工作由掘进班班长负责。注意,要运往洞外的刀具必须平稳均匀地放在木架上面。

⑧掘进班将所需刀具依次按照如下路线运输到规定位置:门架→安装机→皮带桥→伸缩盾皮带桥→伸缩盾内部→主轴承内腔。

⑨洞内更换的旧刀具要在 24h 内倒运至刀具修理间。

⑩所有运输工作完成后,书面交接表应交给刀具工程师。

(4) 刀具更换

①刀具更换审批程序

刀盘检查原始报表由检查人员负责填写,检查人员填写后将原始报表交负责刀盘的工程师,工程师根据原始的检查报表,结合掘进情况、地质条件及前次检查报表、换刀记录等资料做统计和分析,形成刀盘检查报告和换刀计划经主管工程师复核后报机电总工审批,工程师按总工审批下发换刀通知单,一式三份:一份留底,一份存设物部,一份下发生产部。

②刀具更换

A. 刀具更换程序

a. 刀盘清理

停止掘进后,开始扩孔作业,空转刀盘,直到皮带机上没有渣出为止(尽量使刀盘内残留的渣量最少),后退主机皮带机和溜渣槽,用水将刀盘整体冲洗干净。

b. 刀盘检查

刀盘工程师对刀盘进行检查,以复核拟订的换刀计划是否合理,对不合理的项目作出调整并记录。

c. 刀具拆除

刀盘冲洗干净后,利用风动扳手将需更换刀具的螺栓拆下,将刀具运出刀盘,同时将需安装的新刀具吊到位。对于变形无法拆卸的螺栓,可用气割直接割除(注意不得损伤刀座及其他相邻的刀具)。

d. 刀具安装

i. 安装精度

在清洁时,特别要注意螺栓孔和螺栓的清洁。一般情况下,刀座螺栓孔、刀具螺栓先用高压水冲洗,再用钢丝刷将螺纹刷干净,而后用高压风吹干或用毛巾擦干;对因为刀具难拆,采用割除等方法而遭到损伤的接触面,要进行修复、打磨平整;对刀孔、刀具所有装配表面先用高压水冲洗,而后用高压风吹干、吹净;对刀具在运输过程中造成的装配表面的毛刺,必须进行打磨处理。

ii. 预紧力

螺栓的紧固力矩不允许超过或低于其额定值;刀具螺栓紧固时,先用手将螺栓紧固到位,再用风动扳手紧固,最后用液压扭矩扳手按设计的扭矩值将螺栓紧固。保护套用风动扳手一次紧固到位便可。

注:不允许在螺栓没有紧固到位的情况下直接用风动扳手紧固,这样极易导致螺纹变形和损坏。

B. 刀具连接螺栓扭矩

见表 4-13。

刀具连接螺栓扭矩一览表　　　　表 4-13

项　目	中心刀	正/边滚刀	刮板	
螺栓规格	M24×45 – 10.9	M30×360 – 10.9	M30×90 – 10.9	M30×110 – 10.9
紧固扭矩(N·m)	81	1608	930	711
对应液压扭矩扳手压力(bar)	手动	270	160	120

C. 安装质量复检

完成刀具更换后,转动并再次检查刀盘以确保刀具安装质量合格。同时,着重观察每把刀具的转动情况,并再次确认相邻刀位的刀具磨损量相差不超过评判标准,这样做的目的是使刀具受力均衡,能够更好地工作。

D. 刀具更换后的试掘进

经过检查,确认刀盘内没有人员、换刀工具或者其他物品,准备开始掘进。在掘进之前,刀盘以低速(4~5r/min)空转 5min,直到刀盘扭矩值很小且没有大的变化,逐渐加大推力,直到刀盘完全接触掌子面,再根据掘进情况和渣土的状态选取合理的掘进参数。

注:初始一环掘进不能调向。

试掘进过程中需留意出现的以下几种异常现象:主机振动较大;刀盘内有异响;刀盘扭矩突然增大或者变化很不稳定;掘进推力突然异常增大;必要时,立即停机对刀盘进行检查,根据检查结果确定下一步工作。

E. 试掘进后的刀盘检查

掘进一环之后,对刀盘进行检查,检查的目的是再次确定换刀质量,若无异常,可根据地质条件按正常的掘进模式进行掘进。

③换刀人员的要求

刀具更换的质量主要取决于刀具更换人员的技术水平、责任心是否到位,是否能够按照刀具更换的技术要求,严格执行换刀指令并在换刀过程中具备一定的判断和应变能力。对换刀人员主要有以下要求:

A. 熟练使用各种换刀的工具,并具备一定的修理能力。

B. 全面了解刀具的安装过程,并有熟练的操作能力。

C. 对刀盘的刀具布置有全面的了解,并具有对刀具使用状态作出合理判断的能力;能判断一把待安装刀具是否满足安装条件。

(5)刀具修理

①清洁刀具,检查刀圈是否磨损或磨损情况,刀具油脂、密封及扭矩状态,填写刀具翻新检测报告。

②根据检测情况,确定刀具是否需拆解并重新装配。

检验标准:测试扭矩在 30~40N·M 之间;刀具密封不漏油,油脂中无可见的金属颗粒;加压到 5~10psi(1psi = 6.89476×10^3 Pa),保持 5min 以上,压力无泄漏。

③刀圈的更换。

A. 用切割片将挡圈切开一道裂缝,并用錾子、榔头剔除挡圈。

B. 用切割机将刀圈切开一道裂缝,用压床将刀圈压出。

C. 将刀体与刀圈各配合面清理干净。

D. 刀圈加热到 200℃ 并保持 2h 后,将其套入刀体上,并安装及焊接挡圈。

④若刀具不需拆解,做过渡刀或更换新的刀圈,必须重新加注新的油脂,并检测刀具扭矩、气密性。

⑤若刀具需拆解,具体步骤如下:

A. 松开锁紧螺母,拆除螺母、上端盖,并检查上端盖密封环。

B. 压出刀轴,取出下端盖轴承及下端盖,并检查下端盖轴承及密封环。

C. 刀体翻身压出上端盖内密封环及轴承。

D. 检查上端盖轴承及密封环。

E. 清洗干净各部件。

⑥刀具拆解的部件更换标准。

A. 轴承:内外圈有显而易见的剥落、点蚀,内外圈滚道有明显的缩进;内外圈可观察到的表面裂纹。

B. 轴:在螺纹根部的表面裂纹明显;沿轴的长度表面裂纹明显;明显磨损。

⑦刀具的装配。

将加热的刀圈套入刀体,并砸入挡圈,待冷却后焊接挡圈;刀体安装轴承外圈配合面涂抗咬合剂,将轴承外圈砸入,并用压床加压(压力不超过 100kN),轴承外圈内侧涂抗压合剂;加热轴承内圈、下端盖(加热温度不超过 120℃);刀轴下端安装密封圈,并在刀轴表面涂抗咬合剂,将下端盖套入刀轴,再用压床定位下端盖(压力不超过 100kN);清洗刀体内腔及内密封环;下端盖及内密封环安装浮动金属密封;放入下端轴承,并用压床定位,压入下端内密封环,清洁密封环各表面;刀轴组件放在压床上,将刀体组件套入刀轴组件;压入上端内密封环的浮动密封,将上端轴承放入刀轴,清洁内密封环,套入上端盖及锁紧螺母,用压床加压上端盖,边紧螺母边测扭矩(34~41N·m),完成校调后吊下;做气压测试及注油脂。

4.5 快速掘进施工措施

4.5.1 高效的施工组织

1）施工运输

洞内运输轨线布设双轨单线，轨距762mm，运输轨道采用38kg/m、12.5m/根普通钢轨，钢轨通过道钉、夹板固定至管片预埋道钉孔内。当班掘进班长视掘进进度情况，通过加长平板车将钢轨有轨运至TBM设备桥下，然后操作管片吊机将钢轨就位，利用人工或风动扳手将钢轨固定。

在洞内施工运距超过洞段总长一半时，通过在洞内设置固定会车平台的方式，提高整体施工效率，有效节约施工期间施工生产材料等待时间，TBM固定会车平台，如图4-40所示。

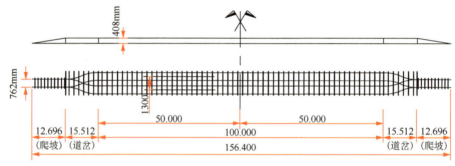

图4-40　TBM固定会车平台示意图(尺寸单位：m)

2）TBM出渣与运输

（1）渣土运输方式

TBM掘进的同时，切削的岩渣从刀盘溜渣槽进入刀盘中心的主机皮带机，经TBM后配套皮带机输送到后配套上的渣车内，渣车通过牵引机车牵引到洞外的翻渣台翻渣。岩渣二次倒运由装载机装渣，15t自卸汽车运输到永久弃渣场。现场出渣施工情况，如图4-41所示。

（2）TBM施工运输

合理的运输系统是保证快速施工的前提。TBM在掘进过程中，管片、豆砾石、水泥、管线等材料等需运送到工作面。只有快速有效的运输组织系统，才能保证施工顺利进行。

①运输轨线布置

根据隧洞断面和洞内运输要求，洞内运输采用有轨单线运输，轨距为762mm，采用38kg/m钢轨，通过道钉、夹板与管片预埋道钉孔固定连接。为了确保编组列车能够错车，隧洞内间隔合适的距离设备错车道。错车道断面和非错车道断面，如图4-42所示，两断面之间的高差12‰的坡度顺坡连接。

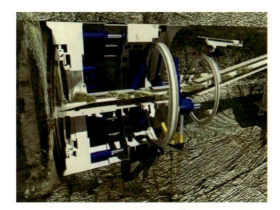

图 4-41 现场洞外出渣情况

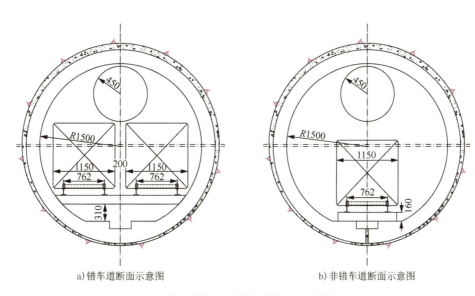

a) 错车道断面示意图　　　　b) 非错车道断面示意图

图 4-42 错车道断面和非错车道断面(尺寸单位:cm)

②洞内水平运输

A.配置原则

本工程运输的特点是:运输距离长、运输量大、运送项目繁多、运输与 TBM 掘进循环配合要求密切等。设备配置时遵循以下原则:

a.按最不利的情况,运输距离按 11km 来考虑运输能力。

b.由于运输距离长、运输量大,采用大容量渣车组成编组重载列车,从而在保证运量的同时使列车的列数最少,降低运输工序衔接和车辆运行调度管理的难度。

c.编组列车各车辆的配置按运送所有材料考虑(实际编组中,有的车辆根据实际情况不一定进入编组),后配套台车轨线也按此考虑,以保证在最不利的情况下编组列车能满足 TBM 掘进需要。

d.762mm 轨距的正线运输轨采用 12.5m 长的 38kg/m 钢轨,由于钢轨长度较长,不能进入编组列车,否则会影响掘进主工序的实施。拟每天发 1~2 趟专运钢轨的列车,运足一天掘进施工需续接的钢轨量。

e.为满足 TBM 连续掘进的要求,编组列车的运输能力需满足 2 个循环(2.2m)的出渣材料供应要求。

B.列车编组方式

列车编组与运行必须满足 TBM 连续掘进和最高掘进的出渣、管片安装、豆砾石充填及回填灌浆等洞内材料的供应要求,其编组方式为:1 节人车 +1 节机车 +9 节渣车 +1 节豆砾石车 +1 节水泥车 +6 节管片车。列车编组,如图 4-43 所示。

图 4-43 列车编组作业图

③洞外运输设备

A.材料、机具倒运设备

为满足施工需要,配置 1 台 15t 小马机车,用作倒运施工材料、洞内所需的物资、机具以及调度指挥车。

B.渣土二次倒运

渣土二次倒运采用自卸汽车,同时需配置一定数量的装载机辅助出渣,选用斗容为 $3m^3$ 的装载机。

C.洞外起重设备

为了保证洞外物资能及时装载,洞外配置 1 台随车起重运输车 +1 台叉车 +1 台门式起重机。

④运输组织

考虑到隧洞采用有轨单线运输,为满足 TBM 快速掘进需要,长距离单轨运输车辆较多,为保证运输安全,提高运输效率,根据相关已施工洞段的经验,拟采用车辆集中调度和电视监视系统,并加强运输组织管理力度,确保剩余洞段的 TBM 施工工期及安全。

A. 车辆集中调度与视频监控

a. 调度集中控制系统

在隧洞内设一处固定会车平台,会车平台处设置一名调度员,车辆进入会车平台时由调度员扳动道岔。调度室采用调度集中,调度员在隧洞外的控制室内可监控机车在线路上所处的位置,并可控制每个会车平台机车进站、出站,同时指挥会车平台上的调度员进行搬道作业调度。采用调度集中控制系统可有效地防止列车碰撞事故的发生,保证生产安全,提高运输效率,同时为了保证行车的安全,每辆编组车设置一名调车员。隧洞线路平面隧洞布置示意,如图4-44所示。

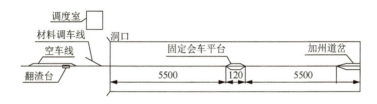

图4-44 隧洞线路平面隧洞布置(尺寸单位:m)

本隧洞运输线一般情况下无须考虑待避的工况,仅在某列车出现故障时,可让其在到发线上待避,正常情况下只需考虑会车工况。

规定出隧洞的列车为上行,进隧洞的列车为下行,正常情况下列车在道岔会车时上行列车停在左侧股道(掘进方向左侧),下行列车停在右侧股道(掘进方向右侧)。

b. 视频监视系统

为了更及时、准确、全面地监视列车在隧洞内的运行情况,设置视频监视系统。在每个会车平台的道岔区各设一个监控摄像头,在TBM溜渣处和洞外翻渣处各设一个监控摄像头,系统采用多头单尾式,在调度室设一台多画面分割器和两台监视器,其中一台用于显示分割画面,另一台用于显示重点监视画面。

B. 列车调度图

a. 行车运行图

隧洞运输距离为11km时,行车运行图如图4-45所示。

b. 说明

i. 列车平均速度为12km/h。满足在两个掘进循环的80min(按双护盾掘进模式时间计算)内完成两个运行区间(共11km)的行驶,包括启动、加速、减速、停车等待。

ii. 从洞口往掘进方向看,轻车(进车)始终在会车点右线,重车(出车)始终在会车点左线。中央调度室显示板上,凡在会车点右线的列车即为轻车(进车),在会车点左线的列车即为重车(出车)。

iii. 掘进四个循环(5.5m)的2个区间时的列车调度,包括1洞内固定会车点,一个洞内后配套加州道岔会车点。一个洞外固定会车点。原则上,TBM完成四个掘进循环(5.5m)的160min内,各列车分别完成两个区间和两个会车区段的行驶。TBM掘进时,每列车装载两个掘进循环的弃渣。

iiii. 各列车遵循均听从调度的统一调度,同时列车上的调车员配合调度。

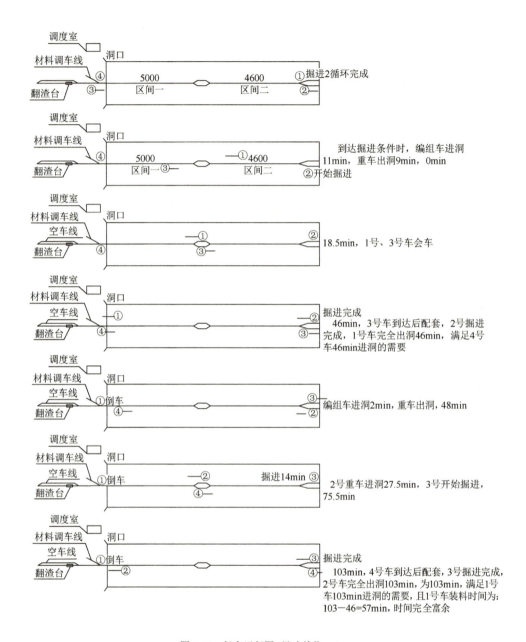

图 4-45　行车运行图(尺寸单位:m)

3）组织管理

现场施工期间,施工单位按照职能部室不同进行分工,负责属于自己职责范围内工作,班组内根据施工人员专业技能特点进行定员定岗,明确职责。现场管控方面通过不断加强现场施工人员技能、工艺流程、工序衔接等方面培训,以及过程中不断完善管控的方式,使现场施工人员能够熟悉施工工艺流程,牢记各工序之间转换,保证了现场施工的有序进行。

4.5.2 完善的激励机制

在本工程施工运行期间,除了高效的施工组织以外,作为施工过程中主要参与者,"人"的重要性是不可忽略的。为此,在工程施工过程中,为激发员工的创造力以及积极性,发挥主观能动性,施工单位陆续出台了"奖罚制度""劳动竞赛""三争一保""单班合格进尺考核""设备管理制度"等行之有效的激励措施,同时进行先进个人、先进集体的评选。这一过程中呈现出人人争先、落后可耻的景象,为工程施工期间的稳产高产提供了最有力的支持。各项制度及奖励情况,如图4-46所示。

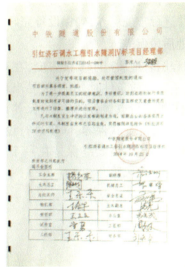

图4-46 各项制度及奖罚情况

4.5.3 良好的设备性能

鉴于本工程采用双护盾 TBM 进行掘进施工,为此现场机械性能的完好率直接影响着现场整体施工进度。为确保现场施工持续、稳步进行,施工单位根据施工段揭示地层围岩情况,准备两套设备保养计划,分别对应正常地质段和不良地质段。

1)正常地质段保养

在正常地质段施工时,为确保设备掘进的连续性和为防止现场施工班组为盲目争抢进度,而过度使用,导致出现设备劳损隐患。施工单位特根据现场实际情况制订每日 4h 的强制保养计划,主要目的为设备在经过连续一天的掘进后,由专业设备维修人员对设备故障隐患进行彻查,并进行常规保养,确保设备完好率,使之能够更好地服务于下一个施工循环。

2)不良地质段保养

鉴于本工程围岩地质过于复杂多变,在双护盾 TBM 通过断层破碎带、富水承压带及软岩大变形段等不良地质条件时,由于极易出现卡机现象,为此施工单位根据实际情况,以及此类围岩极易卡机的特点,制订穿插式保养计划,通过现场观察实际揭示围岩稳定性,利用工序转换时间,进行穿插式保养,同步进行设备故障隐患排查及保养。通过连续保养,排除过程中的设备隐患,使设备始终保持在一个良好的运行状态,减少在不良地质段的停顿时间,避免不必要的卡机风险。

4.5.4 辅助施工措施

1)TBM 高压电缆延伸

TBM 用电采用 10kV 高压电缆进洞,高压电缆通过电缆挂钩悬挂在隧洞右侧(掘进方向)大跨下边墙位置,便于电缆延伸时施工。电缆延伸利用 TBM 自带电缆卷筒完成,每 300m 延伸一次,固定电缆延伸换接时,将整盘电缆由平板车运输进洞,采用人工转动电缆卷筒将电缆悬挂在隧洞边墙上;TBM 自带的电缆采用人工收盘在平板车上,通过内燃机车运送到后配套后部,然后启动电缆卷筒按钮,将电缆盘在卷筒上,最后由专业电工联结电缆快速接头。

2)隧洞施工照明延伸

TBM 设备本身施工照明用电在正常情况下使用经变压器降压后的安全电源。在遇到突然停电或断电情况下,由后配套系统的发电机自动起动,提供自身照明用电及安全设备用电。

隧洞内的照明采用三相五线制,每 30m 布置一盏隧洞防水日光灯,照明线支架安装在掘进方向右侧大跨上下部位,采用角钢加工,膨胀螺栓固定,在 TBM 掘进过程中安装完成。

3)风水管线延伸

风管采用每 100m/节柔性风管,存放在 TBM 后配套风筒内,TBM 掘进后配套拖拉时,自动延伸。洞外设置一个备用风筒,倒换使用。风管自动延伸完成后,利用提升装置进行倒换,人工配合安装即可。

水管采用12m/节的 ϕ 100mm 钢管,法兰连接。利用停机保养期间,视后配套自带的供排水管卷盘软水管使用情况,随机决定供水管的延伸长度。

4)设备区抽排水

TBM 掘进为顺坡排水施工,在 TBM 护盾内、连接桥下及后配套区域分别配置可满足最大涌水量及扬程需要的移动式潜水泵将 TBM 设备区域地下涌水和施工污水抽排至 TBM 后配套后方,再沿着隧洞排水沟排至洞口污水处理池,经净化达标后排放。必要情况下在已成洞段合适位置修建一处排水泵站,并沿着隧洞增设一套 ϕ 150mm 排水系统,采用高扬程、大流量水泵将地下涌水强制性抽排至洞外,确保隧洞施工抽排水畅通。

4.6 本章小结

(1)本工程双护盾 TBM 施工段采用 HSP-T 超前地质预报系统,该系统在掘进过程中采集信号,不影响施工进度,且对场地无要求,但无法用于探水。

(2)本工程双护盾 TBM 施工段,在围岩稳定性较好的地层中掘进时采用双护盾掘进模式,掘进与管片拼装同步进行,可实现高速、连续施工;在软弱围岩地层中掘进时采用单护盾掘进模式,掘进与管片拼装不能同步进行。

(3)本工程双护盾 TBM 施工段采用预制钢筋混凝土管片衬砌,管片采用固定蒸养罩模式生产。管片拼装过程中,管片脱离护盾后立即进行豆砾石回填、施作止浆环并回填灌浆。

(4)为保证本段快速掘进施工,采取了高效的施工组织、完善的激励机制、性能良好的设备及其他辅助施工措施。

第 5 章

双护盾TBM掘进姿态控制技术

Key Technologies of Small Diameter Double Shield TBM Construction in Water Diversion Project from Hongyan River to Shitou River

Key Technologies of Small Diameter Double Shield TBM Construction in
Water Diversion Project from Hongyan River to Shitou River

第 5 章 双护盾TBM掘进姿态控制技术

5.1 依托工程掘进姿态控制的必要性

引红济石工程由于断面小(成洞断面直径仅为3m),隧洞净空受限,对TBM掘进姿态控制提出了很高的要求。由于受地层软硬不均以及操作等因素的影响,TBM推进不可能完全按照设计的隧洞轴线前进,而是会产生一定的偏差。当这种偏差超过一定限界时,就会使盾尾间隙变小,管片局部受力恶化,甚至造成管片开裂、管片拼装错台较大,隧洞净空侵限,继而导致后配套拖拉困难,严重时将出现结构件破坏无法继续掘进。因此,TBM施工中必须采取有效技术措施控制掘进方向,及时有效纠正掘进偏差。

5.2 掘进姿态控制标准

根据相关规定,采用盾构法修建的隧道,其洞轴线允许偏差值低于水工隧道施工标准,水利工程中关于隧洞轴线的偏差限值均执行行业标准。水工技术标准规定,采用掘进机开挖的隧洞,洞轴线的水平允许偏差为±100mm,洞底高程允许偏差为±60mm,隧洞开挖轮廓线的允许偏差应满足设计要求。TBM姿态监控是控制TBM掘进方向的唯一有效的方法和手段。

5.3 掘进姿态监控与测量技术

5.3.1 监控技术

1)监控方法

本工程隧洞采用自动导向系统和人工测量辅助进行TBM姿态监测,导向系统采用PPS自动导向系统。该系统配置了导向、自动定位、掘进计算程序软件和显示器等(图5-1)。该导向系统能够全天候地动态显示TBM当前位置,与隧洞设计轴线的偏差以及趋势。据此调整控制TBM掘进方向,使其始终保持在允许的偏差范围内。

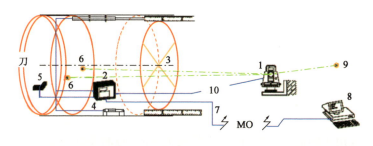

后视棱镜　　　　　　自动棱镜　　　　　　全站仪

图 5-1　PPS 自动导向系统示意图

1-全站仪(Leica TCA1800 或 Leica TCA1200);2-工业用计算机;3-间隙测量装置(备用);4-行程传感器(备用);5-倾斜仪;6-自动棱镜;7-数据线(备用);8-计算机(备用);9-后视棱镜;10-无线连接(备用)

随着 TBM 推进,导向系统后视基准点需要前移。根据本工程 TBM 实际特点,受隧洞净空限制,导向系统最大每 30m 必须延伸一次,而在姿态控制不好、隧洞通视受阻的情况下,则视情况缩短延伸距离,基准点通过人工测量来进行精确定位。为保证推进方向的准确可靠,每前移三次导向系统进行一次人工导线复核测量,以校核自动导向系统的测量数据并复核 TBM 的位置、姿态,确保 TBM 掘进方向的正确。主司机可根据显示的数据及时调整掘进机的掘进姿态,使得掘进机能够沿着正确的方向掘进,使其始终保持在允许的偏差范围内。包括切口里程、纵向坡度、横向旋转角、平面偏离值、高程偏离值。

2)PPS 导向系统的应用

(1)原设计情况及应用

本工程双护盾 TBM 原设计 PPS 通视窗口放置在进洞方向右上角,全站仪通过主机室上方仅有的空间一直通视至前方安装在前盾位置的两个棱镜马达,可实时检测掘进机最前方机头的姿态,再根据盾体间的相对关系推算出支撑盾、尾盾的姿态情况,如图 5-2 所示。但受通视空间狭小,右侧机械设备极多,姿态稍有偏差就会出现各种无法通视的不利影响,为确保 PPS 导向系统的正常运转,不得不将全站仪放置在主机室前方管片处,前视及后视距离都会相应缩短,并且全站仪越靠前,掘进换步造成的管片振动越大,测量精度也越低。同时由于全站仪无法通过主机室,最短搬站距离不到 2m,搬站次数多,累计误差也就越来越大。待导线测量时,掘进机姿态便出现了较大的偏差,恶性循环下去姿态控制难度极大。

(2)改造后的情况及应用

后续掘进过程中 TBM 频繁卡机,故着手对 TBM 设备性能进行提升改造,进而提高其对复杂围岩地质的适应性。在此期间,同样对导向系统进行改造,根据本工程 TBM 的设计情况,右侧的设备及结构件较多,通视条件差,左侧则通视条件较好。初步改造设想是,将通视窗口改至左侧后,能够缓解原设计带来的无法通视的施工难题。但在改造实施过程中发现,受盾体结构件影响,通视窗口仅为 $\phi 25 cm$ 的圆,通视条件仍然无法得到彻底的改善,如图 5-3 所示。

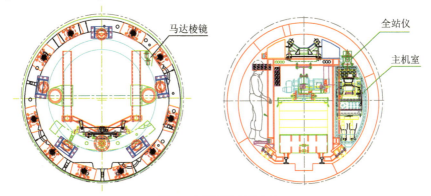

图 5-2 原设计情况及应用

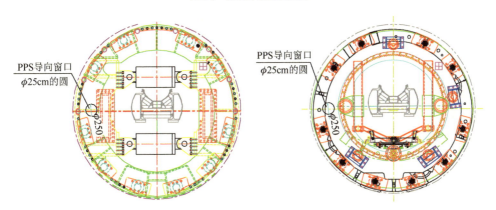

图 5-3 设备改造后通视条件

因此,本工程隧洞空间条件狭小,通视条件严重受限,改造后的通视窗口与前视无法按照常规的方法直接测量前盾姿态。仔细研究后,按照采用测量尾盾姿态+前盾行程传感系统反推前盾姿态的思路,即将倾斜仪与 1 号、2 号自动棱镜安装在支撑盾上,通过测量支撑护盾与尾盾的姿态,再通过支撑护盾与前盾相连的三根行程油缸长度,计算出前盾的姿态。

5.3.2 测量技术

利用 PPS 导向系统进行测量,并将支撑盾与前盾之间安装的三根行程油缸长度通过传感器实时导入至 PPS 系统和 TBM 的 PLC 系统内,结合油缸相对位置关系和设备间的相对关系,推算出 TBM 的整体姿态。三根行程油缸的相对位置关系,如图 5-4 所示。

测量原理:根据全站仪测量出尾盾及支撑盾的绝对坐标、滚动值、俯仰值及水平导向值后,根据与支撑盾、前盾相连的三根行程油缸的长度可推算出前盾的姿态,包括前盾的绝对坐标、水平导向值及俯仰值等。

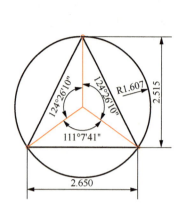 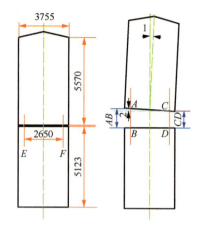

图 5-4　三根行程油缸的相对关系(尺寸单位:mm)

计算过程:

1）前盾导向值

根据左、右两根行程油缸的长度差计算出前盾相对于支撑盾(先假定支撑盾的导向值为0)的水平导向值,然后结合支撑盾自身的导向值,最终确定前盾的导向值。若向右为"+",则前盾导向值=支撑盾导向值+(左-右)/2.65。

2）前盾俯仰值

根据左、右两根行程油缸的平均值与顶部行程油缸的长度差计算出前盾相对于支撑盾(先假定支撑盾的俯仰值为0)的高程俯仰值,然后结合支撑盾自身的俯仰值,最终确定前盾的俯仰值。前盾俯仰值=支撑盾俯仰值+[(左+右)/2-顶]/2.515。

3）前盾水平绝对值

根据前盾的导向值及行程油缸的平均伸缩长度,计算出前盾相对于支撑盾(先假定支撑盾的水平绝对值为0)的水平偏差值,然后结合支撑盾自身的水平绝对值,最终确定前盾的水平绝对值。前盾水平绝对值=支撑盾水平绝对值+前盾导向值×{5.57+[(左+右)/2+顶]/2}。

4）前盾高程绝对值

根据前盾的俯仰值及行程油缸的平均伸缩长度,计算出前盾相对于支撑盾(先假定支撑盾的水平绝对值为0)的高程偏差值,然后结合支撑盾自身的高程绝对值,最终确定前盾的高程绝对值。前盾高程绝对值=支撑盾高程绝对值+前盾俯仰值×{5.57+[(左+右)/2+顶]/2}。

5.4 掘进姿态控制

1）姿态控制的基本要求

(1)TBM水平方向的姿态始终向设计轴线"0"靠拢;TBM竖直方向的姿态始终保持略微

高昂的抬头趋势(按照设计的纵向坡度1/890)。在调向过程中,根据PPS实时显示的测量数据、掌子面围岩状况不断调整四组油缸(上下、左右)的推力,监视前护盾行程油缸的推进长度,当TBM姿态出现偏差中轴线位置时,必须向中轴线方向调整。

(2)TBM在软岩或断层破碎带掘进时,必须始终保持正的竖直姿态,且TBM在竖直方向上必须保持稍微向上的趋势值,预防刀盘低头。

(3)特别注意更换边刀后掘进第一个循环时尽量不要调向。

2)调向控制标准

(1)水平方向

①水平的趋势角即是导向值,刀盘的水平导向值以支撑盾显示的趋势角结合行程油缸长度换算的导向值为准。

②无论水平方向偏差绝对值达到何种程度,TBM水平导向值不允许超过±1.5%,即在任何情况PPS显示屏左上角的趋势角对应换算的导向值都不允许超过±1.5%。

③每一完整的掘进循环调向值不允许超过0.5%,即从本循环掘进初始至掘进完成过程中导向值的变化量不允许超过0.5%。

④至少保证每调向一次后,以该姿态掘进至少两个循环,即若在本循环掘进过程中,将导向值由1%调至0.5%后,应保持以0.5%的导向值至少再掘进两个循环后方可调向,也可在这三个循环内完成一个循环的调向量,严禁连续以最大调向量对每循环进行调向操作。

⑤在PPS搬站完成后,隧洞偏差绝对值由"-"突变到"+",即从搬站前偏左突变为搬站后偏右的情况下,严禁出现在很短的掘进距离内使水平导向值由"+"变为"-"的急切调向行为,仍要严格执行以上调向规定,使导向值逐步缓慢变化。在这种工况条件,导向值还处于正值的情况下,掘进过程中的绝对偏差还会持续增大,这属于正常情况,主司机只要把握住调向原则即可,在将导向值调至极限后(-1.5%),保持此导向趋势不变进行掘进,直到掘进偏差绝对值在50mm以内后,开始回调导向值至0左右掘进。若是出现搬站前后偏差由偏右突变至偏左的情况,调向操作方法照此类推。

⑥不必刻意追求绝隧洞中线的"零偏差",只要中线偏差绝对值在100mm以内时,即可保持导向值为0左右掘进。

(2)竖直方向

①高程的趋势角即是坡度,以支撑盾显示的趋势角结合行程油缸换算的坡度值为准。

②高程控制与水平控制的方法与措施一样,在此不再赘述,高程偏差值要努力控制在0~60mm的范围内。

③主司机要不断总结TBM沿隧洞理论中线掘进的最佳坡度和在不良地质条件下合理的掘进坡度(隧洞设计纵坡为0.11%,上坡掘进),尤其要注意防止TBM"抬头"和"低头"的情况发生,一旦发生单循环高程偏差超限后,在掌子面地质条件允许的前提条件下必须退回重新掘进。

(3)滚动值

由于小直径TBM主机段设备件布置紧凑,前盾、支撑盾滚动值超限将极易导致扭矩油缸、主推油缸、行程油缸、1号皮带机等设备结构件发生"干涉"破坏,后果不堪设想。因此,在掘进过程中应适时关注前盾、支撑盾的滚动值变化情况,一旦发现滚动值超限时,及时进行纠偏调整。此外,为确保 PLC 系统的人机界面、PPS 显示滚动值的真实性,需要定期对前盾、支撑盾滚动值进行复核、矫正。

5.5 掘进姿态控制辅助措施

TBM 掘进过程中,姿态控制以 PPS 导向系统显示姿态值为主,若 PPS 导向系统运行异常改为人工导向测量时,可借助垂球人工复测、油缸行程差、拼装机与 1 号皮带桥左右及上下间距、1 号皮带桥底部行走梁与底管片中心水沟高差、支撑盾撑靴油缸与皮带桥高差,以及刀盘、支撑盾、尾盾相对关系等,均为 TBM 掘进姿态控制提供参考。

1)人工复测

外伸缩盾左上侧 10 号主推油缸靠近前盾处固定一线绳垂球,分别在线绳上下打两个结作为测量参照点,利用 TBM 停机期间,通过卷尺分别量取线绳两打结处至前盾长度后,通过坡度计算公式计算前盾坡度值。

前盾、支撑盾滚动值可通过垂球或水平尺进行人工校核。

行程油缸的长度也需要经常进行复核,同时与 10 根主推油缸的长度进行比较。

2)人机界面、PPS 显示坡度、滚动值比较

TBM 掘进过程中,测量值班工程师要随时掌握 PPS 导向系统、人机界面显示的坡度、滚动值变化,发现偏差超限时,务必进行人工测量复核,及时修正、纠偏,确保 PPS 导向系统运行正常。

3)手动测量模式

由于双护盾 TBM 掘进与管片拼装同步,因此在管片拼装期间,受拼装机及管片的遮挡,全站仪无法瞄准马达棱镜,在掘进过程中无法实时显示掘进姿态。可通过 PPS 系统手动进行测量,即换步完成后测量出 TBM 的完整姿态后,在下个循环的掘进过程中,可假定支撑盾在撑靴的稳定作用下不会发生任何改变。由 PPS 系统锁定支撑盾数据后,改为手动输入该数据后全站仪则可不自行瞄准马达棱镜便可获取支撑盾及尾盾数据,再根据行程油缸的长度变化自动计算出前盾的所有姿态。该种模式在硬岩掘进中基本无误差,在软岩中由于撑靴不一定能撑紧岩壁,可能会导致支撑盾在掘进过程中发生位移,从而在假定支撑盾姿态不发生变化的前提并不成立,导致前盾的姿态在恢复测量后出现偏差,但也可以通过不断尝试后总结得到姿态控制的相关经验。

4)数值控制法

由于行程油缸的长度通过行程传感器和特殊模块导入至 PPS 系统,但当 PPS 系统故障后可能存在无法读取行程油缸的情况,导致前盾的数据无法测量出来,此时根据不同的姿态控制目标(导向值或绝对值)均可以通过数值控制法进行控制。

(1)导向值数值控制法

由于支撑盾所有姿态及行程油缸均能够实时显示,只是无法实时结合,因此在 TBM 整体导向值均较大的情况下,需要控制前盾的导向值。表 5-1 所示为行程油缸与相对于支撑盾的导向值(含水平和高程),便于主司机能迅速找到对应的控制数值。

油缸行程差与导向值、坡度对应表　　　表 5-1

序号	左右油缸行程差值(mm)	导向值(%)	上下油缸行程差值(mm)	坡度(%)
1	5	0.19	5	0.20
2	10	0.38	10	0.40
3	15	0.57	15	0.60
4	20	0.75	20	0.80
5	25	0.94	25	0.99
6	30	1.13	30	1.19
7	35	1.32	35	1.39
8	40	1.51	40	1.59
9	45	1.70	45	1.79
10	50	1.89	50	1.99
11	55	2.08	55	2.19
12	60	2.26	60	2.39
13	65	2.45	65	2.58
14	70	2.64	70	2.78
15	75	2.83	75	2.98
16	80	3.02	80	3.18
17	85	3.21	85	3.38
18	90	3.39	90	3.58
19	95	3.58	95	3.78
20	100	3.77	100	3.97
21	105	3.96	105	4.17
22	110	4.15	110	4.37
23	115	4.34	115	4.57
24	120	4.53	120	4.77
25	125	4.71	125	4.97
26	130	4.90	130	5.16
27	135	5.09	135	5.36
28	140	5.28	140	5.56
29	145	5.47	145	5.76
30	150	5.65	150	5.96

PPS 导向系统无法连续工作时,上述油缸行程差与导向值、坡度对应关系可为 TBM 掘进过程中姿态控制提供参考。

(2)绝对值数值控制法

在 TBM 整体导向值均较小的情况下,主司机可根据 TBM 的实际情况进行绝对值的控制,根据换步之后的支撑盾姿态以及前盾姿态,通过控制行程油缸差指导下个循环的期望控制绝对值数据。

① 前盾水平绝对值数值控制法

油缸行程差 Δ = [(换步后掘进前前盾绝对偏差 + 期望调向数据 − 换步后掘进前支撑盾绝对偏差)/(此次预期掘进长度 + 5.57) − 支撑盾导向值] × 2.65。

② 前盾高程绝对值数值控制法

油缸行程差 Δ = [(换步后掘进前前盾绝对偏差 + 期望调向数据 − 换步后掘进前支撑盾绝对偏差)/(此次预期掘进长度 + 5.57) − 支撑盾俯仰值] × 2.515。

说明:必须以换步后掘进前的姿态作为标准,即换步后的姿态必须提供准确及时。向左调向为"−",向右调向为"+",向上调为"+",向下调为"−"。水平方向油缸行程差 Δ = (左 − 右);高程方向油缸行程差 Δ = (左 + 右)/2 − 顶。

5.6 PPS 导向系统在小直径 TBM 的空间建模分析

由于本工程小直径 TBM 的 1 号皮带桥的前段与前盾相连,后端与 1 号门架(1 号架的姿态受该位置的管片姿态直接影响)相连,而拼装机固定在尾盾位置,因此 TBM 在掘进过程中,受姿态控制影响,1 号皮带桥与拼装机之间的水平间隙过小,则直接影响拼装机旋转,导致管片拼装困难,需要停止掘进后采用千斤顶移动 1 号皮带桥后方能实现拼装机旋转和管片拼装;管片拼装后若前盾栽头严重或者管片拼装过高,导致管片底部高程与拼装机底部的吊机行走梁高度过低,将无法正常调运至拼装区或拼装机无法旋转,同样需要采用千斤顶移动 1 号皮带桥后方能实现拼装机旋转和管片拼装。以上两个因素将直接影响施工效率和管片拼装质量,控制不好还将一直恶性循环下去。因此本工程姿态控制最大的难点在于 1 号皮带与拼装机、1 号皮带与管片底部的间隙。

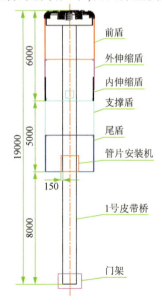

图 5-5 理论条件下前盾、1 号皮带桥、尾盾(拼装机)空间关系图(尺寸单位:mm)

1) 前盾、1 号皮带桥、尾盾(拼装机)相对位置关系

TBM 沿设计洞轴线掘进时(理论条件下),前盾、1 号皮带桥、尾盾相对关系呈直线关系,其位置相对关系,如图 5-5 所示。

2) 1 号皮带桥与管片拼装机、成型管片的相对位置关系

1 号皮带桥与管片拼装机、成型管片的相对位置关系,如图 5-6 所示。

3) 拼装机正常旋转条件

根据现场实测,并结合 CAD 动态模拟可得出如下结论:

TBM水平方向姿态可控时(即拼装机两侧与皮带桥间隙均为约15cm),若保证拼装机底部正常旋转,要求吊机行走梁底部与中心水沟高度≥95cm;TBM高程方向姿态可控时(即吊机行走梁底部与中心水沟高度为116cm),若保证拼装机左右正常旋转,要求1号皮带桥与拼装机单侧间隙≥5cm。

4)空间建模分析

(1)姿态不正时的空间关系

TBM沿设计洞轴线出现偏移时,前盾、1号皮带桥、尾盾相对关系呈折线关系,其位置相对关系模型,如图5-7所示。

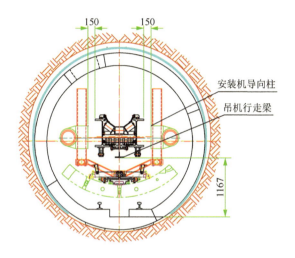

图5-6 1号皮带桥与管片拼装机、成型管片位置关系图
(尺寸单位:mm)

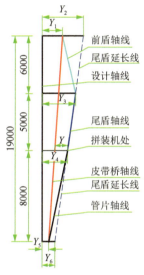

图5-7 TBM姿态偏离时1号皮带桥、支撑盾、前盾位置关系图(尺寸单位:mm)

注:1.Y_1-刀盘(皮带桥前端)绝对偏移量;2.Y_2-尾盾延长线在刀盘里程处绝对偏移量;3.Y_3-支撑盾绝对偏移量;4.Y_4-尾盾绝对偏移量;5.Y_5-皮带桥末端绝对偏移量;6.Y_6-尾盾后延长线在皮带桥末端处绝对偏移量;7.Y-拼装机与皮带桥偏移量;8.皮带桥轴线相对尾盾延长线均在一侧时,皮带桥相对拼装机水平偏移量:$Y=|(Y_2-Y_1)\times 8000/19000|+|(Y_6-Y_5)\times 11000/19000|$;9.皮带桥轴线相对尾盾延长线在两侧时,皮带桥相对拼装机水平偏移量:$Y=|(Y_2-Y_1)\times 8000/19000|-|(Y_6-Y_5)\times 11000/19000|$。

(2)皮带机相对拼装机水平方向偏移量计算

根据相似三角形原理,TBM高程方向姿态可控时,皮带机相对拼装机水平方向偏移量可通过如下公式计算。

已知条件:刀盘、支撑盾、尾盾、1号皮带桥溜渣口处坐标分别为Y_1、Y_3、Y_4、Y_5。

先求Y_2、Y_6,再求Y。Y_2和Y_6可采用相似三角形法或斜率法进行计算。

①采用相似三角形法计算Y_2和Y_6

根据相似三角形原理结合图 5-8 可知:

$$Y_2 = \frac{11Y_3 - 6Y_4}{5}$$

$$Y_6 = \frac{19Y_3 - 13Y_2}{6} \text{ 或 } Y_6 = \frac{19Y_4 - 8Y_2}{11}$$

② 采用斜率法计算 Y_2 和 Y_6

根据斜率法原理结合图 5-9 可知:

$$Y_2 = \frac{11Y_3 - 6Y_4}{5}$$

$$Y_6 = \frac{13Y_4 - 8Y_3}{5}$$

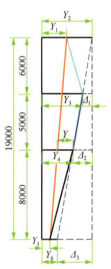

图 5-8　相似三角形法计算示意图(尺寸单位:mm)

注:1. $\Delta_1 = Y_2 - Y_3$, $\Delta_2 = Y_2 - Y_4$, $\Delta_3 = Y_2 - Y_6$; 2. $(Y_2 - Y_3)/(Y_2 - Y_4) = 6/11$, 故 $Y_2 = (11Y_3 - 6Y_4)/5$; 3. $(Y_2 - Y_3)/(Y_2 - Y_6) = 6/19$, 故 $Y_6 = (19Y_3 - 13Y_2)/6$ 或 $Y_6 = (19Y_4 - 8Y_2)/11$; 4. 皮带桥轴线相对尾盾延长线均在一侧时, 皮带桥相对拼装机水平偏移量: $Y = |(Y_2 - Y_1) \times 8000/19000| + |(Y_6 - Y_5) \times 11000/19000|$; 5. 皮带桥轴线相对尾盾延长线在两侧时, 皮带桥相对拼装机水平偏移量: $Y = |(Y_2 - Y_1) \times 8000/19000| - |(Y_6 - Y_5) \times 11000/19000|$。

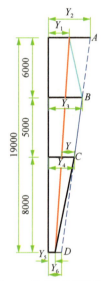

图 5-9　斜率法计算示意图

注:1. 由图可知, A、B、C、D 四个点均在以 BC(即尾盾轴线)延长线上, 故 AD 与 BC 斜率相同, 因此在此条斜线上, 延米变化量是绝对相等的; 2. BC 段延米变化量 $=(Y_3-Y_4)/5$, AB 段延米变化量 $=(Y_2-Y_3)/6$; CD 段延米变化量 $=(Y_4-Y_6)/8$, 故 $(Y_3-Y_4)/5 = (Y_2-Y_3)/6 = (Y_4-Y_6)/8$; 3. $Y_2 = (11Y_3-6Y_4)/5$, $Y_6 = (13Y_4-8Y_3)/5$; 4. 皮带桥轴线相对尾盾延长线均在一侧时, 皮带桥相对拼装机水平偏移量: $Y = |(Y_2-Y_1) \times 8000/19000| + |(Y_6-Y_5) \times 11000/19000|$; 5. 皮带桥轴线相对尾盾延长线在两侧时, 皮带桥相对拼装机水平偏移量: $Y = |(Y_2-Y_1) \times 8000/19000| - |(Y_6-Y_5) \times 11000/19000|$。

③ 计算 Y 值

计算出 Y_2 及 Y_6 后, 在纸上进行画图模拟, 确定皮带桥轴线与尾盾轴线延长线的相对位置关系。

a. 若皮带桥轴线与尾盾轴线延长线在一侧时, 则皮带桥相对拼装机偏移量为:

$$Y = |(Y_2 - Y_1) \times 8000/19000| + |(Y_6 - Y_5) \times 11000/19000|$$

b. 若皮带桥轴线与尾盾轴线延长线在两侧,则皮带桥相对拼装机偏移量为:

$$Y = |(Y_2 - Y_1) \times 8000/19000| - |(Y_6 - Y_5) \times 11000/19000|$$

5.7 本章小结

(1)本工程采用自动导向系统和人工测量辅助进行 TBM 姿态监测,导向系统采用 PPS 自动导向系统,该导向系统能全天候动态显示 TBM 当前位置以及与隧洞设计轴线的偏差、趋势。

(2)TBM 水平方向姿态可控时,因前盾、支撑盾、已拼装管片区域底部高程关系极其复杂,现场不具备可操作性,高程方向姿态控制暂以吊机行走梁底部与中心水沟高度≥95cm,保证拼装机正常旋转、1 号吊机行走顺畅为准。

(3)刀盘相对尾盾轴线延长线的偏移量≤10×19000/8000=24cm,对应的主推油缸行程差≤24×2650/6000=10.6cm,前盾相对尾盾导向值≤4%。

(4)TBM 掘进过程中,姿态控制以 PPS 导向系统显示姿态值为主,若 PPS 导向系统运行异常改为人工导向测量时,可借助垂球人工复测结果、油缸行程差、拼装机与 1 号皮带桥左右及上下间距、1 号皮带桥底部行走梁与底管片中心水沟高差、支撑盾撑靴油缸与皮带桥高差,以及刀盘、支撑盾、尾盾相对关系等为 TBM 掘进姿态控制提供参考。

第 6 章

不良地质段双护盾TBM卡机脱困技术

Key Technologies of Small Diameter Double Shield TBM Construction in Water Diversion Project from Hongyan River to Shitou River

Key Technologies of Small Diameter Double Shield TBM Construction in
Water Diversion Project from Hongyan River to Shitou River

依托工程在实施过程中,在条件适合掘进的地段,TBM 确实发挥了其快速掘进的优势,但在不良地质段,TBM 出现 80 余次卡机。在工程实际施工中,遇到各种不良地质段时,根据卡机的具体情况采用了不同的脱困技术。

6.1 卡盾体小导洞脱困技术

由于围岩的收敛速度大于 TBM 各盾体的通过速度,围岩后抱紧盾体,盾体与围岩间的摩擦力以及围岩地应力过大,盾体向前移动的动力不足以推动盾体,从而造成卡盾。

6.1.1 小导洞开挖方案

针对 TBM 开挖后围岩变形速率快的特点,在 TBM 护盾被围岩抱死后,采用人工手持风镐对被卡部位盾壳外侧围岩进行掘渣,人工扒渣并利用观察孔出渣至皮带输送机,由皮带输送机运至出渣矿车后运出洞外。

首先打开伸缩盾顶部天窗,确保天窗顶部围岩无安全隐患后,采用风镐将天窗口顶部盾壳外侧先掘出高度约 1.2m(确保支护后的净空不小于 1m,方便作业人员进出及逃生通道的空间)、宽度 60~70cm 空间后,再纵向向前盾方向掘渣,之后向左右两侧扩挖;由内伸缩盾左右两侧窗口,分别向前盾(或尾盾,具体根据卡盾位置确定)方向进行掘渣。两侧掘渣不得与盾壳顶部向两侧扩挖作业平行,直到盾壳腰部以上 180°部位全部掘空为止。掘渣过程中采用方木(15cm×15cm)与 5cm 厚木板支撑,扒钉固定成门字形,间距不超过 50cm,支护应齐全合格、无折损,围岩较差时适当加密支撑,现场检查符合支护要求后,方可继续进行扩挖掘渣。若围岩破碎松散,无法有效支护,则先进行化学灌浆固结后再扩挖。开挖完成后开始试推设备,若盾体仍不能向前推进,则将开挖范围扩大至 240°(即含大跨以下 1m 的范围)进行掘渣,最终达到减小掘进推力,进而达到脱困的目的。护盾掘渣如图 6-1 所示。

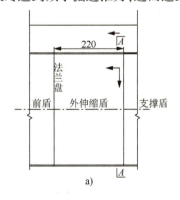
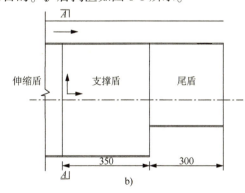

图 6-1

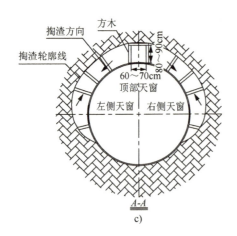

图6-1 卡盾围岩处理示意图

6.1.2 小导洞施工方法

(1) 首先采用风镐将顶部窗口周边掏空,同步将左右两侧天窗贯通,掏渣高度与宽度以方便人员进出和逃生,达到满足安全、高效施工作业条件为宜。

(2) 在开挖过程中,同步采用YG40钻机对前方开挖段围岩地质及地下水分布情况进行超前探测,若探测前方围岩地质条件较差或存在地下水富集情况时,首先对破碎松散围岩采用化学浆液进行固结加固,在确保作业区域安全的前提下,进行开挖卸荷施工;若存在地下水富集时,则直接采用钻机钻孔泄压,并对周边围岩进行强力支护,确保施工区域作业人员安全,并及时清理现场作业区域内的杂物,确保突发涌水后人员安全撤离,待内部水压稳定后,预埋泄水管并进行注浆加固后,进行开挖作业。

(3) 支护。小导洞开挖过程中采用方木(15cm×15cm)与木板(5cm厚)支护,支护应牢固、无折损,如围岩完整程度较好,可视现场情况拉大支护间距,反之,围岩较差时应适当加密支撑,必要时可采用型钢构架进行支护。经现场检查符合支护要求后,方可继续下一步的开挖作业。若围岩破碎松散,无法有效支护,则先进行化学灌浆固结,稳固后再进行开挖。

(4) 加强支护体系的检查。在脱困施工期间,加强对小导洞、支撑盾以及掌子面支护体系的检查,若发现有方木松动、木板开裂等情况要及时进行更换,必要时利用型钢构件进行支护,确保小导洞脱困施工期间的安全。现场小导洞脱困施工情况如图6-2所示。

a) 方木支护　　　　　　　　　　　　b) 型钢支护

图 6-2　小导洞脱困施工及支护情况

6.2 卡刀盘超前化学灌浆脱困技术

TBM穿越洞段围岩节理裂隙发育,掌子面围岩破碎、强度低,地下水局部发育,岩层产状错乱,软弱夹层发育,多有泥质充填物,软硬岩相间,岩体破碎,自稳性较差,在地下水的作用下易发生拱顶坍方掉块,大量非常破碎的石块、石渣夹泥水涌入刀盘,皮带输送机出渣量剧增,刀盘扭矩和电机电流急剧上升,最终导致刀盘扭矩过大无法转动、皮带输送机被压死而被迫停机。

6.2.1　化学灌浆材料性能

针对不良地质一般选用水泥单液浆(无水)及C-S双液浆(有水)进行超前加固,进而达到改良前方地层的目的。该方法成本低且技术成熟,因此在山岭隧道尤其是钻爆法施工的隧道被广泛使用。但在TBM施工中,由于上述灌浆方式灌浆后呈现流塑状,容易出现串浆和漏浆现象,对TBM刀盘尤其是主轴承污染风险极大,主轴承是驱动刀盘旋转最关键的部件,同时一旦主轴承密封损坏,浆液混入主轴承内会加快齿圈的磨损以及油品的污染,从而带来不可估量的损失。因此该工程在超前加固时选择采用反应时间快的化学灌浆材料,即使漏浆也会因反应成为固体而不会对刀盘及主轴承造成污染。

化学灌浆工艺的特点是可以快速地实现对松散破碎围岩体较深区域内的加固和堵水施工,可以实现自动封孔,专用的封堵器会自动膨胀密闭注浆管与注浆孔的周围缝隙,以确保浆料渗透到附近的松散岩体裂隙中并均匀扩散,直到从一定距离区域的表面开始渗料即可停止注浆,或换孔另注。灌浆技术配套的施工泵及其附属配件可直接从国外引进。这些附属配件是根据材料工程需求的性能特点而研制的专用配套设备,实用性强。

该工程采用的化学灌浆材料属于聚氨酯类(PUR)和硅酸盐改性聚氨酯类(Silicate Modified PUR)灌浆材料,具有黏度低、凝结时间现场可调控(十几秒到 30~40min)、抗压强度高、压缩变形大(>50%)、黏结力大、反应特性可调、发泡体韧性大、受压下不破坏、环保无害、阻燃性好等特点,可灌性和渗透性好,在地下工程应用安全可靠。由于 TBM 脱困,加固松散岩体后又要求加固后的岩体具有一定的强度和整体稳定性,故对化学灌浆材料在性能要求方面有如下要求。

(1)由于坍塌松散体含水且岩体温度低,为保证加固效果,选择在试验室(室温23℃)条件下反应凝结时间20s的浆液,该浆液在洞内10℃左右恒温条件下,实际反应时间为40~45s。

(2)选择5倍发泡的浆液,可在松散破碎层灌注加固时节约浆液用量,也能保证有较好的黏结性,并具有较高的抗压强度。

(3)灌浆材料的A组分为浅褐色黏稠液体,B组分为深褐色黏稠液体,A、B组分按体积比1:1称量包装(以小包装塑料桶包装,A组分21kg/桶、B组分24kg/桶),现场无须要再配制浆液,直接使用。用于该工程的"瑞米加固/堵水1号"性能指标见表6-1。

5倍发泡瑞米加固/堵水1号主要性能指标　　　　　　　　　　表6-1

完全固化时间 (s)	A组分黏度 (MPa·s)	A组分密度 (kg/m³)	B组分黏度 (MPa·s)	B组分密度 (kg/m³)	固化物抗压强度 (MPa)	发泡倍数
20±5	450±50	1030±30	180±20	1230±30	≥1	5

6.2.2　化学灌浆施工方案

1)方案设计

灌浆主要以固结刀盘前方松散体和盾体上方坍塌松散体为目的。由于该工程洞径小,刀盘空间更加狭小,不能按照常规做法在工作面按精确测量方式布设注浆孔,需根据刀盘内可施钻的空间和角度,结合加固范围要求布设灌浆孔。钻孔位置根据刀孔和刮板孔位置在现场予以确定,可以向前偏上的位置施钻;钻孔角度同样难以按预先设计的角度控制,根据刀盘空间情况尽可能以小的外插角施钻。同时,根据掌子面围岩地质情况以及钻孔情况结合超前地质预报和前期地勘资料分析区域地质情况,可采用浅孔固结灌浆和中深孔固结灌浆两种。

若施工段围岩地质条件稍差,但坍塌区域加固后前方围岩地质条件不影响 TBM 通过时,一般可只采用浅孔灌浆,即先在掌子面周边及中心刀位置密布 10~12 个深 4~5m 的浅孔,随后采用化学浆液进行灌浆。刀盘内浅孔灌浆布置如图 6-3 所示。

若施工段在断层破碎带及其影响带内,采用中深孔化学灌浆加固。中深孔化学灌浆加固是在浅孔固结灌浆加固的基础上实施的,注浆时先注浅孔,待浆液在掌子面表面有溢出时停注,目的是先封闭住掌子面浅层的裂隙,在掌子面形成一道道浆墙后,然后在刀盘内布置 8 个深 10~15m 的注浆孔,其中上部均布 3 个,掌子面中心布置 1 个,下部均布 4 个,刀盘内中深灌浆孔布置如图 6-4 所示。钻孔及注浆采用自上而下逐一施工,中深孔可以采用反应速度稍慢(5min 左右)的浆液进行一次全孔控制注浆,使浆液的扩散和渗透范围增大,最终达到加固段全段有效加固改良围岩的目的。

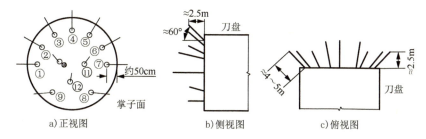

图 6-3 刀盘内浅孔布孔示意图

注：刀盘内钻孔数量及孔位布置需要根据工程地质围岩的具体情况确定。

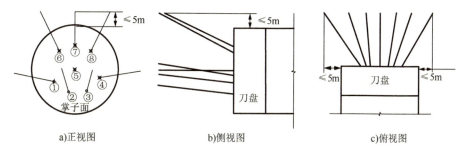

图 6-4 刀盘内中深孔布孔示意图

2）施工方法与技术要求

（1）施工工艺流程

化学灌浆的施工工艺流程总体上与普通灌浆一样,其施工工艺流程如图 6-5 所示。

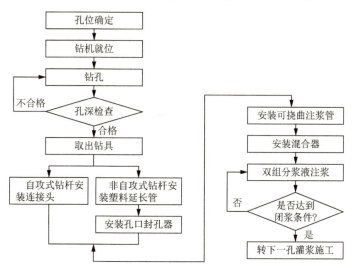

图 6-5 超前化学灌浆施工工艺流程图

（2）造孔

浅孔注浆钻孔采用 YT28 风钻；中深孔注浆钻孔采用天风 YG40 导轨式凿岩机（受空间

限制无法采用大型钻机),导轨根据刀盘空间情况适度改造,钻孔直径为 φ50mm,钎杆长度 1m/节,采用 R32 波形螺纹连接方式连接。刀盘内钻孔情况如图 6-6 所示。

图 6-6　刀盘内钻孔情况

由于刀盘内空间极为有限,将伸入刀盘内的主机皮带退出刀盘后腾出空间方能进行钻孔施工。浅孔钻孔布置在刀盘全断面范围内,施工深度 4~5m,布孔为隧洞开挖轮廓线内缩约 50cm 的位置,通过滚刀刀ịt或刮板孔人工点动刀盘确定孔位,上部 180°范围内均布 5~7 个,下部在时钟约 5 点和 7 点的位置布孔 2 个。利用刀盘人孔在掌子面前方时钟约 11 点、1 点及 6 点位置再布置 3 个孔,钻孔角度约 60°,以尽量靠近隧洞中线为原则。

中深孔钻孔在掌子面沿刀盘人孔转动轮廓线全断面范围内,通过人工点动刀盘确定孔位,在时钟 7 点、8 点、11 点、12 点、1 点、3 点、5 点位置和刀盘中心正中位置共布设 8 个孔。由于钻孔外插角受刀盘空间限制,每个孔的钻孔外插角均不同,具体钻孔深度以终孔位置与隧洞开挖轮廓线的距离不超过 5m 为原则确定,施工最大深度为 15m。

浅孔注浆时,掌子面具备成孔条件的,YT28 风钻配 φ42mm 钻头,采用 1.5m、2.5m、3.5m、4m 和 5m 的钻杆进行套钻施工钻孔,成孔后孔内下 PVC 注浆管灌浆;因围岩破碎,成孔困难的,开孔在 TBM 开挖轮廓线外的,采用 φ25mm 自进式锚杆钻孔,按 1m/节采用波形螺纹连接套连接钻孔;开孔在 TBM 开挖轮廓线内的,采用 φ32mm 自进式玻璃钢钻杆,仍按 1m/节采用波形螺纹连接套连接钻孔。

钻孔钻具及各连接部件,如图 6-7 所示。

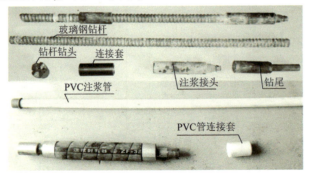

图 6-7　钻孔钻具及各连接部件

钻机所需高压风源和水源由 TBM 配备的空压机和施工供水系统提供。

钻浅孔顺序采用每次成孔上下左右 4 个孔,然后注浆。钻孔原则为根据孔位布置图,孔间距尽量拉大,一个孔注浆时不影响其他孔成孔。

钻深孔顺序采用由下往上施工,施工好后及时下 PVC 注浆管,并采取保护措施保护好成孔。

(3)灌浆设备

灌浆无须专用计量的储浆设备,以包装桶作为储浆进料、计量桶即可。注浆泵采用 3ZBQS-12/20 型气动注浆泵,进气压力为 0.4~0.63MPa,由 3m³/min 的空压机即可带动使用,自动实现体积比为 1:1 的进料、混料和输出,输出压力最高可达 20~25MPa。灌浆泵外观及现场调试如图 6-8 所示,技术参数见表 6-2。该泵在使用过程中将中间缸拆卸,仅使用左右 2 个缸。国内市场上亦有同类比例进浆化学注浆泵销售,注浆压力略低。

图 6-8 灌浆泵外观及现场调试情况

气动型灌浆泵技术参数 表 6-2

进气压力 (MPa)	输出压力 (MPa)	出料流量 (效率) (L/min)	耗气量 (m³/min)	活塞行程 (mm)	活塞往返次数 (次/min)	浆液输出比 1:1	声压级 [dB(A)]	外形尺寸 (mm×mm×mm)	泵质量 (kg)
0.4	≥12	≥8	0.35	100~150	≥50	0.97~1.03	≤65	1200×400×500	110~120
0.5	≥20	≥12	0.5		≥70		≤75		
0.63	≥25	≥14	0.55		≥85		≤85		

(4)安装注射管路

采用自进式钻杆钻孔完成后,钻杆即作为孔内灌浆管,安装注射管路的顺序为:安装灌浆变接头—连接可挠曲管—安装混合器—连接注浆管路。

采用六方直钻杆钻孔完成后,其安装注射管路的顺序为:撤出钻杆—插入 PVC 注浆管(长度与孔深度匹配)—连接注浆封孔器—连接可挠曲管—安装混合器—连接注浆管路。灌浆系统管路连接如图 6-9 所示。

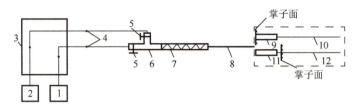

图 6-9　化学灌浆系统管路连接系统

1-双组分浆液 A；2-双组分浆液 B；3-比例进浆气动注浆泵；4-浆液输出管路（承压大于 35MPa）；5-单向控制阀；6-三通；7-混合器；8-可挠曲金属管；9-封孔器；10-PVC 注浆管；11-注浆连接头；12-金属六棱钢钻杆（玻璃自攻钻杆/金属自攻钻杆）

自进式钻杆和 PVC 注浆管（外径 20mm，壁厚 3mm），除末端 1.0～1.5m 外，杆体周边均按 30cm 间距梅花形开孔，作为灌浆过程中的散浆孔。

双组分浆液经 2 条独头管路至孔口安装的混合器混合，有效解决了因浆液反应时间短而可能导致的堵管问题。

（5）孔口封堵

由于浆液反应时间短，采用自进式钻杆的灌浆孔，无须采取特殊封孔处理措施，用钻杆连接套焊接连接头即可；若采用 PVC 注浆管，由于钻孔直径大于 PVC 管径，其采用孔内自封孔技术，需在孔内末端安装自膨胀封孔器，封孔器在下管路时安放，一次使用，不再周转。浅孔固结灌浆时，该封孔器通常安装在孔口内 30～50cm 处。

（6）灌浆

采用全孔一次灌浆，浆液通过周边开孔迅速填满全孔，向四周扩散，按照"由内及外，由低到高，先侧墙后拱部"的原则左右对称灌浆，通常情况下，开灌速度选择中低速，即灌浆泵活塞往复次数在 60 次/min 左右，确认掌子面工作正常、无返浆现象时，可适当提高灌浆速度，灌浆泵活塞往复次数可提高到 80～100 次/min。当灌浆压力升高和有返浆现象时，根据施工情况逐步降低灌浆速度，直到最后达到闭浆条件，停止灌浆。刀盘内现场化学灌浆如图 6-10 所示。

图 6-10　刀盘内现场化学灌浆

单孔灌浆结束的标准是在低速灌浆情况下(活塞往复次数约 30 次/min),浆液从掌子面的裂隙和注浆管四周渗流返回时,或单孔单延米灌浆量达到 200kg 时,停止灌浆,该灌注孔灌浆完成。

遇松散、裂隙发育地层灌浆后即发生返浆漏浆情况时,通常采取以下措施解决:①降低灌浆速度,使注入地层的化学浆液反应充填部分空隙后,再视情况逐步提高灌浆速度。②在 B 组分浆液中加入催化剂(催化剂由材料商提供),加快混合浆液的反应时间,使注入地层的浆液快速反应,然后加密钻孔灌浆。③重新钻孔,使用无周边开孔的钻杆和 PVC 注浆管,使浆液从孔底向孔口扩散;同时加大埋入孔内封孔器的深度至 1~1.5m,并将封孔器至孔口段钻孔用带混合化学浆液的棉纱或锚固剂封堵;若采用自进式钻杆,则在最后 1.5~2.0m 钻孔时,在钻杆外包裹一层锚固剂,对钻杆与孔壁间的间隙起到一定的填充作用。灌浆结束后或施工异常停止施工时,用 A 组分料冲洗混合器与出料口约 10s 时间。

(7)灌浆效果评价

达到灌浆标准结束灌浆后,对灌浆效果的检查评价以定性评价为主,辅以定量评价。方法为:①掌子面出水已封堵或明显减少;②清理刀盘内和掌子面返浆的发泡浆液,检查返浆面积,利用风镐凿下固结体,判断固结情况;③在拱部钻检查孔,补灌浆,不进浆则表明该部位灌浆效果已达预期;④根据累计钻孔灌浆量计算单孔每延米灌浆量和当次灌浆平均每延米灌浆量判断当次灌浆效果。刀盘前掌子面化学灌浆加固效果如图 6-11 所示。

图 6-11　刀盘前化学灌浆加固效果

3）特殊情况下的化学灌浆加固

在采用化学灌浆实际施工中,由于刀盘内空间极为狭小,且围岩极为破碎,直接进入刀盘内进行超前加固施工,风险极大,因此需要根据实际的围岩地质情况慎重选择进入是否刀盘内进行固结灌浆。

若遇特殊情况而要进入刀盘内进行固结灌浆的情况,则可尝试通过开挖盾外小导洞后(开挖方式同卡盾开挖小导洞一致,在此不再赘述),再利用小导洞的空间对掌子面前方进行化学灌浆加固,灌浆方式亦同于上述的灌浆方式。利用小导洞进行化学灌浆加固如图 6-12 所示。

图 6-12　利用小导洞化学灌浆加固

6.3　盾顶超前大管棚脱困技术

6.3.1　实施背景

依托工程双护盾 TBM 自 2013 年 5 月 24 日掘进进入太白盆地冰碛层段以来,受右侧富水破碎围岩的 F27 断层影响带影响(补勘后发现 F27 断层),TBM 卡机现象频发,施工进度严重受阻,该段施工基本处于"卡机—脱困—卡机"阶段,给现场施工带来极大危险,脱困工作极为困难。2013 年 7 月 20 日,当 TBM 掘进至 K15+31.9 处时(根据地质补勘资料,TBM 已通过 F27 断层),发生突泥涌水地质灾害,TBM 被迫卡机。同时在处理卡机过程中分别于 7 月 28 日、9 月 30 日、10 月 6 日、11 月 8 日、11 月 10 日累计发生 5 次较大规模突泥涌水,地下水出水量大幅度上升,掌子面的出水量由 200m³/h 左右上升到最大 606m³/h,且围岩破碎、泥化现象严重,TBM 施工难度骤然增大。现场发生的突泥涌水如图 6-13 所示。

图 6-13 施工多次发生突泥涌水

然而,自 2013 年 7 月 20 日突泥涌水地质灾害发生后,按照常规的脱困方法进行 TBM 脱困,施工进展十分缓慢,采用超前化学灌浆加固破碎围岩、施作排水孔引排水、小导洞开挖脱困施工等处理措施,虽然取得一定效果,但并不能有效控制 TBM 前盾顶部原坍腔内的围岩坍塌以及突泥涌水事故的发生。随着 TBM 脱困施工的举步维艰,刀盘位置地质情况持续恶化,主要表现为 TBM 主机段地下水活动强烈,补给充足(TBM 完成脱困后,太白盆地的农民找到建设单位投诉,盆地内的地表灌溉水全部渗透至隧洞内,因此脱困期间地下水直接与地表水相连通,造成地下水补给十分充足),强风化破碎围岩在地下水冲刷作用下极易软化、泥化,并多次引发坍塌、突泥涌水地质灾害,现场脱困施工安全风险较大,TBM 脱困施工受阻,工期严重滞后。特别是自 2017 年 10 月 26 日以后,盾体顶部塌腔内发生多次塌方,改变了刀盘及盾体位置的地下水出露位置,表观地下水出水量随之持续衰减,采用排水孔引排水效果甚微,而刀盘位置的地下水补给量经过长时间的地下水监测表明基本处于恒定状态,因而在盾体右上方的塌腔内形成了高压水囊现象,造成小导洞钢架在右侧地应力、高水压作用下发生严重扭曲变形,拱架最大收敛达到8cm,局部方木支撑出现折断。常规小导洞脱困型钢支护如图6-14所示。

图6-14 常规脱困小导洞型钢支护

2017年11月8日,TBM脱困施工过程中伸缩盾顶部天窗右侧多次发生突发性突泥涌水事件,涌出的渣体将伸缩盾及该位置的1号皮带输送机、水泵等全部掩埋,综合考虑当时揭露的水文地质条件、开挖支护结构形式等因素影响,结合本工程施工经验判断,若继续采取小导洞开挖脱困施工方案势必难以保证施工安全。

2017年12月25～26日,通过专家会仔细研究和探讨,最终确定采用盾顶大管棚脱困施工方案。

6.3.2 施工方案

由于双护盾TBM为全封闭结构,无法有效观察围岩地质情况,因此盾顶超前大管棚脱困施工成败的关键在于能否探测清楚前方围岩,尤其是塌腔范围以及地下水分布状况,才能有针对性地进行超前大管棚注浆加固。

总体施工方案为:由于伸缩盾观察窗口小导洞位置多次发生突泥涌水,因此将开口处选择在尾盾倒数第一环管片(第8417环)位置。在尾盾开口处向后四环管片背后进行径向注浆加固后,以渐变的方式挑口进入管片背部继续向刀盘方向进行开挖,在尾盾区域施工管棚操作间再进行超前大管棚注浆施工,注浆加固达到向前开挖的标准后再按正常开挖尺寸向刀盘前1.5m继续开挖,直至刀盘实现脱困(所有的开挖断面均为上半圆形断面,正常段开挖半径为3.165m,内半径2.99m,支护后内净空1.2m)。同时,结合掌子面前方地质条件决定下一步施工计划,即仍然采用半断面继续向前开挖辅助TBM实现通过。

开挖纵断面及横断面,如图6-15、图6-16所示。

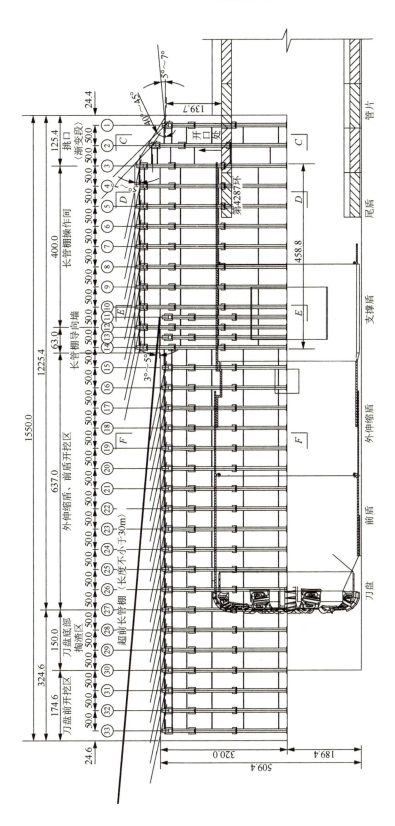

图6-15 半断面开挖支护剖面图（尺寸单位：mm）

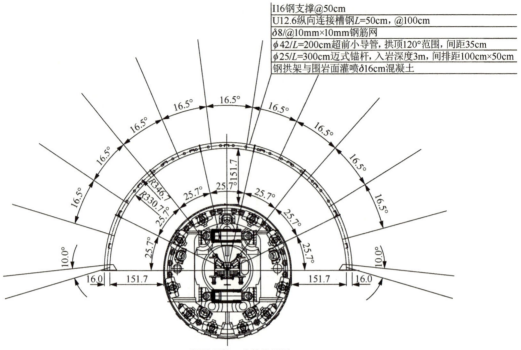

a) C-C 断面(开挖、支护设计图)

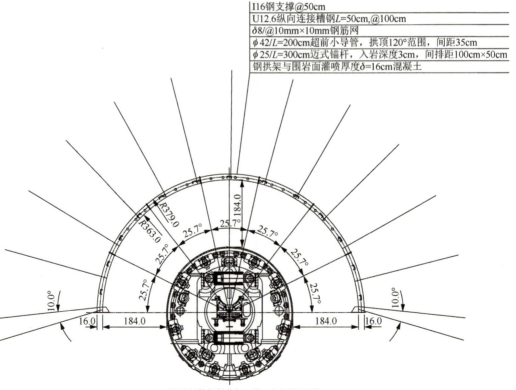

b) D-D 断面(长管棚操作间开挖、支护设计图)

图 6-16

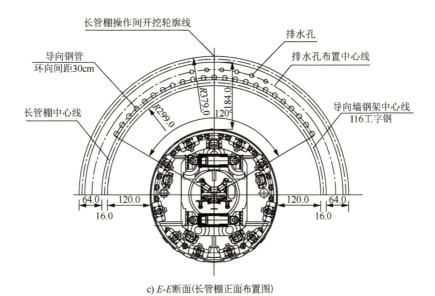

c) E-E断面(长管棚正面布置图)

d) F-F断面(开挖、支护设计图)

图6-16 各开挖、支护断面图(尺寸单位:cm)

6.3.3 实施情况

根据施工方案,从 2014 年 1 月 17 日开始,脱困施工累计完成管棚操作室开挖衬砌施工、超前长管棚施工、主机段上半断面开挖衬砌施工(2014 年 4 月 24 日实现 TBM 脱困)以及刀盘前继续上半断面开挖,截至 2014 年 6 月 3 日累计完成刀盘前开挖衬砌 15 榀钢拱架,掌子面桩号为 K15+017.6,刀盘前累计开挖完成 14.3m。方案实施节点工期控制情况详见表 6-3。

方案实施节点工期控制情况　　　　　表 6-3

序号	项目	节点工期	实际完成时间	提前(+)/滞后(-)工期(d)	备注
1	准备工作	2014 年 1 月 17 日	2014 年 1 月 17 日	0	包括管片背部注浆加固,管片拆除,钢管片置换等
2	挑口施工	2014 年 1 月 17 日~2014 年 1 月 22 日	2014 年 1 月 21 日	+1	
3	管棚操作室及导向墙施工	2014 年 1 月 23 日~2014 年 2 月 19 日	2014 年 1 月 17 日	+2	
4	超前长管棚施工	2014 年 2 月 20 日~2014 年 3 月 17 日	2014 年 3 月 31 日	-14	
5	TBM 脱困	2014 年 4 月 1 日~2014 年 5 月 5 日	2014 年 4 月 24 日	+11	实现 TBM 能推能转
6	TBM 刀盘前上半断面开挖	2014 年 5 月 1 日~2014 年 6 月 15 日	2014 年 6 月 15 日	0	

1) TBM 尾盾挑口施工

由于 TBM 尾盾空间狭小,为确保进入盾体外的作业安全,尾盾管棚挑口前采用聚氨酯类化学浆液对倒数 4 环管片周边围岩进行加压径向注浆预加固,如图 6-17、图 6-18 所示。注浆钻孔采用 YT28 钻机,钻孔完成后,采用聚氨酯类化学灌浆材料对管片背后进行化学注浆预加固。为避免钻孔串浆,注浆顺序应遵循"钻一孔注一孔,自下而上,对称交叉作业"的原则,并进行注浆效果检查和评估,确保注浆效果。

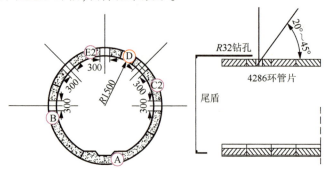

图 6-17　尾盾挑口施工示意图(尺寸单位:mm)

2）管棚操作室施工

为确保下一步管棚的顺利施工，在方案设计中对管棚钻机的选型进行了广泛的市场调查，结合实际工程的空间特点限制，选用了浙江金帆生产的 YG-60 型液压驱动动力头式钻机，如图 6-19 所示。该钻机具有钻进能力强、适用范围广、钻孔速度快、处理事故能力强、钻进效率高等特点，管棚钻机相关性能参数见表 6-4。根据钻机的物理尺寸及工作空间条件要求，确定管棚工作室的最优断面 7.58m×3.79m。但由于管棚钻机尺寸过大，洞室空间极为狭小，尤其是主机室前，导致钻机无法直接运输至盾顶，因此将钻机拆卸至最小部件后在盾顶重新进行组装和焊接。

图 6-18 管片背部注浆

图 6-19 YG-60 型管棚钻机实物图

YG-60 型管棚钻机性能参数 表 6-4

序号	名　称	单位	参　数	备　注
1	钻进深度	m	60~70	
2	钻孔直径	mm	φ110~180	
3	钻杆直径	mm	φ73×1500,φ89×1500	
4	钻孔倾角	(°)	0~120	
5	动力头输出转速（正反）	r/min	5~130	
6	动力头输出最大扭矩	N·m	2500	
7	动力头行程	mm	1800	
8	桅杆滑移行程	mm	500	
9	动力头最大起拔力	kN	45	
10	动力头最大给进力	kN	30	
11	液压系统额定压力	MPa	18	
12	电机功率	kW	22	型号：Y180L-4
13	主机外形尺寸	mm	3100（长）×1000（宽）×1500（高）	
14	钻机质量	kg	1300	
15	最大部件质量	kg	200	电机除外

管棚工作室采用 I16 钢架@0.5m + 钢筋网 + 锚杆 + 现浇混凝土衬砌的支护形式，由于 TBM 空间断面小，无法进行喷射混凝土施工，故采用 20cm 厚现浇模筑衬砌代替，现场支护

施工如图 6-20 所示。为减少开挖对围岩的再次扰动,在管棚操作室采取人工手持风镐进行开挖。开挖方法采用环形开挖预留核心土法,遵循"管超前、短进尺、强支护、早封闭、勤量测"的原则,每次开挖一榀钢架的间距,并做到衬砌紧跟开挖。环形开挖预留核心土施工分部示意图如图 6-21 所示,工艺流程见表 6-5。

图 6-20　现场支护施工

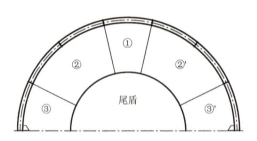

图 6-21　环形开挖分部示意图

环形开挖预留核心土工艺流程　　　　　　　　　　　　　　表 6-5

序号	图　　示	施工步骤及措施
1	① 尾盾	一、①部开挖支护 1. 施作该断面超前支护(拱顶 120°一次完成); 2. 开挖①部围岩,采用 15cm×15cm 方木及 5cm 厚木板进行临时支护; 3. 开挖至实际尺寸,拆除临时支护; 4. 架设木板顶棚及钢拱架并设置锚杆
2	② ① ②' 尾盾	二、②部开挖、支护 1. 开挖②部围岩,采用 15cm×15cm 方木及 5cm 厚木板进行临时支护; 2. 开挖至实际尺寸,拆除临时支护; 3. 架设木板顶棚及钢拱架并设置锚杆; 4. 采用 I16 工字钢施作斜支撑,加固圆弧拱架

续上表

序号	图示	施工步骤及措施
3	② ① ②' ③ 尾盾 ③'	三、③部开挖、支护 1. 开挖③部围岩,采用15cm×15cm方木及5cm厚木板进行临时支护; 2. 开挖至实际尺寸,拆除临时支护; 3. 架设木板防护及钢拱架并设置锚杆; 4. 地基化学注浆加固(如有需要),确保支护体系稳定; 5. 拆除②部施作斜支撑,为安全通道预留空间; 6. 肋板两侧采用[12.6槽钢施作横支撑,横支撑两端与拱脚和盾壳进行焊接; 7. 恢复掘进前,将横支撑进行拆除

3) 超前地质预报

在正式进行超前大管棚施工前,邀请西安理工大学采用地质雷达对管棚操作间前方围岩地质及水文地质进行详细探测。现场地质雷达探测如图6-22所示。

图 6-22 现场地质雷达探测

(1) 地质雷达探测原理

地质雷达主要利用宽带高频时域电磁脉冲波的反射探测目的体。检测原理:地质雷达发射和接收的是高频电磁波,根据电磁波理论,电磁波在地下介质中的传播特性取决于介质的波阻抗 η,而 η 又主要与介质的相对介电常数 ε 成比例关系,即 $\eta=1/\sqrt{\varepsilon}$。当相邻两层介质的 ε 存在差异时,也就是两介质的波阻抗 η 有差异时,使入射到两结构层分界面上的电磁波产生反射(图6-23),形成反射波,被地面仪器接收到,从而使该结构层分界面被识别出来。这种波阻抗差异可用反射系数 R 表示,即:

$$R \approx (\eta_2-\eta_1)/(\eta_2+\eta_1) \approx (\sqrt{\varepsilon_1}-\sqrt{\varepsilon_2})/(\sqrt{\varepsilon_1}+\sqrt{\varepsilon_2})$$

也可以用功率反射系数 P_r 表示,即 $P_r=|R|^2$。反射系数直接反映了介质的电性及其差异。由上述表达式可知,在一定深度范围内相邻两介质的相对介电常数 ε 差异越大,反射波越强,反射界面越容易识别。

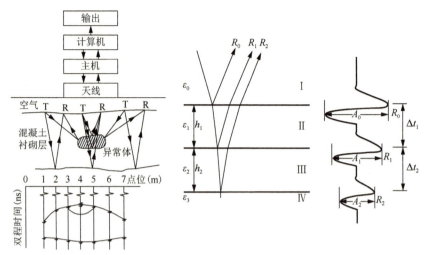

图6-23 地质雷达工作原理及雷达检测隧道工作示意图

由公式：

$$t = \frac{\sqrt{4z^2 + x^2}}{v}$$

雷达根据测得的雷达波走时，自动求出反射物的深度 z 和范围。

(2)仪器设备

本次探测采用美国 GSSI 公司研制的 SIR3000 系列地质雷达，选用 100MHz 屏蔽天线。地质雷达如图 6-24 所示，其相关参数见表 6-6。

图6-24 地质雷达天线

地质雷达天线测试相关参数 表6-6

系 统 参 数	数　值	系 统 参 数	数　值
调用	100met	采样数	512/1024
刻度	时间/深度	记录长度(ns)	100－200－300
天线	100MHz	介电常数	15
发射频率	50kHz	扫描速度(扫描点/s)	16
测量模式	时间/点	(扫描/单位)测点	10
GPS	None	增益(自动)类型-点数	Y-5

(3) 地质雷达测线布置

采用地质雷达法进行地质超前预报，测线的位置通常注意以下三点：

①探测方式通常为线性连续测量方式，对于异常位置或不便到达位置，可采用小范围连续测量和点测相结合的方式进行。

②由于拱顶位置围岩状况的好坏决定隧道掌子面的稳定，因此，检测时对隧洞拱顶位置宜布置地质雷达测线。

③为了保障探测信号的准确性，排除电磁干扰和偶发因素，同一测线通常进行多次复测。

根据上述原则，在测量面顶部布设主要为川字形的测线，对测线有限的区域建立辅助测线进行探测，分别对掌子面左侧、中部、右侧进行探测，测线在拱顶上 1~2m，测线布置如图 6-25 所示。

(4) 地质超前预报

地质雷达预报范围为 K15+038~K15+008，长 30m，检测图像及成果综合解释分别见表 6-7~表 6-9。

图 6-25 地质雷达预报测线布设图

地质雷达探测成果（左侧测线一） 表 6-7

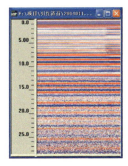	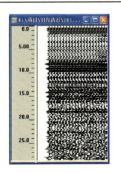
测线一-1 线扫描波形图及波列图	

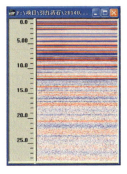	
测线一-2 线扫描波形图及波列图	

成果综合解释：
根据两条测线可以推测，在 K15+38~K15+8 范围内：0~3m（测量面前方，下同）围岩节理较为发育，渗水明显；5~7m 处电磁波反射强烈，根据现场资料显示，这里是早期钢拱架，或存在明显含水破碎带；8~9m 处以及 12m 处均存在较小的含水破碎带；13~30m 处地质背景与掌子面处类似，但 16m 及 20m 处仍然有破碎渗水薄层

地质雷达探测成果(中部测线二)　　　　　　　　　　　　　　　表6-8

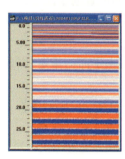 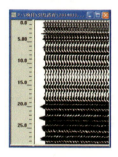

测线二-1 线扫描波形图及波列图

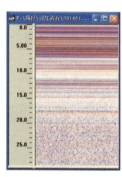 

测线二-2 线扫描波形图及波列图

成果综合解释：
　　根据测线二-1 可以推测，在 K15+38～K15+8 范围内：0～5m 内围岩节理发育，渗水明显；7m、11m、15m 处存在明显含水破碎带；19～30m 处或存在较大型软弱破碎带，施工需谨慎；
　　根据测线二-2 可以推测，在 K15+060～K15+030 范围内：0～2m 内围岩节理发育，渗水明显；4～6m 处存在明显含水破碎带；12m 处均存在含水破碎带；18m、24m 处存在较小含水破碎薄层；20～30m 处地质背景与掌子面处类似

地质雷达探测成果(右部测线三)　　　　　　　　　　　　　　　表6-9

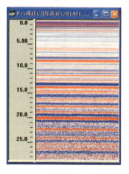 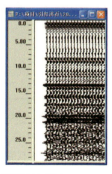

测线三-1 线扫描波形图及波列图

续上表

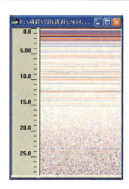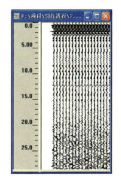

测线三-2 线扫描波形图及波列图

成果综合解释：
根据测线三-1 可以推测，在 K15+038～K15+008 范围内：围岩整体松散，节理发育，为构造破碎带。表层 0～2m 渗水呈股状；8～9m 处振幅明显或存在明显反射物；以及 13～14m 处存在含水破碎带；20m 处有明显异常，施工时需谨慎；22～30m 处仍为含水破碎带

(5) 超前地质预报综合结论

①建议将 K15+38～K15+8 洞段围岩级别定为 V 级围岩。

②掌子面由中部至右侧，前方及水平方向 18～20m 范围可能存在空洞或溶洞，施工时应采取相应措施以确保安全。

4) 盾顶超前大管棚设计情况

(1) 管棚钢管

①钢管规格：$\phi 108\times 8$mm 热轧无缝钢管，节长 1.5m。

②施作范围：拱顶 120°均匀布设 23 个孔位；每根管棚长度为 30m，其中从开孔位置至 9m 为实管，9～30m 为花管，作为散浆孔。

③钢管间距：环向间距 30cm。

④钢管角度：仰角 2°～3°，不含线路纵坡；外插角 3°～5°。

⑤钢管设置：导向管定位，导向管管心与 TBM 前盾开挖设计外轮廓线间距为 20cm。

⑥施工误差：径向施工误差不大于 20cm。

⑦钢管接头：每节钢管间均有内丝和外丝连接，丝长 10cm，螺纹深度 2～2.5mm，方向为左旋，螺距 6～8mm，隧道纵向同一断面内钢管的接头数不大于 50%。

(2) 超前大管棚注浆

①注浆扩散半径：不小于 0.5m。

②灌注浆液：水泥—水玻璃浆。

③注浆参数：水泥浆与水玻璃体积比为 1:(0.5～1)，水泥浆水灰比为 (0.6～1):1。

④水玻璃浓度：25～30°Be，水玻璃模数 2.4。

⑤注浆压力：初压 0.5～1.0MPa，终压 2.0～3.0MPa。

⑥单孔平均理论注浆量：3.2m^3。

(3) 导向拱、导向管施工

①导向拱设于管棚工作室初期支护内轮廓线，拱架采用 2 榀 I16 型钢钢架安装，导向拱与工作室支护结构进行可靠连接并浇筑混凝土套拱，混凝土设计厚度 40cm。

②导向管采用 φ127×4.5mm 焊接钢管，焊接于导向拱上，每根导向管长 60cm，焊接前进行准确定位。现场导向拱及导向架安装如图 6-26 所示。

(4) 盾顶超前大管棚施工

长管棚施工通常有顶管及偏心跟管施工工艺。传统的顶管施工适合于地层成孔较好，管棚成孔后再顶管。偏心跟管工艺适合于破碎岩层、

图 6-26　现场导向拱及导向管安装

不易成孔地段。在本工程中，左侧围岩相对较为完整，采用了顶管施工；右侧围岩属于坍塌体，采用了跟管施工工艺。盾顶超前大管棚施工，如图 6-27 所示。

图 6-27　盾顶超前大管棚施工图

由于该段地下水十分丰富，按照"以排为主、以堵为辅"的原则，在管棚施工完成后，在管棚的上方施作排水孔，确保排水通畅。

(5) TBM 前盾及刀盘脱困

大管棚施工完成后，在其棚护作用保护下，对 TBM 前盾及刀盘采取半断面开挖作业，期间遇到围岩松散或注浆加固薄弱的位置，再采用化学灌浆加固，当前盾及刀盘开挖完成后，可实现 TBM 能推能转，即 TBM 脱困。TBM 脱困后现场情况如图 6-28 所示。

图 6-28　TBM 脱困后现场情况

（6）刀盘前再半断面开挖

在 TBM 脱困后随即进行 TBM 设备改造，在不影响 TBM 设备改造的前提下，继续向前开挖不良地质段，以辅助 TBM 通过。2014 年 6 月 15 日，在设备性能提升改造完成并空载调试完成后，对掌子面地质素描、HSP 预报资料、地质雷达探测资料及超前钻孔资料进行综合分析研判，确定掌子面前方围岩好转后决定停止刀盘前半断面开挖作业，同时为确保始发安全，对半断面开挖掌子面采用 C20 混凝土进行浇筑封闭，掌子面封闭如图 6-29 所示。

图 6-29　掌子面封闭后 TBM 顺利通过

6.3.4　实施过程中的难题、解决措施及效果

1）破碎围岩大断面开挖施工

（1）施工难题

开挖洞室位处富水断层破碎带，围岩稳定性差，地下涌水量大，且开挖断面大，最大断面为管棚操作室，设计断面尺寸为 5.5m（长）×7.58m（宽）×3.79m（高）。破碎围岩大断面开挖施工，增加了对破碎围岩的扰动，开挖成型后形成巨大的临空面，存在坍塌及突泥涌水的安全隐患。

（2）解决措施

遵循"管超前、短进尺、强支护、早封闭、勤量测"的原则，严格执行环形分部开挖预留核心土的施工方法，同时在每循环开挖前在掌子面施作不少于 3 个 3m 长的超前探孔，及时探测分析掌子面前方围岩及地下水的状况，超前探孔如图 6-30 所示。根据围岩地质情况，对前方围岩采用超前小导管支护方式，并且做到衬砌紧跟开挖，即开挖一榀衬砌一榀，同时对地下水的变化进行严密监控及对拱架收敛变形情况进行监控量测。加强各工序的质量检查，确保施工期间的安全。现场质量及地质巡查如图 6-31 所示。

图 6-30　超前地质钻孔

图 6-31　现场质量及地质巡查

（3）实施效果

通过以上措施的严格落实，确保了破碎围岩大断面开挖施工安全，同时开挖进度计划工期处于可控范围。

2）管棚施工中的难题、采取的措施及效果

（1）施工难题

①根据钻进揭示的地质情况，右侧钟表 12 点 ~ 1 点位置管棚开孔至 6m 成孔较好，但 6m 以后成孔非常困难，塌孔现象突出，在钻进过程中钻孔超量出渣严重，最大出渣量是成孔较好段约 15 倍；钟表 1 点 ~ 2 点位置钻进 2m 后即出现大量地下水及卡钻、超量出渣现象，钻进困难。

②风压。根据水压测试外水压力约 0.5MPa，而 TBM 上使用的空压机最大产气压力仅为 0.8MPa，水压及风压产生抵消现象导致钻进困难。

③注浆效率的问题。本工程管棚受制于现场条件限制无止浆墙，且小导洞位置临空面大，该段围岩裂隙发育，虽经注浆配比调整、放缓注浆速度等措施，但 TBM 主机段漏浆仍比较突出。

④施工效率的问题。因采用前进式分段注浆，分段长度 3~5m，需不断钻孔注浆，加之

现场作业空间极其有限,作业效率低下。

(2)解决措施

①在现状地质条件下不断试验跟管及顶管工艺,并按照专家意见及时购置带偏心块的偏心钻进行现场钻孔试验。偏心钻具如图 6-32 所示。

图 6-32　偏心钻具

②采用带扩孔套的同心钻进行跟管试验。

试验的目的在于提高轴向冲击力,同时解决管棚旋转的问题,确保跟管实现同心钻,原理如图 6-33 所示。

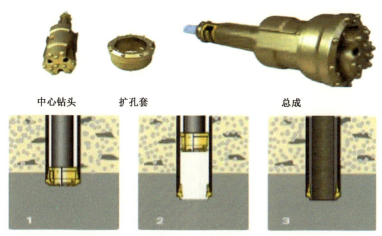

1. 开始工作时,中心钻头带动扩孔套向下钻进,同时也带动跟管和管靴向下跟进。
2. 到达基岩时,反转钻头,将中心钻头从孔中提出,扩孔套留在孔底。
3. 直接注浆或者进行下一步施工。

图 6-33　同心钻原理示意图

③针对漏浆的问题,改用分段前进式注浆,不断调整注浆参数、注浆材料(主要是双液浆及化学浆)进行现场试验(分别进行孔口注浆、孔底注浆、化学浆浆液封孔后再注 CS 浆、注浆机优化、水玻璃提前配制调整等施工组织优化),通过不断尝试,后续分段注浆中漏浆现象得以基本控制。分段前进式注浆如图 6-34 所示。

(3)实施效果

管棚施工耗时 39d,较方案工期滞后 14d,设计管棚总长 690m,实际管棚长度 400m,钻孔

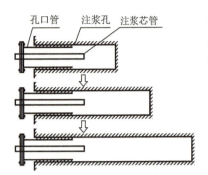

图 6-34 分段前进式注浆示意图

深度 984m(包含分段前进式注浆的反复钻孔),成功注入水泥 55t、水玻璃 45t。采用超前大管棚脱困施工技术,虽然处理耗费时间较长,工序多,操作较为复杂,加之本工程地质复杂及空间十分有限,但通过管棚注入了大量的水泥浆液,通过检查孔的出渣情况、推进速度、出水情况等判断注浆对该脱困段围岩进行了有效的加固与改善,为后续脱困提供了施工安全保障。

3)地下水处理

(1)施工难题

在半断面开挖中,开挖段的平均出水量达到 400m³/h,且大量的涌水夹杂岩块冲出,影响开挖及衬砌施工。开挖段涌水情况,如图 6-35 所示。

图 6-35 开挖段地下水情况

(2)解决措施及效果

在开挖过程中,地下水采取"以排为主、以堵为辅"的治理原则,在衬砌施工时,集中预埋排水管排水,确保排水通畅。同时,在开挖段后方采用机械强排的方式将水抽至后配套后自行流出洞外。地下水处理如图 6-36 所示。

图 6-36　开挖段地下水通过预埋排水管排放

6.4 软岩大变形段全断面环形开挖脱困技术

6.4.1 实施背景

2015 年 8 月 21 日,在连续掘进 11 个循环(刀盘桩号 K10+489.1 时)后,双护盾 TBM 突然遭受围岩的强收敛变形,TBM 推进压力达到液压系统极限,但不能正常推进,尝试前盾、支撑盾后退无法实现。在注入废弃润滑脂后同样无法实现 TBM 推进,经观察,前盾、支撑盾及尾盾与围岩均无间隙,判定 TBM 护盾被围岩抱死,造成卡机。

护盾被围岩抱死的现场情况,如图 6-37 所示。

图 6-37　伸缩盾两侧观察孔软岩挤压情况

正当认为此次卡机纯属普通的围岩收敛变形造成的小范围卡机时,设备姿态开始呈现刀盘低头,支撑盾、尾盾向上翘起的状态,同时发现尾盾位置往后 1~9 环管片开裂,特别是 1~4 环开裂现象特别严重,管片已经成为碎裂结构,且呈现逐步向后延伸的趋势,随着在该段持续高地应力作用下的收敛变形,最终导致 C40 特殊型混凝土管片侵入净空,甚至管片出现结构破坏(管片环号为 8405~8431 环,共计 27 环);进而出现管片挤压设备区域的门架、皮带梁等,造成门架整体倾斜,门架支撑开裂、2 号皮带输送机无法启动及后配套无法拖动等恶性现象,影响洞室结构及施工安全。

此时,参建单位意识到此次卡机并不是简单的围岩收敛变形,而是可能遇到了世纪施工难题——软岩大变形。在委托中国科学院武汉岩土力学研究所对现场围岩进行物理力学分析,同时考察学习兰渝铁路木寨岭隧道的施工经验后,针对本工程双护盾 TBM 实际情况成功实施了软岩大变形脱困施工。

现场变形情况如图 6-38 ~ 图 6-40 所示。其中,图 6-40c)所示设备倾斜 30°。

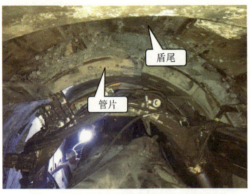

图 6-38 应力释放造成尾盾内管片拼装困难

图 6-39 管片结构挤压破坏情况

图 6-40 设备区域挤压破坏情况

6.4.2 地质情况及施工时效性

施工期间由于该段围岩持续收敛变形,对于已拼装管片结构整体破坏加大,且呈现逐步向后延伸趋势,为此施工单位对现场岩体取样后,委托中国科学院武汉岩土力学研究院对现场岩样进行化验。根据化验结果,采用合理方案进行施工,确保软岩段成功脱困,现将研究结果整理如下:

1)本工程 TBM 挤压大变形现状

(1)围岩性质较差且流变效应明显。大变形段主要为强风化二长花岗片麻岩以及风化岩脉，其力学性质差，隧洞开挖后自稳能力差，在高地应力作用下具有极强的时效变形特点。

（2）构造应力影响。引水隧洞地处秦岭山脉腹地，大地构造属秦岭地槽系。在长期的地应力作用下形成了以东西向褶皱、断裂为主体的基底构造，引水隧洞位于东西向的太白～桃川河向斜南翼，区域南北应力场产生的右旋运动，形成了一系列的 NE～NEE 向、NW～NWW 向的平移～逆冲断层，以及南北向张性正断层，相互交接、切割，构成了本区基本构造格架。软弱围岩在高应力的作用下，很容易出现较大的挤压变形。

（3）地下水的影响。隧道开挖后，软弱岩层及夹层，在地下水的作用下很容易出现软化且呈流塑状。导致围岩的自稳能力进一步降低，加剧了围岩挤压大变形的发展。

2）围岩矿物成分分析与基本物理参数测定

（1）矿物成分分析

根据《土工试验规程》(SL 237—1999)，岩石的矿物成分分析通过 X 射线衍射实验确定，X 射线衍射实验主要是根据晶体对 X 射线的衍射特征——衍射线的位置、强度及数量来鉴定结晶物质的物相的方法。本次试验取掌子面三处差异较为明显的试验样本，对其进行试验得到岩石的矿物成分分析报告。现场取样的第一组围岩试验（1 号试样）如图 6-41 所示，其定量分析和成分含量饼状图如图 6-42、图 6-43 所示，成分含量统计见表 6-10。

图 6-41　1 号试样

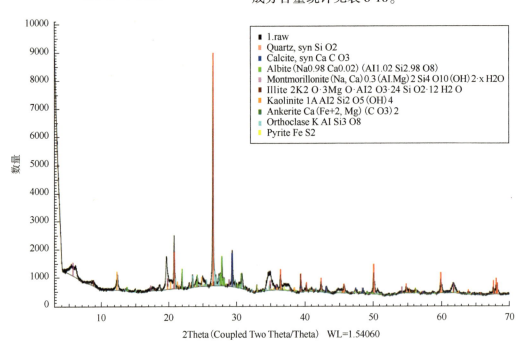

图 6-42　1 号试样定量分析图

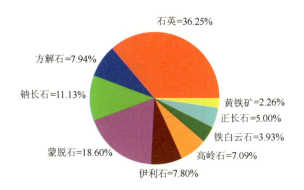

图 6-43　1 号试样成分含量饼状图

1 号试样成分含量统计　　　　　　　　　　表 6-10

成 分 名 称	含量比例(%)	成 分 名 称	含量比例(%)
石英	36.25	高岭石	7.09
方解石	7.94	铁白云石	3.93
钠长石	11.13	正长石	5
蒙脱石	18.6	黄铁矿	2.26
伊利石	7.8		

现场取样的第二组围岩试验(2 号试样)如图 6-44 所示,其定量分析和成分含量饼状图如图 6-45、图 6-46 所示,成分含量统计见表 6-11。

图 6-44　2 号试样

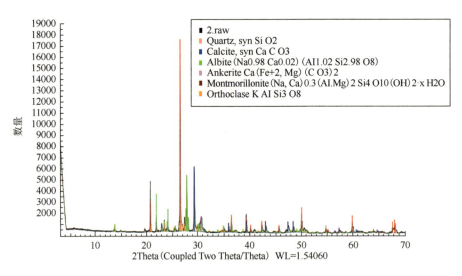

图6-45 2号试样定量分析图

图6-46 2号试样成分含量饼状图

2号试样成分含量统计　　　　　　　　　　　　　　　　　表6-11

成 分 名 称	含量比例(%)	成 分 名 称	含量比例(%)
石英	39.38	铁白云石	5.13
方解石	20.08	蒙脱石	3.13
钠长石	27.47	正长石	4.81

现场取样的第三组围岩试验(3号试样)如图6-47所示,其定量分析和成分含量饼状图如图6-48、图6-49所示,成分含量统计见表6-12。

3号试样成分含量　　　　　　　　　　　　　　　　　　　表6-12

成 分 名 称	含量比例(%)	成 分 名 称	含量比例(%)
石英	46.44	铁白云石	13.5
方解石	11.1	蒙脱石	7.09
钠长石	21.88		

图 6-47　3 号试样

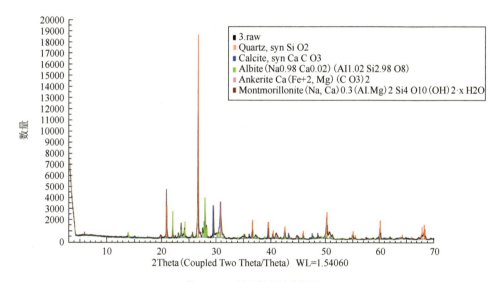

图 6-48　3 号试样定量分析图

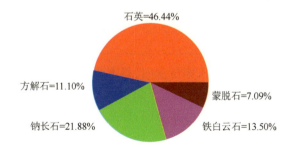

图 6-49　3 号试样成分含量饼状图

　　岩石矿物成分主要以石英、方解石、钠长石、蒙脱石为主,三类试样都含有大量的石英(约 40%),其中,1 号试样颜色为黑色,较软,呈现黏土岩的特征,通过 X 射线衍射试验发现,其含有 32% 的黏土矿物,包括蒙脱石、伊利石和高岭石。2 号试样呈白灰色,主要由石英、长石以及方解石组成,还含有少许黏土矿物。3号试样呈白灰色,但是内部夹杂了很多黑色岩粒,其矿物组成和2号试样类似,但是黏土矿物含量比2号试样高。根据衍射试验结果,将其岩性命名为:

1号试样,强风化二长花岗片麻岩。

2号、3号试样属于风化岩脉,是大理岩与斜长片麻岩等交代变质作用的风化物。

(2)天然密度和天然含水率

试验采用岩样的取样地点分为掌子面(左、中、右)和仰拱处(左、中、右),共6处,由于矿物成分的不同,不同取样地点的试样表现出不同的颜色和基本特征,其中,掌子面(左、中、右)和仰拱处的左、中属于强风化二长花岗片麻岩,仰拱处的右属于风化岩脉。根据《土工试验方法标准》(GB/T 50123—1999)测定了岩样的天然含水率和天然密度。

采用环刀法测定岩样的天然密度,环刀内径44mm、高20mm,天平的最小分度值为0.01g(图6-50)。

试样的天然密度应按下式计算:

图6-50 环刀法试验测试

$$\rho_0 = \frac{m_0}{V} \quad (6\text{-}1)$$

式中: m_0——试样质量;

V——环刀容积。

每组试样测试2次,最终密度取2次试验的平均值。测定的最终结果见表6-13。

6组试样的天然密度和天然含水率 表6-13

项目1	掌子面左	掌子面中	掌子面右
天然密度(g/cm³)	2.03	2.04	2.10
天然含水率(%)	11.32	14.01	11.25
项目2	仰拱处左	仰拱处中	仰拱处右
天然密度(g/cm³)	2.0	2.09	2.03
天然含水率(%)	15.91	10.86	15.27

取试样中具有代表性的颗粒放入称量盒内,盖上盒盖,称盒加湿土质量,精确至0.01g,打开盒盖,将盒置于烘箱内,在105℃的恒温下烘至恒量,烘干时间大于8h,将称量盒从烘箱中取出,盖上盒盖,放入干燥容器内冷却至室温,称盒加干土质量,精确至0.01g。试样的含水率按下式计算:

$$w_0 = \left(\frac{m_0}{m_d} - 1\right) \times 100\% \quad (6\text{-}2)$$

式中: m_0——试样湿质量;

m_d——试样干质量。

每组试样测试2次,最终含水率取2次试验的平均值。

（3）崩解率

岩土体的水稳定性一般通过研究其浸入水中之后的崩解情况来确定，在工程中也称岩土体在水中发生崩解的现象为湿化，参考《土工试验规程》（SL 237—1999）中的湿化试验方法，自制崩解率测试仪用于所取6组试样的水稳定分析，崩解率测试仪如图6-51所示。

其中，玻璃水槽为有机玻璃圆管，内径20cm、高70cm，浮筒采用250mL量筒制成，盛放土样试块的金属网板为10cm×10cm的方格网，网眼大小为1.0cm×1.0cm。试验过程中，向有机玻璃水槽中加水至靠近水槽顶部，首先将不放置试样时的浮筒放入水槽中，读取齐水面处浮筒读数，记为R_e；然后取出浮筒，将土样放入浮筒下部的金属网板上，将土样与浮筒浸入水中之后开始计时，并记录齐水面处浮筒初始读数值R_0；由于土样发生崩解，质量减小，浮筒上浮，读数减小，记录浮筒各个时刻的读数R_t，计算分析得到试样崩解率指标。其中，试样的崩解率A_t定义为：

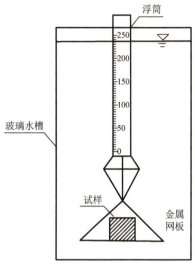

$$A_t = \frac{R_0 - R_t}{R_0 - R_e} \times 100\% \qquad (6-3)$$

式中：A_t——t时刻的崩解率；

R_e——不放置试样时齐水面处的浮筒读数；

R_0——试验开始$t=0$时刻齐水面处的浮筒读数；

R_t——t时刻齐水面处的浮筒读数。

图6-51 崩解率测试仪

根据式（6-3）计算出的各个时刻的崩解率，绘制出试样崩解曲线，并分析其水稳定性。

6种不同位置天然状态下（含水率10%~15%）的试样崩解率曲线如图6-52所示，可以看出各试样的崩解率变化规律大致可分为以下两种：

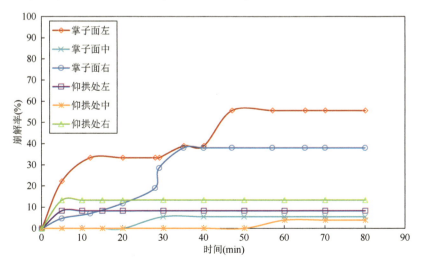

图6-52 试样崩解率试验曲线

①掌子面左和掌子面右的试样出现明显的崩解现象,最大崩解率分别为60%和40%,表明试样有较强的遇水崩解性。

②其他4组试样入水后,除了试样表面轻微崩落外,均能保持原状不崩解。天然状态(含水率10%~15%)时,试样的崩解率变化规律与其矿物组成有关。仰拱处的右为风化岩脉,不含黏土矿物,较为坚硬不易崩解。而其他位置的试样,为强风化二长花岗片麻岩,根据试样的X射线衍射试验分析结果,试样表面颜色越黑,所含的黏土矿物成分(蒙脱石、伊利石、高岭石)越高,刚开挖取出的新鲜黏土矿物能较好地黏结石英、方解石和长石等非黏土矿物,表现出较弱的崩解性特征。而表面颜色越白,表明其黏土矿物含量越低,试样越松散,表现出较强的崩解性特征。其中,仰拱处的左、中和掌子面的中黏土矿物含量较高,在静水浸泡条件下,能长时间保持原状不崩解。掌子面的左和掌子面的右,试样表面颜色较白,试样存在明显的崩解现象。

3)引水隧洞TBM挤压大变形段围岩力学参数取值研究总结

(1)通过X射线衍射试验确定岩石的矿物成分,岩石矿物成分主要以石英、方解石、钠长石、蒙脱石为主。

(2)崩解试验表明,试样的崩解率变化规律与其矿物组成有关,仰拱处的右为风化岩脉,不易崩解。而其他位置的试样,为强风化二长花岗片麻岩,其中仰拱处的左、中和掌子面的中试样在静水浸泡条件下,能长时间保持原状不崩解。掌子面的左和掌子面的右试样存在明显的崩解现象。

(3)通过围岩的单轴和三轴试验,得到不同位置岩样的力学参数,见表6-14。6个不同取样地点的试样,只有仰拱处的右试样是风化岩脉,其力学特性明显优于强风化二长花岗片麻岩。

不同位置岩样力学参数　　　　表6-14

取样位置	岩性	强度(MPa)	模量(MPa)	泊松比	黏聚力(MPa)	摩擦角(°)
掌子面中	强风化二长花岗片麻岩	0.35	16.3	0.37	0.2	4
掌子面左	强风化二长花岗片麻岩	0.21	10.2	0.37	0.1	2
掌子面右	强风化二长花岗片麻岩	0.20	9.2	0.37	0.1	2
仰拱处中	强风化二长花岗片麻岩	0.22	10.5	0.22	0.1	2
仰拱处左	强风化二长花岗片麻岩	0.27	12.3	0.3	0.1	2
仰拱处右	风化岩脉	0.32	15.6	0.43	0.2	10

(4)通过围岩三轴蠕变试验,研究了不同取样地点岩样的长期力学特性,得到了蠕变模型的参数取值,见表6-15,试验与模拟结果的对比证明了指数模型的合理性。

不同位置岩样蠕变模型参数 表6-15

试样批次	围压(MPa)	试样编号	A	m	n
挤压大变形段	2	YGSG-L-8	10.21	0.56	0.0179
		YGSG-L-9	10.22	0.89	0.0177
		YGSG-M-8	1.39	0.74	0.3531
		YGSG-M-9	3.33	2.00	0.3531
		YGSG-R-8	3.02	0.29	0.0039
		YGSG-R-9	1.10	1.98	0.0248
		ZZM-M-8	8.23	0.50	0.0056
		ZZM-M-9	7.98	0.50	0.0266
	4	YGSG-L-10	6.33	0.64	0.0228
		YGSG-L-11	7.06	0.92	0.0134
		YGSG-M-10	7.39	0.58	0.0165
		YGSG-M-11	7.74	0.64	0.0217
		YGSG-R-10	2.17	0.31	0.0199
		YGSG-R-11	3.29	1.24	0.0438
		ZZM-M-10	7.86	0.71	0.031
		ZZM-M-11	8.92	0.69	0.0246
V级围岩绕弯段	2	YHJS-CS-1	1.53	0.20	0.0082
		YHJS-CS-2	1.28	0.22	0.0065
	4	YHJS-CS-3	0.13	1.26	0.0378
		YHJS-CS-4	0.25	1.22	0.0359

4）挤压大变形段 TBM 施工时效性分析

TBM 大变形段，围岩性质很差具有显著的蠕变特性，需要对隧洞开挖后围岩的时效变形进行分析。该时效变形主要是考虑 TBM 掘进过程中的停机维护，因此计算时间为 24h，围岩的变形随时间的变化规律，如图 6-53 所示。

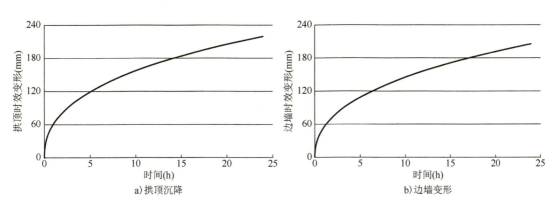

a) 拱顶沉降　　　　　　　b) 边墙变形

图 6-53　围岩时间效应导致的围岩变形增量

从图 6-53 可以看出，在 TBM 开挖结束后，围岩的变形随时间迅速增加，但变形速率逐渐减小。从量值上看，TBM 开挖 24h 后，围岩由于时间效应导致的拱顶下沉增量达到了 219mm，水平变形增量达到了 205mm，因此 TBM 卡机预测的过程中必须考虑变形时效性的影响。流变导致的变形增量分布，如图 6-54 所示。

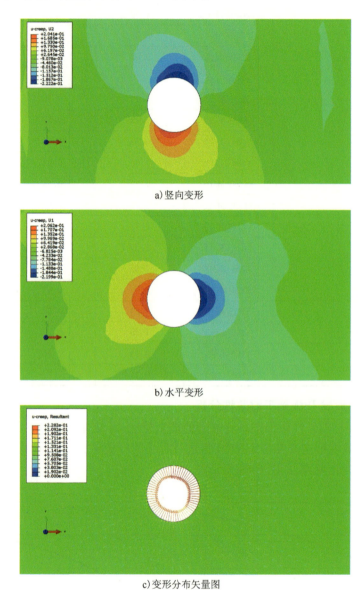

a) 竖向变形

b) 水平变形

c) 变形分布矢量图

图 6-54　开挖 24h 后，流变导致的围岩变形增量(尺寸单位：m)

5）TBM 卡机风险分析

当 TBM 通过挤压围岩段时，卡机预测过程中既要考虑隧洞开挖空间效应导致的弹塑性变形，还要考虑软岩蠕变效应导致的时效性变形，即：

$$u^{\text{t}} = u^{\text{ep}} + u^{\text{c}} \tag{6-4}$$

式中：u^{t}——可能导致卡机的围岩总变形；

　　u^{ep}——隧洞开挖导致的弹塑性变形；

　　u^{c}——围岩蠕变效应导致时效性变形。

为防止卡机事故的发生，围岩总变形 u^{t} 应小于 TBM 刀盘至尾部护盾之间的预留空间 u^{l}，即：

$$u^{\text{t}} = u^{\text{l}} \tag{6-5}$$

根据本工程 TBM 参数，u^{l} 半径方向的最大允许变形量约为 12.0cm。

TBM 通过挤压围岩的过程中，隧洞围岩总变形 u^{t} 随时间的变化规律，如图 6-53 所示。可以看出，TBM 开挖瞬间拱顶下沉为 252mm，24h 时内其总拱顶下沉可以达到 471mm；TBM 开挖瞬间边墙变形为 216mm，24h 内总的变形可以达到 420mm。

挤压大变形段 TBM 掘进过程中的围岩变形远大于盾构机 12.0cm 的允许变形量，将会导致卡机事故的发生。

6）结论及建议

（1）根据围岩变形分析，通过反演分析得到隧道横截面内围岩的最大主应力为 10.4MPa，最小主应力为 6.1MPa，表明该区的地应力主要以构造应力为主。

（2）基于反演得到的应力场和室内试验得到的围岩力学参数，通过对挤压大变形段 TBM 开挖的时空效应分析表明，TBM 开挖瞬间拱顶下沉为 252mm，24h 时内其总拱顶下沉可以达到 471mm；TBM 开挖瞬间边墙变形为 216mm，24h 内总的变形可以达到 420mm。挤压大变形段 TBM 掘进过程中的围岩变形远大于 TBM 12.2cm 的允许变形量，卡机事故的风险极高。

6.4.3 全断面环形开挖脱困施工方法

为解除高地应力持续对 TBM 设备以及成洞段管片造成永久性结构破坏的重大风险，结合中国科学院武汉岩土力学研究所提供的数据及兰渝铁路木寨岭隧道软岩大变形处理措施，以及本工程双护盾 TBM 实际空间条件，采用逐环拆除已破损的混凝土管片，通过人工手持风镐扩挖后，采用三层 H150 型钢拱架 + 仰拱封闭 + 顶部横、斜支撑的刚性支护对抗软岩变形的施工方案。

通过采用 5t 导链将已破损管片进行拆除后，同步对内部挤压变形设备进行解救校正处理。开挖支护方面，根据专家论证成果，经过断面开挖成形后，采用三层 H150 型钢拱架进行全环封闭支护，纵向采用 U12 槽钢连接，$L = 50$cm，环向间距 100cm，双层 $\phi10$mm@100mm×100mm 钢筋网铺设，$\phi22$mm 螺纹钢作为锚杆与拱架进行焊接，灌注 C40 混凝土及时封闭初支结构。施工方法同 4.2 节，在此不再赘述。全断面环形开挖支护结构，如图 6-55 所示。

为防止持续地应力作用于已安装支护结构，采用 $\phi159$mm、壁厚 $\delta = 14$mm 的无缝钢管进行斜向、横向支撑加固，确保整个支护结构稳固及施工作业区域安全。期间针对持续收敛变形观测,通过每 2m 布置一组监测点,每个断面 3 个点位,分别对拱顶沉降、两侧拱腰收敛进行监测,同时在开挖初期通过在支护结构背部与围岩接触部位预先埋设土压力计的方式,对结构外围压力进行监测,通过以上数据的分析判断,有效地确保了支护结构稳定。

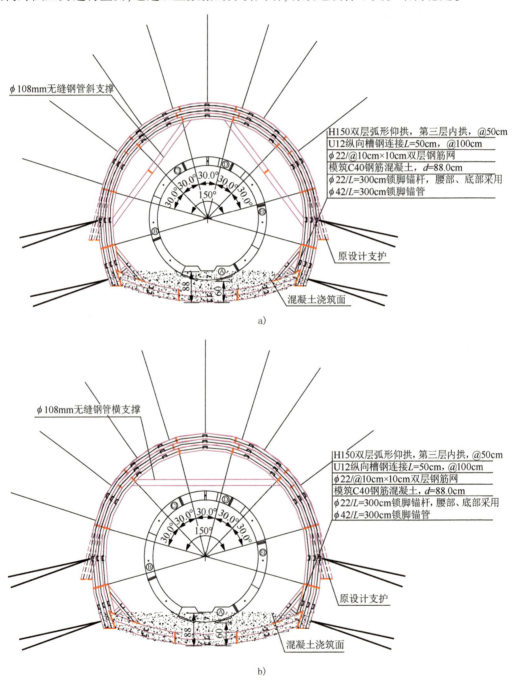

图 6-55　全断面环形开挖支护结构图(尺寸单位:cm)

现场施工如图 6-56 所示。

图 6-56 软岩大变形现场施工

6.4.4 全断面环形开挖脱困效果

软岩大变形段 + 全断面环形开挖脱困利用增大工作断面,对该段持续高地应力作用下的软质石墨大理岩,通过三层 H150 型钢 + 仰拱封闭 + φ159mm 无缝钢管强力支护的方式,有效地遏制了该段持续收敛变形,从而达到阻断收敛变形逐步延伸和持续破坏支护结构及设备的目的。现场成功脱困后效果,如图 6-57、图 6-58 所示。

图 6-57 软岩大变形段强力加固情况

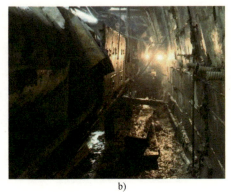

图 6-58 现场实现软岩大变形段脱困后情况

6.5 辅助导坑脱困技术

6.5.1 实施背景

隧洞在掘进至桩号 DK10+396.9 处时，掌子面位置发生"6·20"突泥涌水地质灾害（2016 年），其中裹挟地下水涌出大量管片碎块及岩渣碎石，岩渣主要成分为破碎带内岩屑和泥质，黑白、灰黑色，成分混杂。根据现场情况并结合前期资料分析：该段受构造影响，围岩构造裂隙极为发育，地下水富集，该处围岩在干燥状态下，呈泥质胶结状态，具有极强的黏性，但遇水饱和极易出现崩解、泥化现象，加之该段围岩长期受富水段地下水浸泡，在强大的水头压力下，现场大量涌水裹挟泥渣瞬间涌入刀盘刀仓内，并将运行过程中将 1 号皮带完全压死，掘进施工被迫停止。突泥涌水现场，如图 6-59、图 6-60 所示。

图 6-59 现场虚渣随水流大量涌入刀仓，并从 1 号皮带涌出

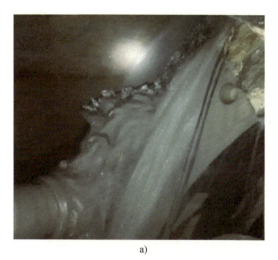

a) b)

图 6-60 尾盾与管片开口处大量涌水

随着时间的推移,现场最大涌水量高达 1200m³/h,在高压地下水的冲击作用下,TBM 核心区域的设备被大量虚渣挤压掩埋长度长达 70m,堆积体多达 200m³,管片背部被高压地下水不断的冲刷,从 8435 环(原软岩大变形段戴帽法施工处,刀盘至此位置约 88m)管片背部左侧涌出,并不断冲刷软岩大变形段型钢加固段拱脚,大量渣体涌至软岩扩挖加固段。

后续突泥涌水持续恶化的现场,如图 6-61 ~ 图 6-64 所示。

图 6-61　8435 环管片背部左侧出现涌水　　图 6-62　大量地下水从管片缝隙和吊装孔中喷出

6.5.2　设计概况

1)引红济石工程Ⅳ标段小断面绕洞设计概况

绕洞开口位置选择在原豆砾石机位置(桩号 K10+470,距刀盘 70m),为确保有轨运输配套机械设备进出,绕洞开口处与设计隧洞夹角为 45°;绕洞出口位置选择在距离贯通面往上游(Ⅲ标段)方向 20m 处(K9+890),同时为避开贯通面已扰动塌方段,绕洞段与原隧洞线间距为30m,同时为缩短整个隧洞施工长度,将绕洞用直线拉通后施工全长为598m,全部采用人工钻爆法施工。施工平面布置,如图6-65所示。

图6-63 8435环管片地下水增大

图6-64 围堰导流至变形处理段右侧集中引排

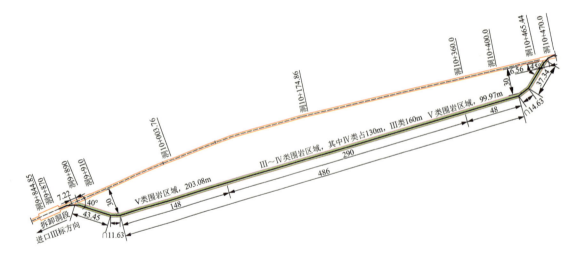

图6-65 剩余洞段施工平面布置图(尺寸单位:m)

2)钻爆法开挖成型断面设计

绕洞施工段断面设计,施工单位通过与陕西省水利电力勘测设计研究院进行沟通,并发函至中国中铁隧道勘测设计研究院邀请专家,根据现场实际情况、后期过水需求和不良地质段预留开挖变形量,以及整体结构受力情况进行综合设计后最终确定;前期绕洞开口位置锁口段以及R20m转弯区域均采用C25现浇混凝土衬砌,隧洞平行段二次衬砌待隧洞贯通后进行施工。剩余洞段钻爆施工开挖及衬砌设计断面如图6-66所示;开挖及初期支护参数见表6-16;钻爆施工机械化施工示意图如图6-67所示。

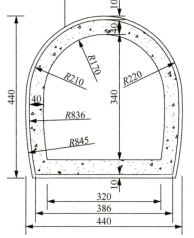
a) Ⅲ类钻爆施工开挖、衬砌断面图

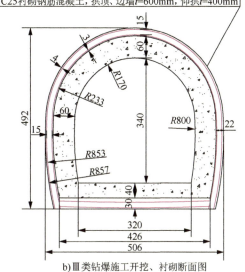
b) Ⅲ类钻爆施工开挖、衬砌断面图

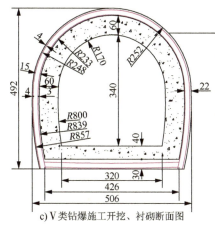
c) Ⅴ类钻爆施工开挖、衬砌断面图

说明：
1. 本图单位以cm计。
2. 断面形式为马蹄形断面。
3. Ⅳ、Ⅴ类围岩φ42超前小导管隔榀施工1个循环。
4. 不良地质段在超前地质预报有水时采用全断面帷幕注浆+超前小导管通过；若无水的情况下则通过全环周边预注浆+超前小导管通过。
5. 若遇到变形量较大的情况下，及时通过扩大施工断面并及时加强支护及衬砌参数，具体根据现场变形情况经行调整，确保隧洞施工安全。

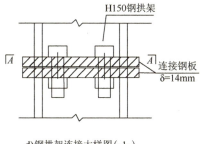
d) 钢拱架连接大样图(-1-)

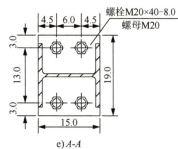
e) A—A

f) 钢筋网大样图

图6-66 剩余洞段钻爆施工开挖及衬砌典型断面图(尺寸单位:cm)

剩余洞段钻爆施工段开挖及初期支护参数表   表6-16

序号	围岩类别	初支断面宽×高	超前支护	钢筋网	系统锚杆	钢拱架	喷混凝土	备注
1	Ⅲ	4.40m×4.40m	—	$\phi8@20cm\times20cm$，局部	$L=2.5m$，$\phi22$（随机）	—	喷C25混凝土，$t=10cm$	
2	Ⅳ	5.06m×4.96m	$\phi42$超前小导管@40cm，$L=2.5m$，拱顶120°，隔榀施作1个循环	$\phi8@20cm\times20cm$，双层铺设	$L=2.5m$，$\phi22$，@1.0m	H150型钢拱架@0.8m	喷C25混凝土，拱身$t=22cm$，仰拱$t=30cm$	
3	Ⅴ	5.06m×4.92m	$\phi42$超前小导管@40cm，$L=2.5m$，拱顶120°，隔榀施作1个循环	$\phi8@20cm\times20cm$，双层铺设	$L=2.5m$，$\phi22$，@1.0m	H150型钢拱架@0.6m	喷C25混凝土，$t=22cm$，仰拱$t=30cm$	
4	Ⅴ	5.06m×4.92m	全断面帷幕注浆，长20m+$\phi42$超前小导管@40cm，180°隔榀施作	$\phi8@20cm\times20cm$，双层铺设	$L=2.5m$，$\phi22$，@1.0m	H150型钢拱架@0.6m	喷C25混凝土，$t=22cm$，仰拱$t=30cm$	有水不良地质
5	Ⅴ	5.06m×4.96m	全环周边预注浆，@50cm，$L=3.5m$+$\phi42$超前小导管@40cm，180°隔榀施作	$\phi8@20cm\times20cm$，双层铺设	$L=2.5m$，$\phi22$，@1.0m	H150型钢拱架@0.6m	喷C25混凝土，$t=22cm$，仰拱$t=30cm$	无水不良地质
6			软岩大变形段通过现场情况及时调整开挖断及支护、衬砌参数					

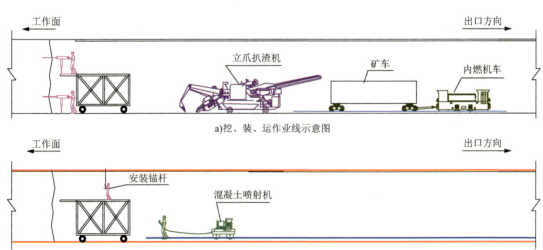

图6-67 隧洞机械化施工作业线示意图

6.5.3 重难点分析及解决措施

1）施工运输

(1) 存在问题

鉴于当时双护盾 TBM 累计进尺 8928.5m,累计成洞进尺 9395m,剩余绕洞施工过程中长距离物资及出渣运输存在较大困难,运行过程中将会存在进、出洞车辆之间错车、会车等一系列问题,这是制约整个施工进度的一个重要因素。

(2) 解决措施

针对本工程长距离施工运输难题,施工单位经过对现场情况分析后,决定在软岩大变形扩大洞室后方管片段就近布置一个固定会车平台,同时通过后期在绕洞开口处(软岩大变形段)布置一条单开道岔的方式,将现场机车运输过程中存在的困难一一化解,通过一个固定会车平台及一条单开道岔的布置,顺利解决洞内施工期间运输方面带来的限制问题,进而达到了洞内机车的高效率运转。会车平台及道岔布置情况,如图 6-68 所示。

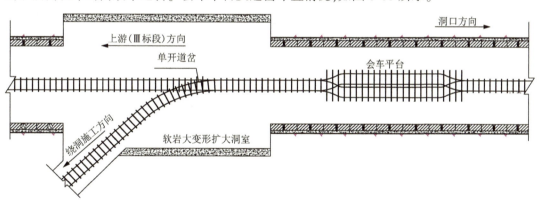

图 6-68 会车平台及道岔布置情况

2）施工通风

(1) 存在问题

剩余洞段施工期间,由于洞线距离过长,位于洞口 4 台 25kW 轴流风机在经过大约 9km 的长距离送风管路后,因存在风压损耗,导致送达掌子面施工区域的新鲜风已无法满足现场施工需求,现场机车运输、电焊及爆破产生的烟尘及灰尘等均无法有效排出,严重影响洞内施工环境及人员健康。

(2) 解决措施

①通风方案

引红济石隧洞最远通风距离为 9895m,剩余隧洞施工长度为 598m。绕洞开口与正洞夹角为 45°,转弯半径为 20m。采用混合式通风方式,即在当时通风基础上,将洞口 2000m 的风管全部替换为特质拉链式软风管,利用安装固定会车平台后方(距离洞口 8995m,K19+795~K10+800)处安装的 2 台接力风机,连通 φ900mm 的通风管路将新鲜风送达掌子面施工区域。同时，在滞后掌子面 100m 位置及绕洞口位置分别安装 1 台小型轴流风机,向洞外进行污风排除。并在软岩扩大洞内安装除尘风机,通过将管路延伸至绕洞内,对内部粉尘及污风进行抽排,从而增加隧洞内部的回风速度,以起到改善施工区域环境的作用。施工通风,如图 6-69 所示。

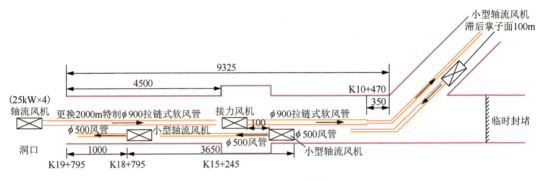

图 6-69　通风示意图(尺寸单位:m)

②通风计算

施工通风所需风量按洞内同时作业最多人数、洞内允许最小风速、一次性爆破所需要排除的炮烟量和内燃机械设备总功率分别计算,取其中最大值作为控制风量。

a. 按洞内同时作业最多人数计算

$$Q_人 = q \times n \tag{6-6}$$

式中:q——作业面每一作业人员的通风量,取 $3m^3/(人·min)$;

n——作业面同时作业的最多人数,取 40 人。

经计算,正洞开挖面需风量 $120m^3/min$。

b. 按洞内允许最小风速 0.25m/s 计算

$$Q_风 = S \times V \tag{6-7}$$

式中:S——隧洞最大开挖断面积,取 $22.34m^2$;

V——洞内允许最小风速,取 $0.25m/s$。

经计算,正洞开挖面需风量 $284.7m^3/min$。

c. 按一次性爆破所需要排除的炮烟量计算

$$Q_0 = \frac{7.8}{t} \sqrt[3]{A(F \times L)^2} \tag{6-8}$$

式中:A——同时爆破炸药量,取 31.4kg;

t——通风时间,取 20min;

L——通风换气长度,取 593m;

F——隧洞断面积,取 $17.08m^2$。

经计算,正洞开挖面需风量 $654m^3/min$。

d. 按内燃机械设备总功率计算

由于洞内内燃机械较少,仅为小马机车和一台国产柳州富达内燃空压机($6m^3$)。根据近 9.4km 的双护盾 TBM 施工经验,内燃机车不是钻爆法施工通风所考虑的主要因素。

通过以上需风量对比,隧洞内通风设备提供风量,按照所配内燃机设备需求风量进行配置。

③通风设备配置

根据上述计算,主要通风设备配置见表6-17。

主要通风设备参数表　　　表6-17

名称	型号	通风长度（m）	技术参数					数量
			速度（r/min）	风压（Pa）	风量（m³/min）	功率（kW）	风管	
轴流通风机（洞口）	GIA	4500	2919	400~9200	396~588	25×4	拉链式软风管 φ900	1套
轴流通风机（接力）	SDF(B)-No10	5418	1480	550~3500	770~1500	37×2	拉链式软风管 φ500（长850m），φ900（长4560m）	1套
小型轴流风机		共计9818m			117~200	12×2	拉链式软风管 φ500	3套
平均百米漏风率0.5%,摩阻系数0.015								

经现场施工期间验证,在采用上述混合式通风方式后,洞内环境质量得到了很大程度的提高,通过风量检测仪器量测,施工区域新鲜风管口的风速基本在90~120m/s之间,满足现场新鲜风供应。

3）施工排水

(1)存在问题

小断面绕洞施工期间,初期开挖施工过程中,因掌子面及左右边墙区域存在地下水涌出,导致施工区域抽排水难度加大,严重影响洞内施工进度。同时,流入后方管片区域地下水造成成洞段水位过高,导致机车在运行过程中多次出现因进水而引发的频繁维修,严重制约工程施工整体进度。

(2)解决措施

①为避免绕洞施工区域地下水水位持续增加,并严重影响现场施工,在对现场实际情况进行可行性研究并结合现场施工情况后,通过在掌子面位置合理布置水泵,并在掌子面后方区域增设积水坑和水泵的方式,将地下积水通过管路引排至软岩大变形扩大洞室后方管片段自流至洞外。绕洞抽排水布置情况及照片,如图6-70、图6-71所示。

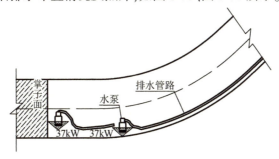

图6-70　绕洞抽排水平面布置图

图 6-71　现场抽排水照片

②为防止管片成洞段地下水水位进一步上升，进而威胁洞内施工用电及机车运行安全，施工单位利用前期在双护盾 TBM 设备改造扩大洞室安装一套排水系统，当施工过程中出现较大突泥涌水时启动，通过机械强排的方式有效地降低成洞段地下水位。双护盾 TBM 设备改造扩大洞室泵站排水布置情况，如图 6-72、图 6-73 所示。

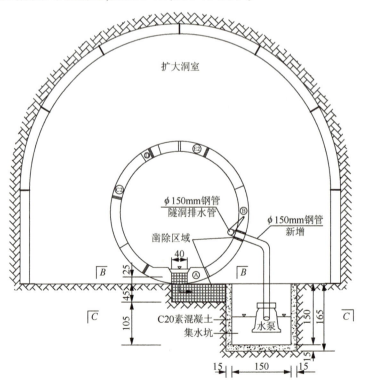

图 6-72　扩大洞室泵站排水横断面布置图（尺寸单位：cm）

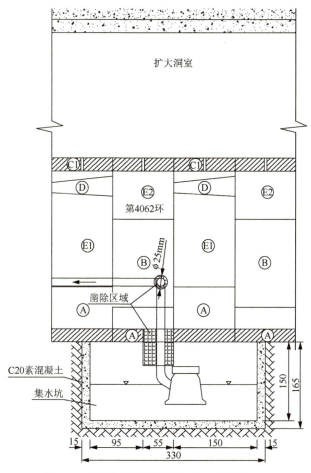

图 6-73 扩大洞室泵站排水侧视图(尺寸单位:cm)

4) 爆破开挖

(1) 存在问题

绕洞全断面钻爆施工期间,存在超前挖控制难度大,循环炸药单耗量过高等问题,造成洞内爆破施工难度增加,经与其他同类钻爆工程沟通发现,在临空面明显偏小及掌子面围岩地质条件较差的前提下,爆破成型质量达标困难。

(2) 解决措施

为彻底解决这一难题,达到节约增效的目的,施工单位通过现场不断反复试验,不断调整各个部位的钻孔角度、装药量及起爆顺序,以及通过对现场实际围岩地质情况进行细致研究分析等方式,使该现场爆破开挖施工成型质量逐步得到好转,并在后期不断优化后,在成型质量及炸药单耗量方面取得了进一步的进展,有效地减少了钻爆施工过程中常抓不懈的超欠挖控制问题,保证了施工段成型质量良好。优化后爆破设计情况,如图6-74~图6-76所示。

5) 超前地质预报

(1) 存在问题

绕洞施工期间,施工段围岩及水文地质条件仍存在与设计围岩不符现象,仅依靠原有地勘资料及补堪资料无法对现场施工实现行之有效的分析预测,且无法真正达到正确指导现场施工的目的。

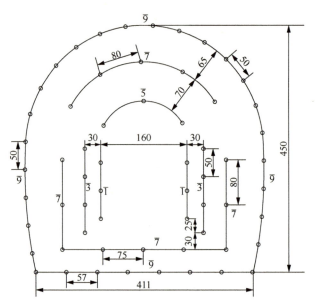

图 6-74 Ⅲ类围岩爆破设计图(尺寸单位:cm)

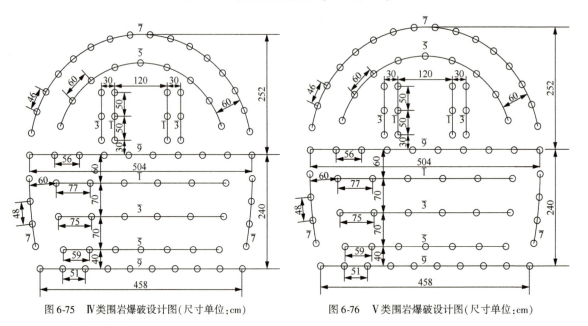

图 6-75 Ⅳ类围岩爆破设计图(尺寸单位:cm)　　图 6-76 Ⅴ类围岩爆破设计图(尺寸单位:cm)

(2)解决措施

施工单位为确保现场施工在确保安全的前提下顺利进行,真正做到"以超前地质预报为先导",在绕洞段施工期间,采用中铁西南科学研究院(原 TBM 施工超前地质预报单位)的 HSP+地质雷达、山东大学的激发极化法、超前地质钻孔及爆破施工期间的加深爆孔等方式,共同对前方围岩地质情况进行超前预判。同时,现场始终坚持将超前地质预报纳入正常工序管理范畴,通过持续不断对前方围岩地质及地下水分布情况进行探测,最终保证了绕洞段施工的顺利进行。现场超前地质预报,如图6-77所示。

a) 三维地震及瞬变电磁法探测

b) 激发极化探测

c) 超前探孔施工

图 6-77

d)地质雷达及HSP206T探测设备

图 6-77 超前地质预报

6.5.4 资源配置及施工组织设计

1）资源配置

绕洞段施工期间,为确保洞内施工满足安全、质量及进度需求,施工单位多次向同类钻爆施工单位咨询并结合本工程施工实际情况,对洞内施工班组中技术工人进行登记,并实行岗位工资制度,有效激励员工履行岗位职责,并将常规施工班组模式调整为 2+1 模式(即两个开挖班 + 一个喷浆班),不断向适合绕洞段钻爆施工方面进行配置,确保现场施工安全可靠、质量过关及进度高效。现将绕洞施工期间资源配置情况,见表 6-18、表 6-19。

开挖班施工人员配置表　　　　　　　　　　表 6-18

序号	班　组	职务/工种	数　量	备　注
1	开挖1班	班长	1	负责现场施工安排
2	开挖1班	钻工	4	爆眼钻孔施工
3	开挖1班	帮钻工	3	辅助钻孔施工
4	开挖1班	合计	8	
5	开挖2班	班长	1	负责现场施工安排
6	开挖2班	钻工	4	爆眼钻孔施工
7	开挖2班	帮钻工	3	辅助钻孔施工
8	开挖2班	合计	8	
9	共计		16	

喷浆班施工人员配置表　　　　　　　　　　表 6-19

序号	班　组	职务/工种	数　量	备　注
1	喷浆班	班长	1	负责现场施工安排
2	喷浆班	主喷浆手	2	喷射施工
3	喷浆班	喷浆机操作司机	2	负责设备正常运转
4	喷浆班	上料工	3	负责喷浆机材料供应
5	喷浆班	合计	8	

洞内班组配置模式：通过两个开挖班组、一个喷浆班组2+1模式，以及一个运输出渣班之间循环连续作业，在确保安全的前提下，有效地体现了安全、高效的组织模式。

2）施工运输组织

施工出渣在绕洞锁口段至三角段10m范围内，考虑现场实际情况，现场出渣方式采用小型挖机+平板车出渣；进入正常施工后，采用小型挖机+扒渣机装渣，由15t内燃机车牵引既有4.5m³矿车至会车平台编组后一次牵引至洞外翻渣台进行卸渣。出渣运输如图6-78所示。

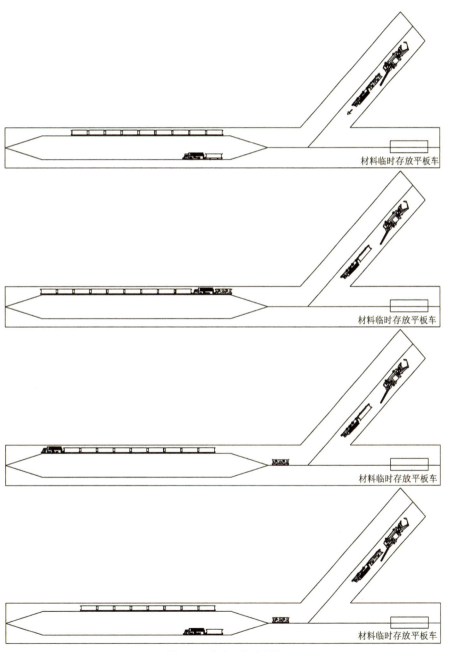

图6-78 出渣运输示意图

主洞施工采用 TBM 施工,采用有轨运输方案。为解决长距离出渣运输及单位时间内出渣量大的问题,编组按照一个循环开挖所需出渣量及材料的需求进行编组,采用内燃机车牵引矿车出渣。列车编组按一个开挖循环的施工要求配置,按由前到后顺序配置如下:

(1)材料平板车 2 节:主要存放锚杆、钢筋网、轨排、钢架及钢架连接筋等初支材料,单节长度 5m。

(2)材料车 2 辆:初期支护按需求量最大的Ⅲ类围岩计算,喷混凝土工程量为 $1.95m^3/$循环,每循环开挖 2m,按 30% 的回弹量计算,则每循环需用量为 $1.95 × 2 × 1.3 = 5.85m^3$,配置 2 辆平板车运送喷射混凝土材料。

(3)矿车 11 节:根据设计断面,最大开挖面每延米的出渣量约为Ⅲ类围岩(如果有),每循环实方为 $17.08 × 2 = 34.16m^3$,考虑松散系数 1.5,每循环出渣量约为 $34.16 × 1.5 = 51.24m^3$。则每循环的矿车需用量为:$51.24 ÷ 4.5m^3/$节 = 12 节。

(4)牵引机车一台:采用柴油内燃机车。

(5)人车一辆:用于工人上下班。人车以满足人员进出需要配置。

列车编组与运行必须满足单循环钻爆施工的最高出渣、初期支护等洞内材料的供应要求,其编组方式为:1 节机车 +12 节渣车,在绕洞口至原掌子面方向临时存放 4 个循环的支护材料,喷混凝土材料根据洞内实际施工情况通知进洞,不得在洞内潮湿环境内停留时间过长。

3)开挖爆破组织

掌子面钻爆开挖施工组织方面,鉴于开挖断面较小,无法采用大型施工设备,且大断面钻爆法施工隧洞中常规施工作业台架也无法在洞内布置。因此,为确保洞内施工生产正常进行,通过现场不断优化,最终采用拆装式台架用于现场施工,具体施工情况,如图 6-79、图 6-80 所示。

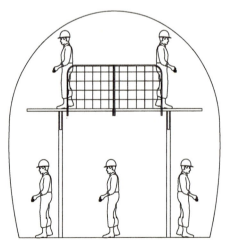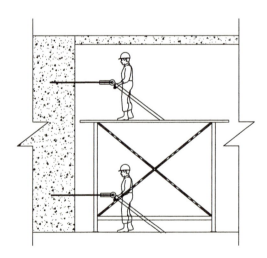

图 6-79 现场开挖钻孔组织图

现场为提高整体施工效率,将班组内钻工分为上、下两部分,分别于台架顶端 2 名钻工、底部 3 名钻工,通过结合现场实际情况合理安排人员,使循环工序时间得到大大节约。

图 6-80　洞内施工台架加工及安装图

4）施工出渣组织

为确保绕洞内施工出渣正常进行,经多方调查,选用蓝翔重工 WDZL-100/45 挖掘装渣机 + 久保田 U-15-3S 小挖机配合出渣,在掌子面区域通过小挖机将散落在四周的岩块及炮渣堆积,最后由扒渣机扒装后经输送带输送至后方矿车,运至洞外翻渣台弃渣。隧洞机械化出渣作业示意图,如图 6-81、图 6-82 所示。

图 6-81　隧洞机械化施工作业线示意图

图 6-82　洞内扒渣机及小挖机配合出渣施工

综合上述条件，施工单位在绕洞施工期间，通过在有限的空间内不断优化现场施工组织，在当时施工环境下创造了最高日进尺6m，连续3天最高进尺14m，连续7天最高进尺28m，月最高116.5m的较好成绩。

6.6 预防卡机措施

TBM是目前国际上最先进的隧洞全机械化施工设备，尤其是双护盾TBM在设计理念上具有其独特的优越性，但没有万能的设备，只有最适合的设备。通过上述卡机实例，可以充分了解到双护盾TBM卡机处理的难度，一旦卡机，双护盾所有的优越性都将成为空谈，对于安全、进度、施工组织管理都非常不利。

规模较小的卡机，一般能够通过辅助工法帮助设备脱困，而一旦卡机规模过大，无法通过上述工法进行脱困，或者TBM无法适应该工程的围岩地质，将导致卡机过于频繁，则可能需要考虑采取特殊手段，如通过增设竖井、斜井至主洞采用钻爆法接应等，甚至放弃双护盾TBM施工。

因此，在工程整个实施阶段均需要做好必要的预防卡机措施，避免或减少卡机次数，使双护盾TBM从真正意义上达到设计理念上的优越。

预防卡机的措施主要有五个：
(1)地质勘探。
(2)结构设计。
(3)设备设计。
(4)施工组织。
(5)技术措施。

6.6.1 地质勘探

在工程建设过程中，所有的设计、施工、设备选型都必须依据地质勘探设计结果开展，因此详细、准确的地质勘探设计是基础，但国内的长大隧道地质勘察设计往往难以满足要求。而欧美国家工程地质勘察工作特点，第一是勘察周期长；第二是勘察投入大，因此最终提供的地质勘察资料较为详细，也较为准确。

如瑞士圣哥达隧道(57km)自1993年开始地质勘察，1999年开工，勘察周期6年，为查明隧道洞身通过的一层叫派勒(Piora)的岩体，一是在规划铁路隧道以上350m处开挖一条长约5.5km的勘探隧洞，并深入到派勒沉积层内50m；二是在该岩体附近开挖勘探竖井，总长近900m；三是打了7个接近水平向、倾斜的钻孔，长度分别在200~1750m。圣哥达隧道地质勘探，如图6-83所示。

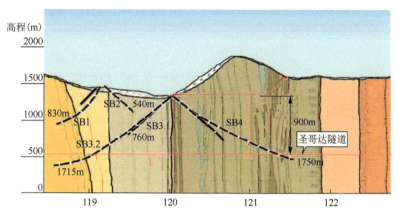

图 6-83　圣哥达隧道地质勘探

由于双护盾 TBM 对围岩地质的敏感性非常强,设备根据提供的地质资料一经确定,开挖断面、衬砌类型、针对性的设备性能也就基本固定,在掘进过程中一般没有更换的可能性,对不良地质条件的适应性和地质风险承担能力较低。因此,选择一台性能好、适应性强的双护盾 TBM,首先要求尽可能多地提供隧洞围岩较为详细而准确的工程地质和水文地质资料,所以在前期地质勘探中应尽可能查明隧洞地质条件。

6.6.2　结构设计

地质勘探设计成果提交后,设计单位需要对隧洞衬砌进行结构设计,施工单位在施工前同样需要根据地质勘探成果,结合设备的能力对衬砌结构设计进行可行性研究,并提出针对性的优化建议。

双护盾 TBM 施工一般采用预制钢筋混凝土管片作为衬砌结构。目前,国内使用最多的管片类型有六边形管片和四边形管片,同时管片混凝土强度以及配筋率根据工程地质条件、设备性能以及隧洞使用功能等都有不同的要求。管片的结构设计与预防卡机密切相关,一旦结构设计存在偏差,同样将导致双护盾 TBM 被迫卡机,甚至造成安全事故。目前,国内双护盾 TBM 主要应用于水工隧洞,根据《水工隧洞设计规范》(SL 279—2002),作用于管片结构上的荷载,按其作用状况分为基本荷载和特殊荷载两类。

基本荷载是长期或经常作用在衬砌上的荷载,包括衬砌自重、围岩压力、预应力、设计条件下的内水压力(包括动水压力)以及稳定渗流情况下的地下水压力。

特殊荷载是出现概率较小的不经常作用在衬砌上的荷载,包括地震作用、校核水位时的内水压力(包括动水压力)和相应的地下水压力、施工荷载、灌浆压力以及温度作用。

上述两类荷载中,基于双护盾 TBM 的施工特点而需要着重研究的是围岩压力的确定以及掘进机施工中液压油缸产生的推挤压力。

在外水压力不大的情况下,围岩压力是隧洞管片衬砌设计中起决定作用的荷载。

若全隧围岩稳定性较好、隧洞埋深较浅,地应力较低,且隧洞为无压洞,内水压力较小的情况下,可使用六边形管片衬砌模式。六边形管片衬砌为无螺栓连接,无楔形块,安装快捷,成型速度快，大部分高效组织和掘进施工纪录都是采用六边形管片衬砌模式。现场六边形管片安装情况，如图 6-84 所示。

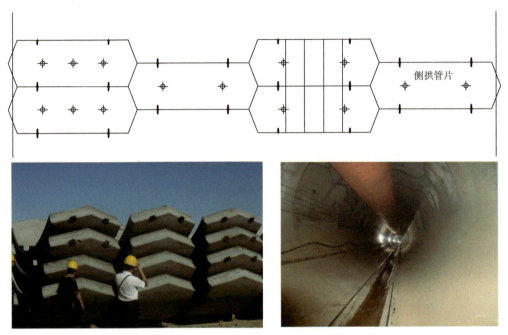

图 6-84　六边形管片结构及安装情况

当全隧围岩地质条件较为复杂，不良地质段较多，或隧洞存在埋深大，地应力较大的情况下，六边形管片往往无法承受围岩压力，出现管片结构破坏，甚至由于无螺栓连接导致管片掉落，发生安全质量事故，同时错过 TBM 通过该段不良地质围岩的最佳时机，从而造成被动卡机。

这种情况下，设计上需要考虑使用四边形（矩形）管片。虽然四边形管片安装慢，大部分情况下无法实现真正意义上的与掘进施工同步，影响掘进施工效率，但从结构稳定性上优于六边形管片，同时可以通过配筋率的不同，分为轻、中、重、特殊性管片，提高管片能够适应不同围岩地质。青海引大济湟以及本工程均多次遭遇了软岩大变形，由于其管片采用四边形管片，虽然管片出现过结构上的破坏，但未出现安全事故。

同时双护盾 TBM 在快速通过不良地质段期间，为防止撑靴落空或打滑或者主推压力和换步压力逐渐变大、盾体有被卡的迹象时，需要采用单护盾模式进行掘进，帮助 TBM 进行脱困。此时，主推油缸不再提供向前的推力，而直接由辅助推进油缸直接作用在已安装的衬砌管片上提供向前推进的反力，而辅助推进油缸推进力远远大于主推油缸的推进力，管片混凝土的抗压强度以及管片厚度（横截面）的设计必须符合推进力的要求，否则管片将无法提供如此大的推进力，而导致 TBM 出现卡机现象。

6.6.3　设备设计

1）卡刀盘针对性设计

（1）TBM 的设计有必要使刀盘突出盾壳的长度尽可能短或者盾壳尽可能向刀盘延伸加

长,从而使盾壳本身对隧洞的支撑尽可能接近开挖面。同时,前盾向刀盘延伸加长后可以起到保护刀盘、减少出渣量的作用,防止刀盘被大量坍塌体所压死。

(2)刀盘实现无级变速,可以根据掌子面围岩情况灵活调节刀盘转速,在掌子面围岩条件差时,可降低刀盘转速和贯入度减少刀盘出渣量,同时也可保证掌子面有少量坍塌时可通过较低的转速逐渐将渣体有效输送。

(3)实现多种模式切换的开挖方式。TBM进入软岩洞段前及在整个软岩洞段施工中采取单护盾掘进模式掘进,可以很好地进行方向控制,防止刀盘下沉以及被动卡刀盘。

2)卡盾体针对性设计

(1)刀盘设计时刀盘和护盾偏心,同时利用TBM刀盘的扩挖功能进行扩挖,为软岩塑性变形围岩提供更大的预留变形量,可以抵消部分拱部变形的影响。

(2)尽可能缩短主机长度,选择最合适的长径比、主机采用倒锥形设计,在围岩收敛以及软岩变形地段,能够分阶层快速通过,通过速度需要大于围岩的收敛变形速度。

(3)盾体采用减磨设计。护盾周边设置预留孔,当双护盾TBM推力或换步压力增大时,通过盾体周边的预留孔强制性注入废弃润滑脂或膨润土,减小盾体与围岩间的摩擦力。

(4)增大油缸的推力,在盾体存在被卡风险时能够通过加大油缸的推力帮助TBM快速通过不良地质段。

(5)配置功能强大的液压超前钻机及多功能钻机。在设备保养期间可通过液压超前钻机以及多功能钻机对掌子面进行水平钻探,与超前地质预报结果相结合,提前准确预判前方围岩地质情况。如有地下水,可兼作排水孔提前进行泄压。如掌子面前方围岩破碎,利用钻机进行超前注浆加固后,TBM再行通过。

(6)提升刀盘脱困扭矩,增大刀盘的脱困扭矩以及主电机的防水等级。在遇到比较严重的坍塌,甚至规模较大的涌水情况下,能够同时启动所有主电机,利用设备自身的脱困能力以及"三低一高一连续"的掘进模式快速通过。

(7)针对性提升其他辅助设备的功能,如皮带机的输送功能,避免大量渣体涌入至皮带机上而造成皮带无法输送,而被迫停机。

6.6.4 施工组织

(1)将超前地质预报纳入正常的施工工序管理中,目前TBM配置较为广泛的地质预报手段有Beam、HSP、ISIS等系统,均有较好的使用能力。超前地质预报以TBM配套系统为主,配合采取以适合TBM掘进的地质预报手段探测做宏观控制性预报,以地质雷达、红外探测做短距离岩层分界面及有无水的预报,以超前钻孔做验证性预报、全隧洞进行地质素描。

(2)加强设备保养力度,严禁设备带病作业。地质围岩较好的情况下,采用强制性保养;在围岩地质较差时,则采用穿插式保养方式。

(3)配备具有较高水平、熟练的操作手、技术工人和管理人员组成施工和管理的框架,并保持相对稳定的水平;同时加强对以保证设备的完好率和利用率。

(4)加强施工生产组织和管理,每日进行施工工序卡控分析,减少无谓停机和工序冲突,研究工序组合作业,尽量避免单工序作业,缩短循环作业时间。

(5)制订激励措施,提高作业现场的积极性和创造性。

6.6.5 技术措施

(1)隧洞涌水多发生在断层破碎带及侵入岩接触带,根据提供的地质勘探资料,利用超前地质预报系统初步判断掌子面前方岩层含水情况,再利用超前地质钻机钻探确定刀盘前面一定范围的断层和含水体情况,接近含水体时利用超前钻孔进行水量和水压测试,判断水的方向及突水、涌泥的危险程度,根据涌水量和水压确定灌浆止水方案。根据现场实际情况,采取灌浆封堵、超前加固地层等措施。

(2)施工中,根据超前地质预报结果,采用超前探水孔验证的方法,判明前方水的涌水量、分布情况、补给方式、变化规律,根据具体情况采取不同的措施,根据探水孔涌水量及水压力来决定采用局部预灌浆堵水、全断面帷幕灌浆堵水后灌浆止水的方法,做到不出现突水和大的涌水。不同水量段施工技术措施如下:

①一般涌水地层施工。

对于一般富水洞段且围岩较好地段(隧洞涌水量<30m^3/h 或单孔探水孔出水量<3m^3/h)的洞段,根据超前地质预报做好预判工作,尽可能注浆堵水,降低地下水量、水压等的不利影响,可采用单护盾掘进模式直接通过,然后通过管片预留的灌浆孔对围岩进行固结灌浆。

②高涌水地层施工。

对于涌水量较大的富水洞段(隧洞涌水量>30m^3/h 或单孔探水孔出水量>3m^3/h),采用 TBM 本身配置的多功能钻机实现超前帷幕固结灌浆堵水,然后掘进通过。采取"以堵为主,排堵结合,综合防治"的原则,可选用侧导洞、打探孔或平行支洞排除地下水。

③高承压水洞段施工。

a. 承压水地段。

排放可能会引起软岩或碎裂岩塌方,可采取超前灌浆堵水的预案,处理措施:水量较大时采用周边帷幕灌浆或全断面帷幕灌浆堵水,同时排水方面利用 TBM 配备的排水泵及时排水,少量涌水经隧洞底部自然排出。

b. 突涌水。

涌水量大的洞段,掘进前打超前探水孔,探测钻孔出水量、水压、涌水点里程等。针对涌水量大、水压大的特点,需对周边进行超前预灌浆加固,同时进行掌子面帷幕灌浆止水固结掌子面前面围岩,防止突水,同时利用 TBM 配备的排水泵排水,启动应急预案,在设备区域利用多台水泵排水,防止设备损坏。

(3)对于通过超前预灌浆加固处理后 TBM 仍然不能施工的区域性断层,造成刀盘被卡等灾难性后果时启动应急预案,通过从侧面打绕洞进入刀盘前面进行钻爆法处理后,采用 TBM 步进通过的方案进行。

(4)加强设备尤其是电气设备的防护等级,在遇到涌水洞段时,确保所有设备均能正常运转。

(5)涌水量大的施工地段,启用 TBM 区域配置的大功率水泵进行抽排水,保证施工区域的安全。

(6)建立突涌水的预警报警系统和应急预案,确保人员和设备的安全。

6.7 本章小结

(1)由于围岩软弱且地应力较大造成围岩收敛变形过快(大于 TBM 各盾体的通过速度),导致护盾被围岩抱死而卡盾,可通过伸缩盾顶部天窗、左右两侧窗口进行小导洞开挖脱困(盾壳腰部以上 180°部位全部掏空)。

(2)TBM 穿越不良地质带,由于围岩节理裂隙发育、地下水局部发育、岩层产状错乱、软弱夹层发育且多有泥质充填物,围岩自稳性较差。地下水的作用下,隧道易发生拱顶塌方掉块、掌子面易失稳坍塌,大量非常破碎的石块、石渣夹泥水涌入刀盘,造成卡刀盘而被迫停机。此种情况可采用化学灌浆材料进行超前加固,从而改良前方地层进行处治。

(3)TBM 穿越强风化破碎围岩且地下水发育地段,易发生围岩坍塌、涌泥涌水地质灾害,造成卡刀盘而被迫停机,可采用盾顶大管棚脱困施工方案进行处治。

(4)TBM 穿越软岩大变形地层,出现 TBM 刀盘低头、支撑盾及尾盾向上翘起的状态,管片出现破坏且侵限(管片挤压设备区域诸多构件、设备),造成卡机且影响洞室结构及施工安全,可采用全断面环形开挖脱困技术进行处治。

(5)TBM 穿越围岩构造裂隙极为发育段,由于地下水富集,易发生大规模突泥涌水地质灾害,受空间条件或地质环境影响,无法直接处理,可采用辅助导坑进行脱困。

(6)双护盾 TBM 虽然在设计理念上优于其他 TBM,在各类岩层中均能够高效、安全。但受各类边界条件所限,双护盾 TBM 出现卡机的风险却也远远大于其他 TBM,而一旦出现卡机,则需要根据卡机位置和卡机规模采取相应的辅助工法进行卡机脱困处理施工,见表 6-20。

双护盾 TBM 卡机处理一览表　　　　　表 6-20

卡机部位	卡机描述	卡机处理	处理时间(d)	备注
卡刀盘	掌子面失稳坍塌,刀盘扭矩及皮带运输能力无法满足掘进要求	超前注浆加固	3~7	
卡盾体	围岩收敛变形快,护盾被围岩抱死	小导洞卸荷	5~10	
卡刀盘	掌子面及盾体区域大范围突泥涌水	盾体外超前大管棚	30~90	

续上表

卡机部位	卡机描述	卡机处理	处理时间(d)	备 注
卡盾体	软岩大变形,地应力大,护盾被抱死,同时对已形成的支护体系以及设备造成结构上的破坏	以盾体为参照物,人工开挖一定范围后采用钢结构作为支护体系	30~45	加强支护,必要时采用乳化炸弹弱爆破
卡刀盘、卡盾体	洞室揭露围岩极为复杂,受空间条件或地质环境影响,无法直接处理	从设备后方拆除管片开挖平行绕洞施工至TBM前方,再反向开挖至TBM进行脱困	180~270	采用钻爆法

(7)预防卡机的措施主要从以下方面考虑:地质勘探、结构设计、设备设计、施工组织、技术措施。

第7章

双护盾TBM设备适应性改造技术

Key Technologies of Small Diameter Double Shield TBM Construction in
Water Diversion Project from Hongyan River to Shitou River

Key Technologies of Small Diameter Double Shield TBM Construction in
Water Diversion Project from Hongyan River to Shitou River

7.1 一次设备改造

7.1.1 改造原因

自2009年6月以来,本工程由于受现围岩软硬不均,断层破碎带变化频繁,涌水量大、围岩收敛等不良地质影响,卡机现象频发,在脱困期间设备时进时停,累计影响施工500余天。虽在施工中采取了一系列脱困措施,取得了一定成效,但未从根本上解决问题。在认真总结以往的施工经验的同时,结合其他施工单位类似事例,可总结归纳为以下几个方面:

1) 地质原因

断层破碎带多、涌水量大、围岩收敛、围岩软硬不均及围岩突变性强等。选型的TBM已无法适应当时如此复杂多变地层条件。

2) TBM本身的原因

TBM主机机身设计太长,一个3.655m直径的TBM,机身长度竟超过12.5m。机身长不利于快速穿越破碎带及收敛围岩。

尾盾的内径与管片安装的外径间隙太小。从图纸上分析和现场提供的资料获知,该间隙只有6~12mm。由于间隙太小,特别不利于管片的拼装,时间大多消耗在管片拼装上,延误了掘进时间,也导致TBM不能快速通过破碎带及收敛围岩。

刀盘的挖扩与盾体之间间隙过小:顶部开挖间隙只保留了51mm,且机身长,而盾体又为一个圆桶形,没有任何锥度,一遇到收敛围岩或塌方围岩,易发生盾体被卡死。

主驱动为双速电机驱动,刀盘转速为5.7r/min和11.4r/min。在破碎围岩段掘进,因扰动大造成围岩坍塌,最终因渣量大,出渣速度与坍塌量不匹配,而导致皮带、刀盘被卡死。

7.1.2 总体构思

1) 刀盘

扩大刀盘开挖直径,将原来的3.655m开挖直径扩大至3.755m,进一步提高扩挖能力,可通过外移边刀刀座的方法来实现扩大开挖直径的目的。刀盘的铲斗和刮板也要根据边刀相对位置变化而进行调整,使其达到收集开挖的碎渣和保护刀盘的作用,也为盾体顶部提供更大的间隙。TBM刀盘扩大情况,如图7-1所示。

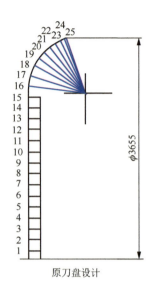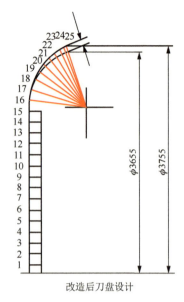

图 7-1　TBM 刀盘开挖直径扩大示意图（尺寸单位：mm）

图 7-2　前护盾直径扩大示意图

2）前护盾

在前护盾的外表面加焊一圈 40mm 钢板以加大前护盾的直径，相对刀盘的开挖后顶部间隙也有所增加。另外，加焊的钢板还可给刀盘提供保护作用，也为盾体形成前大后小提供尺寸。前护盾直径扩大示意图，如图 7-2 所示。

3）伸缩护盾

原伸缩内盾直径小于支撑盾，在伸缩外盾与支撑盾之间形成内凹槽，新制作的内伸缩护盾与支撑护盾的直径相同，这样便可消除两盾之间的内凹槽。新制作内伸缩盾情况，如图 7-3 所示。

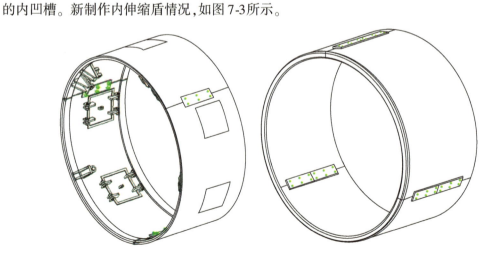

图 7-3　新制作内伸缩盾示意图

4）支撑护盾

由于刀盘前部的结构尺寸改变,同时考虑缩短 TBM 主机的总体长度,制作新支撑盾,将原来的 3.6m 更换为 2.4m。新支撑盾改进情况,如图 7-4 所示。

新的支撑护盾设计,将为腔内进出留有更大的空间,且周围留有更多地用于超前钻和超前灌浆的孔。

5）尾盾

更换原有的尾盾,新尾盾更短,长度为 2.5m,只在尾盾内安装 1 环管片即可。

TBM 主机结构改造后,尾盾的直径并没有改变,但开挖直径却扩大到 3.775m。这样,管片衬砌环的中心轴就相对下移 50mm,同时在顶部管片的衬砌环与尾盾之间的间隙也就扩大了 50mm,由原来的 34mm 扩大到了 84mm。尾盾改造前后情况,如图 7-5、图 7-6 所示。

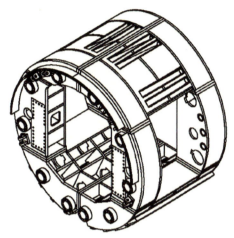

图 7-4 新支撑盾改进示意图

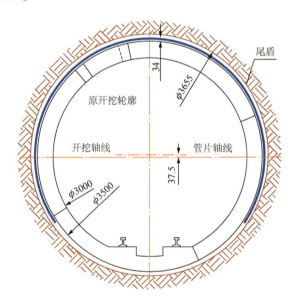

图 7-5 改造前开挖直径的断面图(尺寸单位:mm)

左右两侧管片和尾盾的冲突可用以下方式解决:
(1)加大尾盾下部开口的角度。
(2)将开口处的下块角度变大。

对比分析及现场实际施工检验发现,通过将开口处下块角度扩大优于加大尾盾下部开口,进而可以有效防止两侧碎石进入,避免增大盾尾清渣量。尾盾更改示意图,如图 7-7 所示。

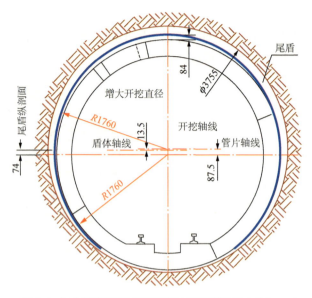

图 7-6　加大开挖直径和调整下开口的断面图（尺寸单位：mm）

6）辅助推进缸

经过更新的辅助推进油缸，在缸体尺寸上要短于原有缸体尺寸，且缸径尺寸、性能均能满足一环管片拼装及单护盾模式下掘进的条件。辅推油缸，如图 7-8 所示。

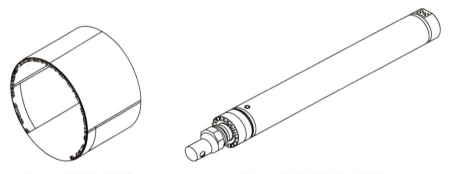

图 7-7　尾盾更改示意图　　　　　图 7-8　改进后辅推油缸示意图

7）超前钻设备

提升超前钻设备性能，原设备性能不能满足要求，需要安装新的超前钻系统，以实现在 TBM 前部进行超前钻探和围岩加固。

除了在支撑护盾加留超前钻孔，要将超前钻机安装在合适的位置上并进行调试，钻机的安装要实现可以通过支撑护盾上的所有预留孔进行超前钻探。超前钻机预留孔，如图 7-9 所示。

钻孔时间、扭矩、推力和贯入度等都将自动记录在数据处理器，可对钻孔作业进行实时分析。

8）增加变频驱动，改善刀盘转速控制

原 TBM DS1217-303-1 的主驱动由 5 台单机 260kW-690V-3 相 –50Hz 的水冷交流电机

组成，电机通过减速器驱动刀盘，刀盘只有 5.7r/min 和 11.4r/min 两个转速。

为适应各类不同的地质条件，改造后的 TBM 为主驱动增加一个变频驱动系统，此系统可以在刀盘转速范围内实现无级变速控制，可以通过降低 TBM 刀盘的转速来应对较差的地质条件或通过断层。主驱变频驱动系统，如图 7-10 所示。

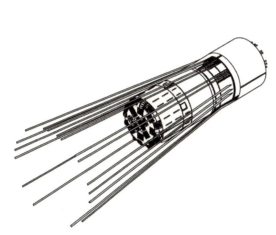

图 7-9　超前钻机预留孔示意图

图 7-10　主驱变频驱动系统示意图

每一台电机由与其对应的变频器供电，每一系统均为独立系统。如果有任何电机或变频器有故障，其他电机还可以正常工作，不影响 TBM 继续运行。

增加变频系统的主驱动系统改造后的扭矩和速度特性曲线，如图 7-11 所示。

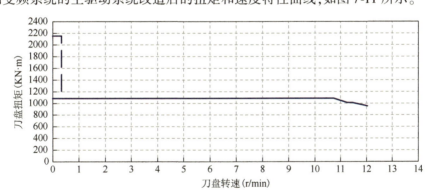

图 7-11　主驱动系统改造后的扭矩和速度特性曲线图

经增加变频改造后的主驱动系统，可使刀盘转速在 0 到最大转速的调控区间内实现无级变速，能更好地适应各类地质情况。

为增加 TBM 的脱困能力，在增加变频驱动的情况下，加装一个切换开关，保留原有的离合器驱动方式。在必要时，由变频驱动方式切换到现在的离合器方式，刀盘脱困后再切换到变频驱动方式，如图 7-12 所示。

原 TBM 主机长 12.5m，改造后 TBM 长度为 10.33m，增大的开挖直径和较短的锥形盾体，增强了 TBM 的地质适应性。

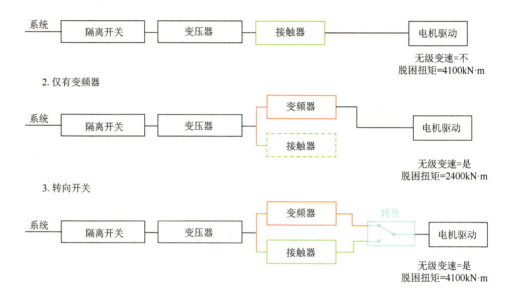

图 7-12　主驱动变频驱动系统示意图

9）TBM 和后配套系统整体维护和改进

后配套系统：对后配套台车进行改造，重新编组，使后配套长度从以前的 345m 缩短到 240m，改变风管的支撑结构和方式，对后配套设备进行检修、维护和更换，提高后配套系统对工程的适应性和施工的便利性。

7.1.3　改造实施

1）洞内 TBM 设备改造实施的准备工作

在扩大洞室完成后，2012 年 3 月 1 日开始将扩大洞室的开挖设备器具移出洞外，并在扩大洞室内布置变压器、空压机、通风设备、排水系统等，安装吊链，为扩大洞室内 TBM 设备改造做好准备。准备工作至 2012 年 3 月 7 日结束，历时 7 天。

从拆机和部件安装的安全性和便利性考虑，将原设计的 2 台 30t 吊链更换为 4 台 20t 吊链，通过在中间加设一根吊梁，增加 2 台 10t 吊链。

2）旧 TBM 的拆除

根据 TBM 设备改造方案，原 TBM 大部分部件要拆除废弃，洞内只留下刀盘、前护盾和主轴承，对还要继续使用的零部件，在洞外进行维护检修。

TBM 护盾在洞内拆卸，保证护盾改造可行性和其他结构部件的彻底整修。TBM 在扩挖洞室内放置，如图 7-13 所示。

各部件质量见表 7-1。

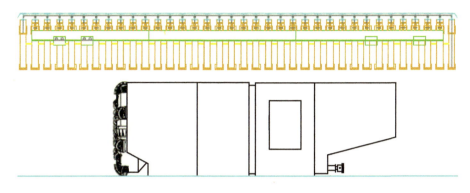

图 7-13　TBM 扩挖洞侧视图

TBM 各部件质量　　　　　　表 7-1

名　称	质量(t)
刀盘	27.0
主轴承支架	30.0
前护盾	16.0
伸缩外盾	7.5
伸缩内盾	6.0
支撑护盾	24.0
支撑靴（×2）	5.0
尾盾	6.0

3）洞内 TBM 设备改造与组装

洞内 TBM 设备改造实行 3 班制，每班工作 8h，根据工作需要，合理配置各专业工种人员，并根据实际情况，邀请合作单位的专业焊接技术人员来工地负责焊接工作。

（1）刀盘改造

通过外移刀箱达到增大开挖直径的目的，整个刀盘有 25 把滚刀，这次改造从 18 号滚刀开始，至 25 号结束，共外移了 8 把滚刀。改造铲斗，控制进渣量。

用碳弧刨刨开要改造的刀箱的焊缝，使用专用工具控制刀箱外移量，确保其与设计值相同。TBM 刀盘改造情况如图 7-14 所示。

在刀盘表面焊接 ARDOX500 耐磨材料，增强了刀盘的耐磨能力。在完成刀箱焊接后，请有资质的单位对刀盘焊缝进行了无损检查，全部焊缝达到了二级以上，满足设计要求。

通过刀箱外移，使新刀的开挖直径达到了 ϕ3755mm。

图 7-14　改造中的刀盘

（2）前护盾改造

主要工作是在原盾体的基础上加焊一层 40mm 厚钢板，增大其外径，向刀盘方向延伸，对刀盘起到保护作用。在盾体底部焊接两层钢板，一层 40mm，另一层 22mm。原盾体存在部分变形，由原来的圆柱体变成了喇叭状，严重地影响了 TBM 的性能，对变形部分切割补焊，这是原设计中没有的部分。

改造后的前护盾长 2700m，直径 φ3660mm。改造后前护盾如图 7-15 所示。

图 7-15　改造完成的前护盾

（3）主轴承检查

2012 年 3 月 25 日，邀请主轴承专业厂家来工地现场，与建设单位、监理单位一起在洞内对主轴承进行了检查，检查结果显示，主轴承状态良好，可以继续使用。主轴承检查情况，如图 7-16 所示。

图 7-16　主轴承滚珠、滚道及耐磨板状况

此后，为了保证主轴承有良好的工作环境，对原可继续使用的密封进行了更换。

（4）TBM 洞内组装

在前护盾改造及滑轨浇筑完成后，开始 TBM 洞内组装。组装计划按下列顺序进行：

安装伸缩外盾底片并与前护盾焊接→安装伸缩内盾底片→安装底部 4 根主推油缸→安装前护盾的扭矩油缸臂→安装底部的 2 台主驱动电机及减速器→安装支撑护盾底部→安装

支撑护盾中间部分→安装支撑护盾上的扭矩油缸臂→安装扭矩油缸→安装主机皮带机的第一部分→安装支撑护盾上部→安装辅助推进油缸→安装上部主驱动电机→安装主推油缸→安装伸缩内盾上部→安装伸缩外部上部→安装管片安装器→安装尾盾→同时安装主机的液压及电气系统→安装主机皮带机第二部分→安装主机皮带机支架及超前钻机支架→安装后配套门架及设备安装后配套台车及设备→安装后配套斜坡段→安装后配套最后一节门架及风筒储存器→同时连接所有的液压、电气管线。

7.1.4 改造后设备技术参数

TBM 设备改造前后参数对比情况,见表 7-2。

TBM 设备改造前后参数对比 表 7-2

项　目	原　值	改造结果
刀盘	$\phi 3655$ 无耐磨	$\phi 3755$ 耐磨板网
前护盾	$\phi 3580 L 2720$	$\phi 3660 \times L 2800$
伸缩护盾	$\phi 3580 \times L 2100$	$\phi 3660 \times L 2100$
支撑护盾	$\phi 3591 \times L 3420$	$\phi 3580 \times L 2400$
尾盾	$\phi 3591 \times L 3800$	$\phi 3580 \times L 2500$
超前钻	无	COP1238
辅推油缸	$L 3600 \times F 10570 kN$	$L 1800 \times F 13740 kN$
导向系统	无	ZED
液压系统	辅推无高压	恢复辅推高压
润滑系统	无油脂泵	全新油脂系统
刀盘喷水	损坏	改造修复
通风系统	圆弧梁支撑	HW 型钢独立支撑
后配套	通过性差	通过性好
主机长	$L 12.98 m$	$L 10.33 m$
整机长	$L 345 m$	$L 240 m$

2012 年 6 月 1~4 日,施工单位、建设单位及监理单位共同对 TBM 各个系统共计 28 个大项进行联合验收测试。经测试,性能满足 TBM 设备改造设计要求,且双护盾 TBM 已具备步进及试掘进条件。TBM 改造后新部件质量见表 7-3;外形尺寸对比如图 7-17 所示。

TBM 改造后新部件质量 表 7-3

名　称	质量(t)	名　称	质量(t)
刀盘	27.0	内伸缩护盾	5.5
主轴承支撑	30.0	支撑护盾	18.0
前护盾	19.0	撑靴(2 个)	4.0
外伸缩护盾	7.0	尾盾	5.0

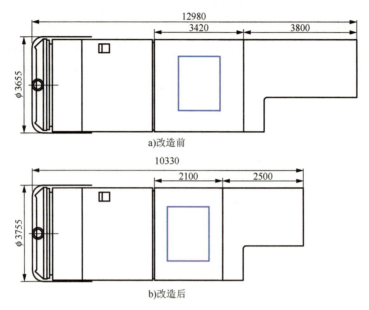

图 7-17　改造前后 TBM 外形尺寸对比情况(尺寸单位:mm)

7.1.5　改造后设备性能

1）TBM 主机

改造后的 TBM 主机主要由刀盘、主轴承及驱动组件、前盾、伸缩盾、支撑盾、盾尾及其辅助设备组成。

(1) 刀盘

原刀盘为封闭面板式箱形结构,盘形滚刀采用背装式,刀具更换在刀盘中进行,保证了换刀的安全。刀盘设计分为两块,以便运输。刀盘开挖直径为 3655mm,刀盘上安装中心刀、正滚刀、切刀等各类型刀具,刀具根据地质条件进行合理的选型和配置。刀盘偏心布置,增大了隧洞拱顶的开挖直径,为 TBM 快速通过围岩变形区预留了变形量。

改造后的刀盘在保留原设计的基础上,将边刀的刀箱外移,使开挖直径从原有的 3655mm 增加到 3755mm,同时调整铲斗的布置,提高其收集底部细渣的能力。铲斗改造情况,如图 7-18 所示。

扩大洞室完成后,发现 TBM 刀盘磨损非常严重,如图 7-19 所示。

这种状况,成倍地增加了刀盘改造的工程量,改造时,除了外移刀箱外,还在刀盘所有外表面焊接了耐磨网,磨损严重的区域挖补焊接了 ARDOX500 耐磨板。

(2) 刀盘驱动系统

原刀盘驱动方式为非变频驱动,共配置 5 台 260kW 的双速电机,只有 11.4r/min 和 5.7r/min 两种转速,额定扭矩 2117kN·m,脱困扭矩 4118kN·m。刀盘可以双向旋转,顺时针旋转为掘进出渣方向,在换刀和脱困时反向旋转。在检查刀盘或更换刀具的时候,刀盘驱动可由一个位于刀盘后的控制板来直接操作。此时，出于安全考虑，应停止 TBM 的其他任何操作。

a)

b)

图 7-18　TBM 刀盘铲斗改造情况

a)

b)

图 7-19　损坏减速齿轮和轴承情况

TBM 拆机将主驱动运到洞外后，主驱动电机运到了西安专业电机厂家进行了检查维护，发现 5 台主驱动中的一台已经损坏。

在检修时，发现两台主驱动减速器内充满泥水及杂质，减速器齿轮和轴承已经被严重锈蚀，内部轴承和齿轮全部报废。该减速器齿轮为德国原装进口产品，在国内市场很难找到相关配件，且国内产品因生产工艺原因，质量也难以得到相应保证，而通过国外以整机进口方式，购置周期需要长达 3 个月之久。针对这一问题，施工单位与建设单位积极沟通，最终经过国外市场调研，购置 6 套德国原装轴承，经过方案比较和优化，从工期考虑，最终选择国内修复方案。损坏减速齿轮和轴承，如图 7-19 所示。

改造后的刀盘驱动系统在保留原驱动系统的基础上再增加一套变频驱动系统，使刀盘转速可以根据不同的地质条件而相应改变。

变频器采用专业变频器供应商芬兰的 VAVON，核心变频模块从芬兰原厂进口，柜体由国内专业厂家生产，在 VACON 的苏州工厂组装、测试，品质与性能均能满足施工要求。新进变频器，如图 7-20 所示。

a) b)

图 7-20 新进变频器及变频柜

切换开关柜用原设备上的主驱动配电柜改装,主驱动电机的变频控制与高低速切换开关从香港地区购买,由西安专业厂家改装、装配和布线,工厂检验合格后运到工地现场组装。此切换开关柜,主要是在 TBM 卡机脱困时给刀盘提供较大的脱困扭矩而准备的,正常掘进时不使用此功能。

① 主轴承

原主轴承采用大直径、高承载力、长寿命的三轴式设计,轴承内圈带有内齿圈。双轴承支座驱动小齿轮与内齿圈啮合,支承稳固的驱动齿轮可最大限度地减小齿轮的磨损,主轴承与大齿圈设计寿命均超过 15000h。驱动小齿轮和减速器、变频电机连于一体,结构紧凑。

改造时只对主轴承进行检查和维护。

② 主轴承密封

原主轴承密封包括外密封和内密封两套密封系统。内外密封系统均由带有迷宫环的三道唇形密封组成,前两道密封防止杂物进入主轴承和齿轮腔内(第一道密封为油脂润滑密封,第二道密封用来控制泄漏),第三道唇形密封可以防止主轴承润滑油的流失。

③ 主驱动润滑

原主轴承和驱动装置采用强制式循环系统进行润滑,润滑系统与主驱动连锁,并先于主驱动启动,当润滑系统出现故障不能启动或停止运行时,刀盘将无法转动。主轴承润滑油与齿轮箱润滑油的循环管路相互隔离,以防止齿轮磨损的颗粒进入主轴承。所有润滑油液均流入驱动部件的油槽底部,过滤后回到循环系统中。循环系统中设置有传感器以监测润滑油的压力、流量和温度。改造后恢复原有的功能。

④ 前盾

原前盾支撑刀盘和刀盘驱动装置,通过主推进油缸与支撑盾相连,主要部件有:用于安装主驱动的法兰盘、出渣区域的防尘装置及链条、稳定器支撑装置、推进油缸接头、除尘管的接头装置等。在前护盾顶部 1/4 的地方有两个液压操纵的稳定器,在硬岩中掘进时用来稳定前护盾,使 TBM 主机不至于受到大的振动。

扩大洞室完成后,发现前护盾已严重变形,盾体由原来的圆柱体变成了喇叭形,在前护盾改造之前,对变形的前护盾进行处理,喇叭形的前护盾如图 7-21 所示。

图 7-21　改进后喇叭口状前护盾

改造后在前护盾的外表面加焊一圈 40mm 钢板,以加大前护盾的直径,另外,加焊的钢板还可给刀盘提供保护作用。

⑤伸缩护盾

原伸缩护盾连接前盾和支撑盾,其功能是使 TBM 的掘进与管片的拼装能同时进行。伸缩护盾区域布置两个反扭矩油缸,将掘进时产生的扭矩从前盾传递给支撑盾,同时当前盾与支撑盾之间发生滚动时,反扭矩油缸可以给予调整。伸缩区域内外盾之间的间隙可以检查和清洁,TBM 设计时,为检查和清洁提供了 2 个开口。

除保留原有的功能外,改造后的伸缩护盾是一个新的伸缩护盾。新的内伸缩护盾与支撑护盾的直径相同,这样便消除两盾之间的内错台。

⑥支撑盾

原支撑盾内设有辅助推进油缸和撑靴。撑靴布置的形状使得支撑力作用到两侧和底部,在三个点上将 TBM 固定在隧洞内,增大了 TBM 内部空间。支撑盾承受全部的掘进反推力,在换刀时也可将前盾向后回收。撑靴尺寸宽大,以减小对围岩的压力。支撑系统的压力可以根据地质条件变化随时调整,即能根据刀盘对推进力的需要来提供相应的接触反力。

新的支撑护盾长度为 2.4m,为腔内进出留有更大的空间,且周围留有更多用于超前钻和超前灌浆的孔,现有的支撑护盾不具备这样的条件。

⑦主推进系统

原主推进油缸连接前盾和支撑盾,采用铰接式,既传递推力又传递拉力。油缸分成上下左右四组,通过有选择地对各组油缸进行加压来使 TBM 实现转向。每组作用油缸的行程及压力能同步在 TBM 主控室的显示器上显示。主推进系统共配置 10 根推进油缸,最大总推力为 8936kN,能保证 TBM 在双护盾模式掘进时给刀盘提供足够的推力。

在 TBM 洞内拆机后,发现一根主推油缸严重弯曲变形,其连接法兰也损坏,变形弯曲油缸如图 7-22 所示。

⑧辅助推进系统

原辅助推进油缸分成上下左右四组作用在四个压力区,以利于 TBM 在软弱围岩中掘进不能用支撑时 TBM 进行转向。辅助推进油缸共用的一套液压动力装置,每一组液压缸均能由 TBM 操作手独立操作,在采用双护盾模式掘进时,四组推进油缸可以同步操作。每一组油缸装有行程传感器,使 TBM 操作手能监控其行程。辅助推进系统共配置 10 根推进油缸,最大总推力为 10570kN,能克服全部护盾的摩擦阻力,保证 TBM 在单护盾模式掘进时给刀盘提供足够的推力。

a)

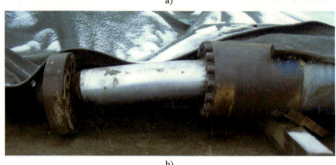

b)

图 7-22　变形油缸

改造时更换了新的辅助推进油缸,恢复了原设备破坏的辅推高压系统,为单护盾模式掘进和设备脱困提供设备保障。

⑨盾尾

原盾尾与支撑盾刚性相连。为防止回填材料在 TBM 向前移动时流到 TBM 前方,在盾尾尾部外侧安装弹簧钢片;为防止回填材料从盾尾间隙处流入隧洞,在盾壳尾部内侧安装 1 排弹簧板密封。由于长距离掘进易导致盾尾密封板磨损或损坏,设计的管片拼装机的行程满足拆卸盾尾内第二环管片需求。

制作了新的尾盾更换原有的尾盾,新尾盾更短,长度为 2.5m,只在尾盾内安装 1 环管片。

TBM 改造后,尾盾的直径并没有改变,但开挖直径却扩大到 3.775m。这样管片衬砌环的中心轴就相对下移 50mm,同时在顶部管片的衬砌环与尾盾之间的间隙也就扩大了 50mm,由原来的 34mm 扩大到了 84mm,便于管片的拼装。

⑩管片拼装机

原管片拼装机为单体回转式,其移动可以精确地进行控制,以保证管片拼装位置的准确性。管片拼装机控制分有线控制和无线控制两种,施工中主要采用无线遥控器拼装管片,有线控制器作为其出现故障时的备件使用。拼装机在两个方向都可旋转 220°,其支撑和驱动装置由一个单座球轴承、内齿圈、两个小齿圈、行星齿轮减速器与液压马达组成。驱动为无级变速,能产生足够的扭矩以拼装沉重的管片。管片通过一个机械式锁定系统连接到拼装机机头,拼装机机头共有6个自由度,管片拼装机机头用两个油缸使它沿径向伸出,两油缸能分别伸出。拼装机机头上装有球面轴承,能向三个平面转动,保证管片正确定位。管片拼装机具有紧急状况的自锁能力,确保施工中的安全。

改造时对其进行了检修,更换了损坏的零部件。

⑪管片输送器

原管片输送器由油缸控制,能使放置在上面的管片实现升降和纵向移动。管片输送器放置于尾盾内的管片上并由钢链连接到支撑盾随TBM同步前移,管片输送器能存储一整环管片。

改造时对其进行了检修。

⑫主机皮带机

原主机皮带机长15.8m,宽600mm,能够在油缸的作用下前后伸缩。主机皮带输送机先将石渣运送到后配套皮带输送机上,然后再运送到后配套的装车点,将石渣卸到停在后配套门架台车内的渣车上。

改造时对其进行了检修,更换了托辊,对开裂的主梁进行了焊接,磨损区域进行了修复,更换了新的输送带。

⑬液压系统

原主机除刀盘驱动以外,所有主机的辅助功能部件均为液压操作。所有功能部件运行所需的液压动力装置都置于后配套的台车上。动力装置包括泵、马达、滤清器、冷却器和油箱并带有所有检测设备,动力装置与相应机械设备之间通过钢管或软管连接,考虑到围岩的高温以及对隧洞中温度的影响,冷却器的尺寸设计留有较大的富余量。液压系统设有便于测量压力的快速接头,所有软管都要安装结实,以承受恶劣的地下工作条件。液压泵站设机械式压力表,同时设置压力传感器、温度传感器将液压油压力和温度等信号传递给PLC,并在主控室显示。主油箱设循环过滤回路,滤清器的过滤精度为5μm。为便于添加液压油,配置1台气动加油泵。

改造时对其进行了检修,更换了损坏的液压管、液压阀,恢复了原液压系统缺少的辅推高压模式。

⑭注脂及润滑系统

原注脂及润滑系统包括主轴承密封系统、主轴承润滑系统和其他部分。润滑及密封系统以压缩空气为动力源,靠油脂泵油缸将油脂输送到各个部位。主轴承密封可以通过控制系统设定油脂的注入量(次/min),并可以从外面检查密封系统是否正常。当油脂泵站的油脂用完后,油脂控制系统可以向操作室发出指示信号,并锁定操作系统,直到重新换上油脂,这样可以充分保证油脂系统的正常工作。主轴承润滑采用强制润滑,润滑油通过循环过滤后,对主轴承和齿轮进行强制润滑,PLC系统对润滑情况进行监控。其他部分主要包括各系统油缸、管片拼装机、管片输送器等部分的注脂及润滑,主要采用集中的自动或半自动润滑方式。

改造时原油脂系统缺失,增加了新的油脂系统,如图 7-23 所示。

图 7-23　改进后油脂系统

⑮电气系统

原 TBM 配置 3 台变压器,容量为 2600kV·A。高压电缆经隧洞接入 TBM,供电电压为 10kV,动力电压为 690V,控制和照明电压为 230V。

TBM 电气控制系统的核心部分为 PLC 系统,对 TBM 主要功能进行控制。它安装在带有远程接口的操作台上,并接入位于操作台的工业计算机。所有软件都可以防止未授权的登录,所有系统都有失效保护功能,包括在错误情况下的错误操作引起的电路互锁保护和断路保护以防设备启动。如有需要,所有的主要设备均设置预先报警系统及远程的悬垂或拉线、按钮,以提供人身安全保障。紧急的安全电路用硬线独立接到 PLC 上。电气系统具有无功功率补偿功能,补偿后的功率因数能达到 0.9 以上。TBM 变压器具有调压功能,调压范围 +10% ~ -15%,满足供电稳定的需要。

改造时对其进行了检修,请供电部门对检修后的变压器进行了绝缘和耐压测试,增加了驱动电机的变频控制功能,更换了原主驱动的电缆。

改造后的 TBM 总长度约为 10.33m,开挖直径为 3.755m,尾盾的直径为 3.580m,前盾的直径为 3.660m,盾体短有锥度,主驱动改为变频驱动,PLC 系统将根据改造后的 TBM 的实际情况进行重新编程,易于操作。

2）辅助设备

(1)超前钻机

原设备超前钻因性能低不能满足现场需求,需要安装新的超前钻系统,以实现在 TBM 前部进行超前钻探和围岩加固。

除了在支撑护盾加留超前钻孔,超前钻机安装在 TBM 皮带机主梁上的钻机支架上,并进行了调试,钻机的安装要实现可以通过支撑护盾上的所有预留孔进行超前钻探。

超前钻机的型号是 Atlas Copco COP 1238ME,性能参数及改造后情况,如表 7-4、图 7-24 所示。

COP 1238ME 性能参数　　　　　　　　　　　　表 7-4

冲击功率(kW)	最大 12	冲击频率(Hz)	50
质量(kg)	150	缓冲器(类别)	液力(单个)
最大冲击压力(bar)	230	孔径范围(mm)	33 ~ 89
冲击能量(J)	240	夹钎器(1 个或数个)	R32、R/T38

(2)导向系统/TBM 主控室/控制系统

原设备的导向系统缺失,重新安装了一套 ZED 导向系统,对主控室进行了改造,对 PLC 控制系统重新编了程序。

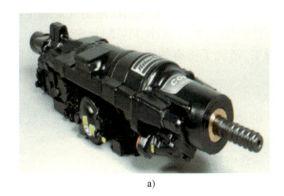 

a)   b)

图 7-24　超前钻改造后参数及现场测试情况

3）TBM 后配套系统

（1）连接桥

连接桥位于 TBM 主机后面，长度约为 34m。连接桥下留有足够的空间用于管片吊机运输管片和储存、铺设铁轨，连接桥上安有皮带输送机、新鲜空气的通风管道、管片吊机运行的轨道，连接桥的长度满足 12.5m 延伸轨道 1 次的要求。

（2）后配套台车

后配套台车共 45 节，每节的长度在 5～10m 范围内。台车采用开式门形结构，在铺设的专用轨道上行走，轨距 2200mm。在中间布置轨距为 762mm 的运输轨道，轨道两旁以及台车上方平台两侧合理布置皮带输送机、通风管、集中油脂润滑系统、豆砾石回填系统、水泥浆搅拌注入系统、电气控制柜、液压动力装置、变压器、空压机、水系统以及电缆卷筒、水管卷筒等 TBM 配套设备。

后配套台车根据需要采用不同的结构尺寸。人行走道平台布置在台车最外侧，便于人员走动，同时能避免工作人员与移动的设备如：机车、渣车等接触而产生危险。

改造时，割除台车底部的水管电缆支架，对后配套台车重新编组，后配套长度有原来的 345m 缩短到 230m，改变风管的支撑结构和方式，对后配套设备进行检修、维护和更换，提高后配套对工程的适应性和施工的便利性。

（3）后配套皮带机

后配套皮带机宽 600mm、长 128m，驱动方式为液压驱动。皮带机沿后配套台车上方布置，将从 TBM 主机皮带机转载的岩渣转运至机车装渣点。

更换了后配套皮带损坏的托辊、粘接了新的输送带。

（4）材料运输系统

对运输轨道、道岔、设备、车辆进行了检修和保养。

（5）通风除尘系统

机尾门架台车上安装有供风的风筒储存器，内装长 50m、直径 90mm 的软风管。洞外风机将新鲜风通过隧道风筒压到风筒储存器，在通过后配套上二次风机将新鲜风压到 TBM 前方，安装在后配套上的 TBM 除尘系统安装通过位于前盾的吸入风管，将主机皮带机进料口区域的空气抽走形成负压，使部分新鲜空气流向 TBM 前端，同时防止含粉尘的空气逸入隧洞内。

除尘器出口设置增压风机使空气流向 TBM 后配套区域。定期使用压缩空气对除尘器过滤袋进行清洁,粉尘被排渣器的喷头喷湿后,由排渣器收集,然后排到后配套皮带机上。

改造的通风除尘系统,更换了新的二次通风管,清洗了所有的钢风管,检修了电机及除尘器。

(6)压缩空气系统

豆砾石泵、风动工具的风源及油脂润滑系统的动力由空气压缩系统提供。压缩空气系统设备配置包括:2 个 1.5m³ 储风罐;2 台 10m³/min、7bar 的空压机。

改造时对其检修、维护,为保证用风,增加了一台空压机。

(7)豆砾石填充系统

后配套台车上布置豆砾石回填系统,通过压缩空气将豆砾石吹入预先在管片上预置的开口进行豆砾石充填。TBM 配置的豆砾石填充系统包括:1 台豆砾石泵和 2 个容量为 4m³ 的豆砾石储存罐。

改造时对其进行了检修。

(8)回填灌浆系统

原灌浆系统已经不堪使用,重新配备了一套灌浆系统。水泥制浆机及注浆泵都安装在后配套尾部台车上,将水泥倒入注浆机中,灌浆泵将搅拌好的水泥浆液通过注入口注入管片背后的空隙中。

(9)高压电缆卷筒

在 TBM 后配套设置电缆卷筒,电缆卷筒由电机驱动,置于后配套系统的尾部,可以存放 400m 长的高压电缆。

(10)应急发电机

原设备的应急发电机性能低,不能满足要求,重新配备了一台新的发电机。

应急发电机主要用于以下项目的供电:

①主机和后配套的照明。

②操作站内的仪表盘和配电盘。

③PLC 及其他控制回路。

④排水泵。

(11)供排水系统

①供水系统

从隧洞洞口给 TBM 供水。TBM 后配套台车设置储存能力为 50m 的水管卷筒,新鲜水经过水管卷筒补充到一个带有流量控制器的 3m³ 水箱。

②冷却系统

冷却系统按洞口水温为 25℃ 的条件设计,新鲜水流经各冷却装置后,变热的冷却水由设置在 TBM 后配套台车上 2.5m³ 的热水箱收集,刀盘喷水和钻机、冲洗等用水都从热水箱抽取。

③排水系统

TBM 主机区域设置 1 台流量为 60m³/h 的泥浆泵,将主机区域聚集的污水抽至 TBM 后配套配置的 5m³ 的污水箱内,沉淀后的污水直接排放在 TBM 后配套区域外的隧洞内,利用坡度自流至洞口污水池。

改造时,对其管路进行了检修更换,增加了一套变频器的冷却系统。

（12）通信系统

通过 TBM 配置的通信系统使 TBM 主机室可以与 TBM 区域的若干固定位置进行通信。TBM 共配置 5 部电话,主要分布于:前盾、盾尾、连接桥、后配套皮带机和主机室。为保持 TBM 与外界的联系,TBM 主控室预留一个外线接口供安装外线电话使用。

原设备没有移交通信系统,改造时增加了一套光缆通信的程控电话系统,主机能与洞外通信,TBM 内部也设有内部电话,可与后配套皮带机等处联系。

（13）工作平台、急救设备

改造时根据需要,在 TBM 后配套上布置了工作平台、急救箱、担架等医疗设备。

7.2 二次设备改造

7.2.1 改造原因

结合 2013 年 TBM 已掘进 240m 分析,围岩主要为绿泥石片岩、角闪片岩、云母石英片岩等,围岩分类为 V 类,掘进过程中共发生 9 次大小卡机,其中 7 次卡机原因均因为刀盘扭矩不足而造成卡机。本台 TBM 经过改造后虽然卡盾体的概率大大降低,但卡刀盘却仍没有得到根本性解决,因此采用目前状况下的 TBM 设备对剩余洞段施工,同样存在卡机的风险,即 TBM 对剩余洞段施工不具备适应性,但可通过设备性能提升改进,以提高设备对剩余洞段的适应性。

7.2.2 改造方案及实施

1）主驱动改进

（1）主电机选型

施工单位摒弃改进减速器思路,只对电机进行改进,将原有 ABB 双速电机（130/260kW）改进为奥地利 ELIN 电机,防水等级 IP67,功率 200kW。改进后电机安装尺寸满足现场空间要求,额定扭矩为现有电机的 1.5 倍（ELIN 变频电机变频器控制模式下额定扭矩 2424N·m,堵转扭矩为 5000N·m,刀盘输出额定扭矩为 1702kN·m）。

（2）变频器

主驱动系统原只有三台伟肯（VACON）变频器,主驱动电机改进后新增 2 台同型号变频器,实现"一拖一"模式,通过总线控制模式实现 5 台电机同步运行。变频器与变频电机的有机结合能实现总线速度控制,使刀盘驱动具有低转速大扭矩输出功能(即脱困扭矩,为额定扭矩的 200%)。

(3)传动轴及连接套改进

①连接套改进

改进变频电机时取消原有液压离合器装置,其电机与减速器之间的连接套重新制造加工,对此制造加工时已做成全封闭设计(地下水淹没时无法进入内部空腔),进一步提升改进后变频电机防水性能,连接套改进图如图 7-25 所示。

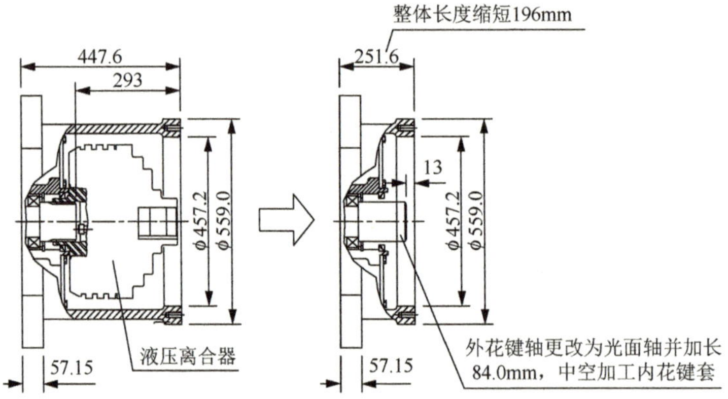

图 7-25 主驱动与电机连接套改进前后示意图(尺寸单位:mm)

②传动轴改进

取消液压离合器后电机输出轴端为外花键,且现有减速器传动轴也为外花键,如图 7-26 所示。结合改进后的连接套空间尺寸,鉴于此对传动轴进行新设计制造,匹配减速器与变频电机的结合,传动轴改进示意图如图 7-27 所示。

图 7-26 原减速器传动轴示意图

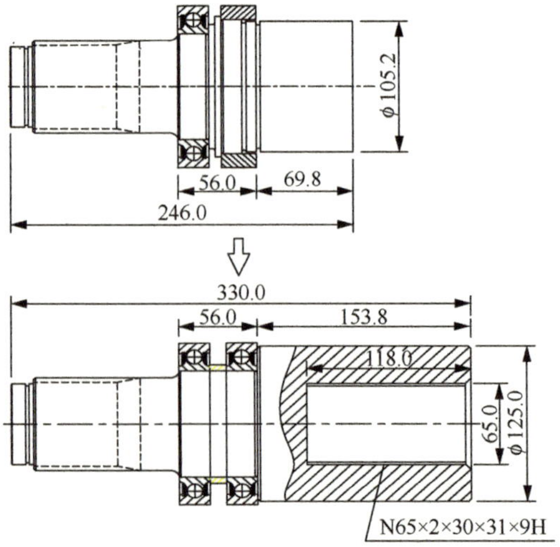

图 7-27 传动轴改进前后示意图(尺寸单位:mm)

(4) 技术性能参数

主驱动改进后技术性能参数见表 7-5。

主驱动改进后技术性能参数　　　　　表 7-5

序号	项目类别	改进后技术性能参数	
1	驱动形式	变频调速（5×200kW）	
2	防水等级	IP67	
3	电机冷却形式	水冷	
4	总功率	1000kW	
5	刀盘转速	恒扭矩	0~5.7r/min
		恒功率	5.7~8.0r/min
6	刀盘扭矩（额定）	1702kN·m	
7	脱困扭矩	3403kN·m	

2）可行性分析

(1) TBM 掘进的刀盘扭矩核算

① 刀盘扭矩估算的经验公式

在岩石中掘进时需要的扭矩可以用如下的公式计算：

$$需要的扭矩 = 最大推力 \times f \times 0.6 \times 刀盘半径$$

计算如下：

开挖直径 $D = 3.755\text{m}$；

滚刀数量 $n = 25$ 把；

滚刀允许的最大工作推力 $P = 250\text{kN}$；

滚刀滚动阻力系数 $f = 0.1 \sim 0.12$，取 0.12；

滚刀能够承受的总推力 $F_{\text{AUXI}} = n \times P = 6250(\text{kN})$；

刀盘需要的最小扭矩 $T_r = 0.6 \times D/2 \times f \times F_{\text{AUXI}} = 845(\text{kN·m})$。

② 脱困扭矩估算

在破碎围岩中扭矩的估算要考虑岩土对刀盘压力和在掘进时岩土对滚刀的切向力。岩土压力可以根据松散体的高度估值，如图 7-28 所示。

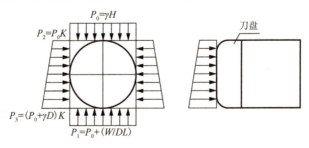

图 7-28　刀盘岩土压力分析图

计算如下：

刀盘外露出护盾的长度 $l = 0.54\text{m}$；

前护盾 + 外伸缩护盾的长度 $L = 4.97\text{m}$；
前护盾 + 外伸缩护盾的重量 $W_f = 1500\text{kN}$；
破碎岩石重度 $\gamma = 2.0\text{t/m}^3$；
内摩擦角 $\varphi = 35°$；
岩土与铁之间摩擦系数 $\mu = 0.6$；
塌方体高度 $H = 2D = 8\text{m}$；
侧压力系数 $K = (1 - \sin\varphi)/(1 + \sin\varphi) = 0.27$；
刀盘上部压力 $P_0 = \gamma H = 0.15(\text{MPa})$；
刀盘下部压力 $P_1 = P_0 + (W/DL) = 0.23(\text{MPa})$；
顶部侧压力 $P_2 = P_0 K = 0.04(\text{MPa})$；
底部侧压力 $P_3 = (P_0 + \gamma D)K = 0.06(\text{MPa})$；
刀盘正面扭矩 $T_{U1} = \mu\pi D^3/12 \times (P_2 + P_3)/2 = 416(\text{kN} \cdot \text{m})$；
刀盘周边扭矩 $T_{U2} = \mu(\pi Dl)D/2 \times (P_1 + P_2 + P_3 + P_3)/4 = 852(\text{kN} \cdot \text{m})$；
开挖转矩 $T_{U3} = 0.6 \times D/2 \times f \times P_n = 845(\text{kN} \cdot \text{m})$；
需要的刀盘脱困扭矩 $T_U = T_{U1} + T_{U2} + T_{U3} = 2123(\text{kN} \cdot \text{m})$。

(2) 主驱动能够提供的扭矩核算

驱动电机数量 5 台；
电机功率 200kW；
总功率 $200 \times 5 = 1000(\text{kW})$；
电机额定转矩 $2424\text{N} \cdot \text{m}$；
大齿圈齿数 $Z = 108$ 个；
小齿轮齿数 $Z_1 = 17$ 个；
大齿圈与小齿轮齿数比 6.353；
减速器最大输出扭矩 $64000\text{N} \cdot \text{m}$；
减速器额定输出扭矩 $53582\text{N} \cdot \text{m}$；
减速器实际速比 22.105∶1；
刀盘与电机的总速比 140.4；
刀盘最大转矩(电机) $1702\text{kN} \cdot \text{m}$；
刀盘最大扭矩 $1702\text{kN} \cdot \text{m}$；
滚刀最大允许线速度 2.5m/s；
刀盘在最小转矩时的最大转速 8.0r/min；
刀盘实际转速 0~8.0r/min；
最大转矩时的最大速度 5.7r/min；
最大转矩时的最大速度(电机) 790r/min；
最大速度时的最大转矩 $1702\text{kN} \cdot \text{m}$；
电机最大转速 1200r/min；
脱困转矩 200%；

脱困时最大转速 1.0r/min；

脱困扭矩 3403kN·m；

需要的最小脱困扭矩 2123kN·m。

3）皮带机性能提升改进

(1) 经过对 TBM 液压系统的研究分析,虽然驱动液压泵能提供 138L/min 流量,但原液压系统设计安装的 1 号皮带机主进油管路方向控制阀通径为 10mm,允许最大流量为 120L/min,至此皮带机运行速度最高只能达到 2m/s,其多余的流量会对液压胶管造成脉动干扰。系统改进时,将 10mm 通径的方向控制阀更换为 16mm 通径后,驱动液压泵提供的所有流量可全部供 1 号皮带机驱动,可实现运行速度 2.3m/s,运行能力提高 15%。

(2) 将 1 号皮带机原 100mL 排量的液压泵更换为 140mL 排量液压泵,运行速度可达到 3.2m/s,同时在 2 号皮带机系统增设 1 个辅助泵,通过调节主进油管路流量使 2 号皮带机运行速度高于 1 号皮带机运行速度即可。

4）回油泵防护

本工程自 2013 年 7 月 TBM 停工以来,已对回油泵安装位置进行改造,安装位置高度已提升 0.5m,结合目前 TBM 伸缩盾内部空间尺寸,安装位置已经提高至极限,在 TBM 设备性能提升改进时对回油泵系统联轴器位置增设了密封防护罩,避免因隧道突泥涌水时造成的回油泵无法工作而被动停机。

5）主轴承密封进水处理方案

(1) 改进方案

对密封润滑系统进行优化改进,将原设计的外密封水冲洗通道更改成脂润滑,内密封及外密封润滑通道仍采用齿轮油润滑,其外密封润滑通道图如图 7-29 所示。

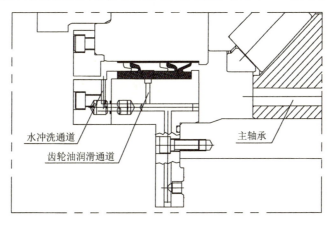

图 7-29 密封润滑通道布置图

(2) 油脂泵选型

结合 TBM 油脂消耗量的设计,选择由启东中冶润滑设备有限公司制造销售的单线润滑泵,型号为 NB-N90,油脂泵技术参数见表 7-6。DB-N 系列的多点润滑泵适用于润滑频率较低、润滑点在 50 点以下、公称压力为 31.5MPa 的单线式中小型机械设备集中润滑系统,直接或通过单线分配器向各润滑点供送润滑脂的输送供油装置。

型 号	公称压力 (MPa)	贮油器容积 (L)	公称流量 (mL/min)	电机 功率(kW)	电机 电压(V)	质量 (kg)
DB-N90	31.5	30	0~300	0.37	380	39

油脂泵技术参数表　　　　　　　表7-6

注：使用介质为针入度不低于265(25℃,150g)1/10mm的润滑脂或黏度等级大于N68的润滑油,工作环境温度为-20~80℃。

(3) 分配阀选型

原设计密封润滑系统只有内密封和外密封8通道供齿轮油,以满足密封润滑需求,新设计密封润滑油脂系统拟将外密封水冲洗2条通道用于密封润滑通道,原内密封和外密封8通道仍供齿轮油。综上可知,新系统分配阀选择2通道的递进式分配阀,型号为SSV-6型分配阀,该分配阀用于NB-N90油脂泵上,最大允许通过介质量可到达200mL/min,满足本工程密封润滑系统油脂消耗需求。

(4) 密封油脂注入系统设计

经过以上油脂泵及分配阀的选择,新设计的密封油脂注入系统原理图如图7-30所示。

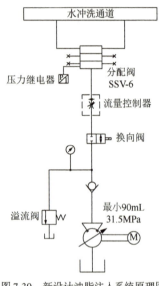

图7-30　新设计油脂注入系统原理图

6) 超前钻机改进

由于前期设备改造新增的冲击型超前钻机(COPCO 1238ME)功率太小,钻孔效果较差且成孔困难,经过钻孔试验最大钻孔深度为9m,无法满足进行超前钻探。经过调研,决定将COPCO 1238ME型钻机更换为COPCO 1840HE型钻机,该钻机曾用于青岛胶州湾海底隧道,成功钻机40m。

7) 空载调试参数检验

(1) 主驱动参数检验

安全扭矩限制器随ELIN变频电机出厂时由奥地利ELIN厂家将扭矩设定为4000 N·m,设定参数见7-7。按照厂家设定参数,则电机输出扭矩达到4000N·m时安全扭矩限制器安全栓剪断,由于电机与刀盘的传动比为140.4:1,则刀盘输出扭矩达到2800kN·m时即为安全扭矩限制器安全栓剪断临界点。

安全扭矩限制器出厂设定参数　　　　　　　表7-7

发动机 材料编号	发动机 产地编号	扭转轴 序号	安全值 序号	扭矩 (kN·m)	压力 (MPa)
506845	14001	KO 09574 01 006	1153 1553	4.00	80
506845	14002	KO 09574 01 003	1153 1555	4.00	80
506845	14003	KO 09574 01 004	1153 1554	4.00	80
506845	14004	KO 09574 01 009	1153 1551	4.00	78
506845	14005	KO 09574 01 001	1153 1552	4.00	84

注：刀盘输出扭矩 = 4000 × 140.4 × 5 = 2808kN·m ≈ 2800kN·m。

2014年6月12日,对刀盘输出扭矩进行检测,检测方法为:将前盾盾体与刀盘通过30mm钢板焊接牢固,造成人为卡机状态,其检测结果为启动刀盘瞬间安全扭矩限制器安全栓全部剪断,安全栓剪断图如图7-31所示。同时,变频器面板显示电机输出扭矩为堵转扭矩的76%,根据电机特性曲线,可计算出电机当时输出扭矩为3800N·m,由于本型号ELIN电机效率为94.4%,符合设计要求,其电机特性曲线,如图7-32所示。

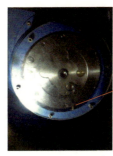

图7-31 安全扭矩限制器保护装置剪断图

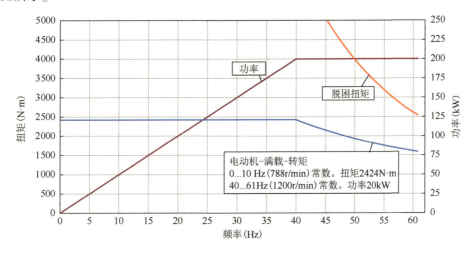

图7-32 ELIN 200kW 电机特性曲线

根据变频电机特性曲线可知,其堵转扭矩为5000N·m,从以上试验可判断刀盘最高输出扭矩(脱困扭矩)为3500kN·m,满足TBM设备性能提升改进方案设计参数要求。

(2)皮带机参数检验

1号皮带机系统经过性能改进后,用秒表计时方式检测1号皮带机运行速度最大可达3.1m/s,运行速度设定为2.1m/s,待通过不良地质段超量出渣时可将运行速度提升到3.1m/s。

8)半负载调试参数检验

自2014年6月8日空载调试之初,施工单位强制规定每班注脂不得低于1h,截至2014年6月21日共注脂约38h,共计消耗油脂1桶,即208L。

油脂消耗量 = 208/(38×60) = 0.091L/min ≈ 90mL/min(设定流量输出)

满足本次TBM设备性能提升改进技术参数设计要求。

其油脂注脂时间统计见表7-8。

9)负载调试掘进参数检验

从2014年6月17日通过罗宾斯技术人员解决主控室正确显示刀盘扭矩后,每掘进一次进行刀盘扭矩及电流数据编录,截至7月31日,其刀盘输出扭矩及电流统计分析如图7-33所示。

油脂注脂时间统计表 表7-8

时间	注脂时间统计(min)	时间	注脂时间统计(min)
8日	240	15日	150
9日	240	16日	195
10日	240	17日	134
11日	240	18日	121
12日	120	19日	152
13日	120	20日	90
14日	120	21日	103
合计2265min,计38h			

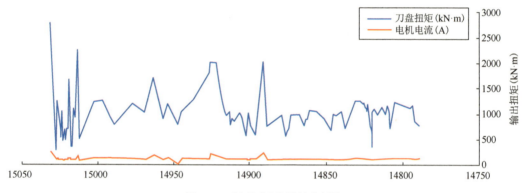

图7-33 刀盘输出扭矩统计分析图

经过37d的负载调试掘进,TBM掘进198m,其中扭矩范围为700~2100kN·m,推力2500~6800kN,贯入度6~10mm/r,刀盘转速绝大多数采用5r/min。

特别指出,2014年7月3日17:00时围岩变差,掌子面顶部出现坍塌,超量出渣增多(该段地质经地表探测确定为小断层),掘进过程中皮带机压死刀盘停止转动,重新调整皮带转速后但再次启动刀盘扭矩大幅度上升,由此施工单位立即采取"三低一高"(低转速、低推力、低贯入度、高扭矩)的掘进模式进行施工掘进,顺利通过该段不良地质,成功避免卡机,当时掘进参数如下:刀盘转速1r/min,贯入度8.8mm/r,推力2500kN,扭矩2300kN·m。

7.2.3 改造后设备技术参数及性能

1)改造后TBM设备技术参数

双护盾TBM设备改造前后性能参数对比情况,见表7-9。

2)改造后设备及性能

(1)刀盘输出扭矩

改造后较原改造的变频器控制模式,额定扭矩从1089 kN·m提升到1702 kN·m,脱困扭矩从2150kN·m提升到3403kN·m。即TBM施工作业时刀盘输出额定扭矩提高610kN·m,

通过不良地质段时脱困扭矩提高1250kN·m,TBM适应性增大。

双护盾TBM设备改造前后性能参数对比情况一览表　　表7-9

序号	项目	技术性能参数对比			
		改进前		改进后	
		理论	实际工况		
一、主驱动					
1	驱动形式	变频调速与双速电机（5×130kW）	变频调速（3×130kW）	变频调速（5×200kW）	
2	防水等级	IP55	IP55	IP67	
3	电机冷却形式	水冷	水冷	水冷	
4	总功率	650kW	390kW	1000kW	
5	刀盘转速	0~5.7/5.7r/min	0~5.7r/min	恒扭矩	0~5.7r/min
				恒功率	5.7~8.0r/min
6	刀盘扭矩(额定)	1089kN·m	653kN·m	1702 kN·m	
7	脱困扭矩	2150kN·m	1290kN·m	3500 kN·m	
二、皮带机系统					
1	1号皮带机运行速度	最大:2.0m/s	最大:2.0m/s	最大:3.1m/s	
2	1号皮带机驱动泵排量	100CC	100CC	140CC	
3	控制阀通径	10mm,允许通过流量120LPM	10mm,允许通过流量120LPM	16mm,允许通过流量250LPM	
三、主轴承密封					
1	水冲洗通道	水冲洗	水冲洗	脂润滑	
2	外密封润滑	4口,齿轮油润滑	4口,齿轮油润滑	4口,齿轮油润滑	
3	内密封润滑	4口,齿轮油润滑	4口,齿轮油润滑	4口,齿轮油润滑	
四、回油泵防护					
1	回油泵防护			安装位置抬高0.5m	

(2)皮带机运行能力

改造后皮带机运行能力从2.0m/s提升至3.2m/s,即运行速度最大可提高1.2m/s。大大提升了皮带机的输送能力,减少刀盘旋转时突发遇到渣土增大而造成卡机的概率。改造后皮带机驱动液压系统提供的参数满足皮带机驱动马达运行所需要的扭矩。

(3)防水性能

①改造后主电机与减速器之间的连接套将重新制造,连接套只需顶部预留一个窗口用于检查使用;底部预留一个泄水/油口,采用NPT或SAE螺纹连接,平时用液压堵头封堵,用以保证地下涌水量较大时不会有涌水涌入连接套内部,防水性能得到提高。

②改造后的主驱动电机防护等级从IP55提升至IP67,电机本身防水性能得到大大提升。

(4)卡机概率降低

主驱动改造后TBM通过不良地质段时,虽仍然有大量渣体涌入刀盘内腔或挤压刀盘,但因额定扭矩提高600kN·m,脱困扭矩提高1250kN·m,在以往施工卡机同等边界条件下将不会卡住刀盘,能顺利通过,即施工过程中卡刀盘的概率将大大降低。

(5) TBM设备故障率得到保障

结合以往施工经验分析,主驱动系统故障率较高,其中包括:电机损坏、离合器损坏、离合器摩擦片损坏、液压离合器推动油缸损坏、旋转接头损坏、控制阀块故障等,其中特别是离合器或推进油缸损坏时处理时间费时,更换一台离合器最低需要18～24h作业时间。然而主驱动改造后取消了现有液压离合器,其液压离合器的机械系统、液压系统及电气控制系统已不再存在,减少了液压系统管路和控制阀块的布置;精简了PLC电气控制系统。由此,在后续施工过程中,主驱动系统故障点大大减少,故障率降低。

(6) 作业空间优化

主驱动改造后,伸缩盾内部净空空间增大,从而为设备保养维护及施工作业提供了较好的净空空间及作业环境。

(7) 主轴承密封进水得到解决

主轴承外密封水冲洗通道改进为油脂系统后,将大大减小地下水通过密封润滑通道进入主轴承内腔,确保主轴承润滑系统完善。

综上所述,本工程双护盾TBM(DS1217-303-1)设备经过主驱动、皮带机运行能力提升、主轴承密封进水处理持续性改造后,TBM设备对剩余洞段适应性能得到大大提升,在现有条件下已几近最大限度拓宽TBM对不良地质洞段的适应性,有利于快速、安全、顺利地完成剩余工程施工。

7.3 改造后遗留问题及处理措施

7.3.1 主轴承密封问题

虽然增设了油脂润滑系统,但由于水冲洗通道只有两个通道,且在10点及2点位置,使用过程中也难免出现EP2润滑油脂不能将整个水冲洗通道填满或底部完全填满,同样面临主轴承密封润滑系统进水进泥沙风险,暂时无彻底解决措施,唯有加强监测,及时更换变质油品。

7.3.2 减速器传动系统风险

(1) 减速器:减速器原设计最大输出扭矩为64000N·m,改造后减速器额定输出扭矩为53582N·m,达到额定的85%。较原主驱动系统提升了150%(改进前主驱动减速器实际输出扭矩为34291N·m,使用过程中若长期达到最大工况的85%使用,则存在提前疲劳失效的风险。

(2) 减速器小齿轮切向力问题：施工单位委托中铁装备公司对减速器小齿轮及大齿圈进行了对比验证分析，TBM 设备改造后随着功率、扭矩的提升，若长期在破碎围岩中使用大扭矩输出功能，齿轮啮合时承受的最大切向力增大 56%。使用过程中存在小齿轮或大齿轮崩齿、过早疲劳断裂的风险。

(3) 减速器传动轴：新加工设计的传动轴若长期在破碎围岩中使用大扭矩输出功能，同样面临过早疲劳断裂的风险。

7.3.3 刀具消耗问题

本设备自 2014 年 6 月 24 日完成半负载调试后开始负载试掘进，从进入到硬岩石英片岩 7 月 15 日至 7 月 31 日，掘进仅仅完成 90m，但换刀 27 把，其中中心刀 8 把，边刀 3 把（本台设备刀盘设计只有 1 把边刀，刀盘满盘刀合计为 25 把），高刀号换刀 13 把，边刀特别是高刀号的刀具消耗远超同类施工水平。刀具更换统计，见表 7-10。

刀具更换统计表   表 7-10

日　期	更换刀座号	总　量	边　刀	中　心　刀
7 月 15 日	10 号、22 号	2		
7 月 20 日	25 号	1	1	
7 月 21 日	25 号、23 号、22 号	3	1	
7 月 22 日	22 号	1		
7 月 23 日	19 号、23 号、21 号、24 号、25 号	5	2	
7 月 24 日	1 号、3 号、2 号、4 号	4		4
7 月 25 日	5 号、7 号	2		2
7 月 26 日	24 号	1	1	
7 月 30 日	1 号、3 号、17 号、24 号	4	1	2
合计		27	3	8

7.3.4 回油泵安装位置问题

回油泵安装位置在伸缩盾底部，在通过不良地质段时不得不面临回油泵被淹没造成被动停机将损坏的风险，此项风险无法规避，对此项目加强回油泵的整机防护及配件储备。

7.3.5 会车平台问题

原设备改造时，将原 TBM 设备上的会车平台拆除，后期在 2013 年经过优化，将会车平台浮放于后配套后面，目前随着 TBM 不断施工造成会车平台与 TBM 后配套的间距越来越大,势必会造成倒车时间增长,无法满足快速掘进的需求。施工单位拟将会车平台与 TBM 连接上恢复成原 TBM 设计模式,并在成洞段 5km 位置处增设一套固定会车平台。

7.4 本章小结

(1)本工程针对掘进过程中出现的卡盾体、卡刀盘灾害进行了两次设备适应性改造,改造前后设备技术性能参数,见表 7-11。

TBM 设备性能提升改造前后技术性能参数对比　　　　表 7-11

序号	项目	技术性能参数对比			
		改进前		改进后	
		理论	实际工况		
一、主驱动					
1	驱动形式	变频调速与双速电机 (5×130kW)	变频调速 (3×130kW)	变频调速 (5×200kW)	
2	防水等级	IP55	IP55	IP67	
3	电机冷却形式	水冷	水冷	水冷	
4	总功率	650kW	390kW	1000kW	
5	刀盘转速	0~5.7r/min	0~5.7r/min	恒扭矩	0~5.7r/min
				恒功率	5.7~8.0r/min
6	刀盘扭矩(额定)	1089kN·m	653kN·m	1702kN·m	
7	脱困扭矩	2150kN·m	1290kN·m	3500kN·m	
二、皮带机系统					
1	1号皮带机运行速度	最大:2.0m/s	最大:2.0m/s	最大:3.1m/s	
2	1号皮带机驱动泵排量	100mL	100mL	140mL	
3	控制阀通径	10mm,允许通过流量 120L/min	10mm,允许通过流量 120L/min	16mm,允许通过流量 250L/min	
三、主轴承密封					
1	水冲洗通道	水冲洗	水冲洗	脂润滑	
2	外密封润滑	4口,齿轮油润滑	4口,齿轮油润滑	4口,齿轮油润滑	
3	内密封润滑	4口,齿轮油润滑	4口,齿轮油润滑	4口,齿轮油润滑	
四、回油泵防护					
1	回油泵防护			已增设密封防滑罩	
五、刀盘改造					
1		φ3655	φ3655	φ3755	

续上表

序号	项目	技术性能参数对比		
		改进前		改进后
		理论	实际工况	
六、盾体改造				
1	前护盾	ϕ3580 L2720	ϕ3580 L2720	ϕ3600 L2870
2	伸缩护盾	ϕ3580 L2100	ϕ3580 L2100	ϕ3600 L2100
3	支撑护盾	ϕ3591 L3420	ϕ3580 L2400	ϕ3580 L2400
4	尾盾	ϕ3591 L3800	ϕ3580 L2500	ϕ3580 L2500

（2）两次设备改造后，刀盘输出扭矩、皮带机运行能力、主驱动电机防水性能、超前钻机性能得到较大改善；TBM设备故障率大大减少、作业空间得到优化、主轴承密封进水及TBM水平姿态控制问题得到解决、施作适应性得到较大提高。改造后TBM设备经负载调试阶段检验、掘进过程中突发地质灾害的应变处治检验，说明TBM设备两次提升改进工作是成功的，各项技术参数指标达到了预期效果。

第 8 章

结语

Key Technologies of Small Diameter Double Shield TBM Construction in
Water Diversion Project from Hongyan River to Shitou River

第 8 章 结 语

本书以引红济石调水工程引水隧洞建设工程为依托,对小直径双护盾 TBM 施工关键技术进行了系统研究,得到以下研究结论:

(1)结合本工程 TBM 施工段工程条件和地质情况,开展了开敞式 TBM 与双护盾 TBM 施工方案的比选。通过对施工进度、施工风险、施工组织及工程总投资的综合对比分析,选择双护盾 TBM 用于本工程施工。

(2)本工程 TBM 施工段,在围岩稳定性较好的地层中掘进时采用双护盾掘进模式,掘进与管片安装同步进行,可实现高速、连续施工;在软弱围岩地层中掘进时采用单护盾掘进模式,掘进与管片安装不能同步进行。衬砌结构采用预制钢筋混凝土管片衬砌,管片采用固定蒸养罩模式生产。

(3)本工程采用自动导向系统和人工测量辅助进行 TBM 姿态监测,导向系统采用 PPS 自动导向系统,该导向系统能全天候动态显示 TBM 当前位置以及与隧洞设计轴线的偏差、趋势。

(4)TBM 水平方向姿态可控时,因前盾、支撑盾、已安装管片区域底部高程关系极其复杂,现场不具备可操作性,高程方向姿态控制暂以吊机行走梁底部与中心水沟高度≥95cm,保证安装机正常旋转、1 号吊机行走顺畅为准。刀盘相对尾盾轴线延长线的偏移量≤10×19000/8000 = 24cm,对应的主推油缸行程差≤24×2650/6000 = 10.6cm,前盾相对尾盾导向值≤4%。

(5)不良地质段双护盾 TBM 卡机脱困技术。

①由于围岩软弱且地应力较大造成围岩收敛变形过快(大于 TBM 各盾体的通过速度),导致护盾被围岩抱死而卡盾,可通过伸缩盾顶部天窗、左右两侧窗口进行小导洞开挖脱困。

②TBM 穿越破碎围岩段,由于围岩节理裂隙发育、岩层产状错乱、软弱夹层发育且多有泥质充填物,导致围岩自稳性较差。地下水的作用下,易发生拱顶塌方掉块、掌子面失稳坍塌,大量非常破碎的石块、石渣夹泥水涌入刀盘,造成卡刀盘而被迫停机,可采用化学灌浆材料进行超前加固。

③TBM 穿越强风化破碎围岩且地下水发育地段,易发生围岩坍塌、涌泥涌水地质灾害,造成卡刀盘而被迫停机,可采用盾顶大管棚脱困施工方案进行处治。

④TBM 穿越软岩大变形地层,出现 TBM 刀盘低头、支撑盾及尾盾上翘状态,管片出现破坏且侵限,造成卡机且影响洞室结构及施工安全,可采用全断面环形开挖脱困技术进行处治。

⑤TBM 穿越围岩构造裂隙极为发育段,由于地下水富集,易发生大规模突泥涌水地质灾害,受空间条件或地质环境影响,无法直接处理,可采用辅助导坑进行脱困。

⑥本工程针对掘进过程中出现的卡盾体、卡刀盘灾害进行了两次设备适应性改造。改造后,刀盘输出扭矩、皮带机运行能力、主驱动电机防水性能、超前钻机性能得到较大改善;TBM 设备故障率大大减少、作业空间得到优化、主轴承密封进水及 TBM 水平姿态控制问题得到解决、施作适应性得到较大提高。经负载调试阶段检验、掘进过程中突发地质灾害的应变处治检验,说明 TBM 设备两次提升改进工作是成功的,各项技术参数指标达到了预期效果。

参 考 文 献

[1] 李国良,司剑钧,李宁.兰渝铁路西秦岭特长隧道方案研究[J].现代隧道技术,2014,51(3):7-14.
[2] 青岛市地铁2号线一期工程土建一标03工区项目部.DSUC型双护盾TBM专项施工方案[R].洛阳:中铁隧道集团有限公司,2015.
[3] 唐志强.青岛地铁采用TBM施工的可行性研究[C].2014中国隧道与地下工程大会,2014.
[4] 夏毅敏,吴才章,顾健健,等.不同地应力下TBM盘形滚刀破岩特性[J].中南大学学报(自然科学版),2016(2):450-458.
[5] 马稳,周小平,翟淑芳,等.复合岩体的TBM破岩机理数值模拟[J].土木建筑与环境工程,2016,38(5):12-19.
[6] 刘学伟,魏莱,雷广峰,等.复合地层TBM双滚刀破岩过程数值流形模拟研究[J].煤炭学报,2015,40(6):1225-1234.
[7] 谭青,朱逸,夏毅敏,等.节理特征对TBM盘形滚刀破岩特性的影响[J].中南大学学报(自然科学版),2013(10):4040-4046.
[8] 苏利军,孙金山,卢文波.基于颗粒流模型的TBM滚刀破岩过程数值模拟研究[J].岩土力学,2009,30(9):2823-2829.
[9] 孙金山,陈明,陈保国,等.TBM滚刀破岩过程影响因素数值模拟研究[J].岩土力学,2011,32(6):1891-1897.
[10] 夏毅敏,吴元,郭金成,等.TBM边缘滚刀破岩机理的数值研究[J].煤炭学报,2014,39(1):172-178.
[11] 杨圣奇,黄彦华.TBM滚刀破岩过程及细观机理颗粒流模拟[J].煤炭学报,2015,40(6):1235-1244.
[12] 赵晓旭,巩亚东.TBM滚刀在不同加载方式下的破岩机理研究[J].中国工程机械学报,2014,12(5):397-401.
[13] 李建斌.双护盾TBM的地质适应性及相关计算[J].隧道建设,2006,26(2):76-78.
[14] 王国卿,刘利军.TBM在不同地质条件下掘进参数的选择[C].水与水技术,2014.
[15] 周红,班树春,韩颖.TBM最佳掘进工作参数研究与应用[J].水利建设与管理,2009,29(4):86-88.
[16] 黄俊阁.高磨蚀性硬岩地段敞开式TBM掘进参数优化和适应性研究[J].水利水电技术,2017,48(8):90-95.
[17] 马池帅,陈卫忠,田洪铭,等.基于TBM掘进参数的岩石强度估算方法探讨[J].岩土力学,2017(S2).
[18] 褚东升.长沙地铁下穿湘江土压平衡盾构隧道掘进参数研究[D].长沙:中南大学,2012.
[19] 赵文松.重庆地铁单护盾TBM掘进性能研究[D].石家庄:石家庄铁道大学,2013.
[20] Wittke W. Rock mechanics:theory and applications with case histories[M]. Springer-Verlag,1990.

[21] 王玉锁,何俊男,吴浩,等.基于摩尔-库仑准则的双护盾 TBM 掘进参数研究[J].铁道工程学报,2017,34(5):83-88.
[22] 苏华友.双护盾 TBM 开挖深埋隧洞围岩稳定性研究[D].成都:西南交通大学,2009.
[23] 陈俊,张东,黄晓明.离散元颗粒流软件(PFC)在道路工程中的应用[M].北京:人民交通出版社股份有限公司,2015.
[24] 徐芝纶.弹性力学简明教程[M].3 版.北京:高等教育出版社,2002.
[25] 朱逸.TBM 多滚刀组合破岩特性的数值模拟及实验研究[D].长沙:中南大学,2013.
[26] 刘勇,朱俊樸,闫斌.基于离散元理论的粗粒土三轴试验细观模拟[J].铁道科学与工程学报,2014,11(4):59-60.
[27] 李俊杰.落石冲击力及冲击效应评定的离散元颗粒流数值模拟研究[D].成都:西南交通大学,2016,12-13.
[28] 周晓军.地下工程监测和检测理论与技术[M].北京:科学出版社,2014.
[29] Liu H Y,Kou S Q,Lindqvist P A,Tang C A. Numerical simulation of the rock fragmentation process induced by indenters[J]. International Journal of Rock Mechanics and Mining Sciences,2002,4(39):491-505.
[30] 谭青,徐孜军,夏毅敏,等.2 种切削顺序下 TBM 刀具破岩机理的数值研究[J].中南大学学报(自然科学版),2012,43(3):940-946.